何炳棣 著

葛剑雄 译

明初以降人口及其相关问题

1368—1953

中 华 书 局

图书在版编目(CIP)数据

明初以降人口及其相关问题 1368－1953/何炳棣著. —北京：
中华书局,2017.7(2020.8 重印)
(何炳棣著作集)
ISBN 978－7－101－09413－8

Ⅰ.明… Ⅱ.何… Ⅲ.人口－历史－研究－中国－1368～1953
Ⅳ.C924.2

中国版本图书馆 CIP 数据核字(2013)第 117753 号
著作权合同登记号：图字 01－2017－05641

STUDIES ON THE POPULATION OF CHINA,1368－1953
by Ping－ti Ho (Copyright notice exactly as in Proprietor's edition)
Published by arrangement with Harvard University Press
through Bardon－Chinese Media Agency
Simplified Chinese translation copyright ⓒ 2017 by Zhonghua Book Company
ALL RIGHTS RESERVED

书　　　名	明初以降人口及其相关问题 1368—1953	
著　　　者	何炳棣	
译　　　者	葛剑雄	
丛 书 名	何炳棣著作集	
责任编辑	李　静	
出版发行	中华书局	
	(北京市丰台区太平桥西里 38 号　100073)	
	http://www.zhbc.com.cn	
	E－mail:zhbc@zhbc.com.cn	
印　　　刷	北京市白帆印务有限公司	
版　　　次	2017 年 7 月北京第 1 版	
	2020 年 8 月北京第 2 次印刷	
规　　　格	开本/640×960 毫米　1/16	
	印张 27¼　插页 2　字数 300 千字	
印　　　数	3001－6000 册	
国际书号	ISBN 978－7－101－09413－8	
定　　　价	109.00 元	

出版说明

何炳棣先生，著名历史学家。1917 年 4 月 6 日出生于天津。1938 年毕业于清华大学历史系。1944 年考取第六届清华中美庚款留美公费生，1945 年赴美。1946 至 1948 年，在美国哥伦比亚大学主修英国及西欧史博士课程，通过口试，1952 年获得博士学位。从哥伦比亚大学毕业后，曾先后任教于加拿大英属哥伦比亚大学（1948—1963 年）、美国芝加哥大学（1963—1987 年）、美国鄂宛加州大学（1987—1990 年）。1966 年当选台湾"中研院"院士。1975 至 1976 年任美国亚洲学会会长。1979 年获选为美国艺文及科学院院士。1997 年获选为中国社会科学院荣誉高级研究员。2012 年 6 月 7 日，在美国加州家中去世。

何炳棣先生自幼在"亲老家衰"的自我压力下，发奋读书，力争上游。博士毕业后，即致力于中国历史的研究，其关于明清人口及明清社会阶层间流动的研究专著，是这一时期的代表作。60 年代末，何先生的研究兴趣转入中国农业的起源，并进而把研究对象扩展到中国文化的起源上。《黄土与中国农业的起源》、《东方的摇篮》是这一时期的代表作。80 年代末、90 年代初，何先生在深思熟虑后，决然投入先秦思想史领域，选择"攻坚"，研究中国思想史中最关键的基本课题，完成了一系列重要论文。

何炳棣先生一生治学，从不做"第二等"的题目，向来"扎硬寨，打死仗"，视野宏阔，博征史料，而著述则精要严谨，下笔必有建树，且数十年坚韧不拔，孜孜不倦，故成就卓著，贡献杰出。

何炳棣先生与中华书局交往密切，晚年拟将毕生著述加以修订，交付中华书局，以"何炳棣著作集"之名，系列出版。其主要学术著作，多用英文写作与首次发表，其中部分已被译为中文，皆应收入"著作集"中；未译为中文的，待译成后再行收入。而晚年有关思想史方面的系列论文，为何先生一生学术的"画龙点睛"之作，则均以中文写成，编为《何炳棣思想制度史论》，收入"著作集"中。遗憾的是，天不假年，何炳棣先生未能完成全部修订工作，更未能亲见"何炳棣著作集"的出版。好在，学术可以长存。

中华书局编辑部

2015 年 2 月

目 录

表格目录

序

　　研究最近几个世纪的中国史最大的资料来源之一是方志，美国藏有三千多种，另有三百多种早期稀见方志的缩微胶片，合计大约四千种。对中华帝国的全部主要行政区，从县以至省，方志都提供了极其广泛而具体的资料，如地理志、经济志，包括大量文献的史事记述，无数人物传的汇编，有关风俗、宗教和其他制度的文章等等。这些方志同卷帙浩繁的官修类书及其他各主要行政方面的会要，使现代社会历史学家面临着艰巨的挑战——如何从这些汗牛充栋的现代前的资料中筛选出与现代意义的课题有关的必不可少的记载来。

　　对中国以往几个世纪的这一任务所面临的困难与西方中世纪史学家所遇到的不相上下。首先，方志涉及的制度已成过去，所有的术语往往与其字面含义不符，极易被忽视或误解；而且，这些典籍，即便是现代人以前编成的，代表了以往缺乏定量化的时代。它们的"统计数"并不是现代头脑的政府统计人员或经济学家的统计数，只不过是文人学士或墨守陈规的书吏记下的一些数字，充其量只能说明数量大小的次序或满足记载中的数字资料形式上的需要。现代研究者会发现，表格所列有时与总数不符；人们还会发现，官员们所接受的定额或总数并不是该阶段测定的新的结果，而是从以前的材料中照抄下来的。在这种传统下，统计数字所能反映的当时实况，与它们所反映的史官们所恪守的陈陈相因的书面记载不相上下。有些编纂者两耳不闻窗外事，一头扎在故纸堆中。因而，这种挑战的部分意义就是如何找到那些为数不多的具有探求思想、以新的和怀疑的眼光看他的国家的观察家的纪录。

所以研究这些资料的当代学者必须将历史比较语言学的敏锐与深入的典章制度知识结合起来；同时还应如当代史学家那样具有啃完成吨文件的耐久力，因为光现有的清代史料就有成千上万卷，页数以百万计。

何炳棣博士就是以充实的学识和始终不渝的勤奋对待这一任务的。例如他对中国方志中关于作物传播的研究就发现了新的证据，足以使这段历史重写。他致力于钩稽有关人口和各种相关因素的资料，以此为基础写成的这本著作对这一专题此后的研究者作出了贡献。尽管本书是有关人口的，何博士却毫不含糊地回避了定量分析，因为中国的明清时代并不具备为这一目的需要的人口普查数据和政府统计报告这类现代或接近现代的统计数。正如何博士在《前言》中所指出的，他对制度方面的结构和有关术语重新作了考证，而这些对史料的运用都是极为重要的。这使他对像"丁"和"亩"这类常常被毫无分析地接受的关键术语重新确定了含义，并重新研究了不同时期官方人口估计数的汇编过程。

对当世学人试图对诸如出生和死亡、迁移、粮食产量、营养不良、杀婴，及其他许多对中国过去六个世纪的人口有影响的因素作数量分析方面，中国的史料不能作为可靠依据，何博士将成为声明这一点的最后一人。反之，他从现有史料中发掘出的资料可能对社会历史学家产生启示，并为研究中国人口的学者保留充满希望的兴趣，或许也是令人沮丧的影响。

费正清（John K. Fairbank）

1958 年 4 月

前　言

　　今天，到处都承认中国的人口不仅是一个国内问题，而且是一个全球性的问题，因而对中国人口增长的事实与过程的兴趣已不限于人口统计学家和远东问题的专家。

　　在中国人口的发展史上，没有哪一段的重要性比从 1650 年（清顺治七年）至 1850 年（道光三十年）这两个世纪更大了。在异常有利的物质条件和清初统治者的"开明专制"治理下，人口激增，到 1850 年可能已达 4 亿 3,000 万。结果是到 18 世纪末，中国的资源已变得极其窘迫，以至经济陷入了当代学者所熟知的困境。

　　尽管中国和西方学者对中国人口问题已有多种研究，但很多方面依然模糊不清。正如亚历山大·卡尔桑德斯（Alexander Carr-Saundess）所指出的：困难并不在于缺乏人口数据，而在于如何理解这些数据。从 1952 年以来，我主要致力于通过追溯若干人口术语与制度内涵的演变来理解已有的清初数据，这使我上溯到 1368 年（明洪武元年）。在对卷帙浩繁的中国方志作抽样研究的过程中，我又进一步对各种必然影响人口发展的多种因素作了研究。在 1954 年 9 月，这一研究的初稿即有关 1368—1850

年期间的研究被列入哈佛—燕京专刊出版计划。在哈佛中国经济和政治研究计划的资助和鼓励下，现已将此项研究扩展到 1953 年人口普查阶段。

本书的目的在于使读者理解不同类型的人口数据的性质，并试图对在近代早期和近代中国人口为什么能够增长提出初步的历史解释。因而本书基本上仍是一篇制度和经济史论文，而并不企望它是人口统计分析。这方面的人口学技术性的论文自应由人口专家来撰写。

在准备这项研究的过程中，我多年来得益于与许多师友的研讨和协作。哥伦比亚大学的何廉教授和韦慕廷（C.Martin Wilbur）教授对早期的研究提出了建设性的批评；我与在不列颠哥伦比亚大学的同事哈里·B.霍索恩教授经常相互切磋，詹姆斯·O.圣克莱索贝尔在关于中国 1953 年人口普查的重要俄文资料方面给予帮助，尼尔·哈罗先生保证了一些必须的研究资料；哥伦比亚大学远东图书馆的霍华德·林顿先生和理查德·霍华德先生、哈佛—燕京学社图书馆的裘开明博士及其馆员、国会图书馆东方部吴光清博士和王恩保先生都给予可贵的帮助；谨在此向他们致谢，我尤其应感谢裘博士在五年多时间里提供的大量馆际借阅。

哈佛大学杨联陞教授和前在哥伦比亚大学、现在哈佛大学研撰的瞿同祖先生经常为我查考有时甚至抄录不少这项研究所必不可少的资料。杨先生以其渊博的中国经济史知识来满足我的要求。昔日同窗王德昭教授适自东方来哈佛作访问学者，帮我查阅了数百种 19、20 世纪的方志，使我对 1850 年后的资料也能像对此时期前的资料一样，作广泛的查考，这对第七章地区间的移民贡献尤大，由于这方面的资料极其零散，至今还鲜为人知。对这些旧友的感激之情我将永志不忘。

我感谢不列颠哥伦比亚大学、清华教学与研究基金会和哈佛大学中国经济和政治研究计划的连续资助，使我有五个夏天能在美国东部从事研究。

但我最应感谢的是贤妻邵景洛，没有她的自我牺牲，这项研究是决不可能进行的。

何炳棣（P. T. Ho）

1957 年 8 月于温哥华

不列颠哥伦比亚大学

上卷 官方人口记录

第 1 章
明代人口数据的实质

　　明太祖在位时期（1368—1398）是中国历史人口问题和赋役制度研究的一个重要阶段。这位明代的创始人由于出身寒微，对于早年的颠沛流离记忆犹新，因而也许比明清两代任何其他皇帝都更了解社会内在的经济上的不平。正如官修的《明史》所评述的，他"惩元末豪强侮贫弱，立法多右贫抑富"[1]。无论他的经济政策有多大的局限性，也无论他空前的专制统治产生了什么后果，在赋役制度方面他取得了两项宋元统治者未能奏效的成就。

　　第一项是在洪武十四年至洪武十五年（1381—1382）间编成、洪武二十四年（1391）修订的劳役登记名册，通常称为黄册。除了若干例外地区，黄册都是以全部人口的统计为基础的。因此，就全国大多数地区而言，这次人口统计的结果包括年龄、性别和职业等概况，与现代人口调查具有某些相似之处。而直到乾隆四十一年（1776）后，中国才再次进行足以与明太祖时期相提并论的人口调查和统计。明太祖的第二项成就是用近二十年的时间编成了鱼鳞图册，即土地清丈地图和地税手册*。前者尽管

1　《明史》（《四部备要》本）卷 77，页 2 下。

＊　译注：关于这一点，作者在新的研究中已作了修正补充，即根据《明史·（接下页）

只是劳役和人口的登记，但也包括了各户所拥有的土地及其他财产和应课的税收、劳役的概况；后者则记载了每一块土地及其业主的名单。以黄册和鱼鳞图册为经纬的这一复杂的赋税结构一直延续到清代末年，随着时间的推移仅仅作了某些更改。

明太祖时期的人口统计在中国大部分地区无论就其条令规则还是实际效果而言，都相当接近现代人口调查，因此对近代早期的中国人口研究具有较高的价值。但一个严重的问题在于洪武三十一年（1398）这位太祖高皇帝驾崩以后，尽管这一人口登记制度依然存在，其统计的重点和方法却都已发生了重大变化，结果是此后的人口上报数字实际上仅仅包括一部分人口，与真正的统计数字之间的差异越来越大。因而，明代后期某些地区和清代前期全国的所谓的人口统计数只能看作为纳税单位。更困难的是，明代和清代前期的则例或官方其他出版物中对这些变更缺少明确的解释。正因为如此，理解中国历史人口数据一个必不可缺少的先决条件是：必须从大量地方志中去理解自有明开国至道光末这一长时期间人口数据在制度史中的变化。

洪武十四年（1381）和二十四年（1391）的户口登记是有先例可循的。洪武三年（1370）冬，北方及四川尚未平定，太祖就

食货志》及《明太祖实录》（台北"中研院"史语所影印本）洪武元年正月甲申，可以肯定洪武元年（1368）周铸等 164 人所"核实"的田亩仅仅限于当时仍沿宋制的浙江西路。而根据《明太祖实录》卷 180，页 3 下、洪武二十年二月戊子及黄佐《南雍志》（江苏国学图书馆影印本）卷 1，页 36，洪武二十年春全国只有两浙一区编成了鱼鳞图册而且进呈到南京。此后其他省府州县所编的田赋册籍便一律称为鱼鳞图册了。但不等于说其他省府州县的鱼鳞图册都是由明太祖派遣的监生编制的，更不能说全国各地区所有的鱼鳞图册都在一年之内或短期间内全部编就。详见《南宋至今土地数字的考释和评价（上）》，《中国社会科学》1985 年第 3 期。

已下令在他控制的地区内登记户口，这次登记的方法是每户颁发户帖，在户帖上记载每户的成员、财产等项目。这一方法在开国前已经由皖南的徽州知府试验成功[1]。我们有幸获得两件实行黄册制之前的户帖原式的复制品和用 14 世纪的白话写成的告示原文，告示[2] 宣称：

> 户部洪武三年十一月二十六日（1370 年 12 月 12 日）钦奉圣旨：说与户部官知道：如今天下太平了也，止是户口不明白。俚教中书省[3] 置天下户口的勘合文簿、户帖，你户部官出榜，去教那有司官将他所管的应有百姓都教入官，附名字，写着他家人口多少，写得真着。与那百姓一个户帖，上用半印勘合，都取勘来了。我这里大军如今不出征了，都教去各州县里，下着这地里去点户比勘合。比着的便是好百姓，比不着的便拿来做军。比到其间有司官吏隐藏了的，将那有司官吏处斩。百姓每自躲避了的，依律要了罪，通拿来做军。钦此。钦遵外，今给半印勘合户帖，付本户收执者。

1　王崇武《明代户口的消长》，《燕京学报》1936 年 12 月号，页 366—367。

2　洪武三年（1370）告示及户帖的原样是在两种稀见方志中发现的：康熙二十四年《杏花村志》卷 11，页 1 上—2 下、乾隆五十二年《濮院纪闻》（清抄本）。两书所载告示原文略有出入。本书所引部分据阿瑟·W. 休默（Arthur W. Humel）博士的英译文，见《1940 年国会图书馆年度报告》，页 158—159。全文及中文影印件见乔治·萨顿（George Sarton）《科学史导言》卷 3 第二部分，页 1268—1270，巴尔的摩 1948 年版。萨顿对明初人口普查制度的可信性的评论尤其值得注意。

3　中书省为元代及明初十二年间的内阁，洪武十三年（1380）因丞相胡惟庸谋反案发后撤销，见《明史》卷 72，页 1 上；卷 308，页 1 上—3 下。对这一机构的演变的概述见吴晗《朱元璋传》（1949 年版），页 166—167。

一位当代科学史家乔治·萨顿（George Sarton）评论道："这足以说明当时中国行政的严密和彻底……这增加了我们对这些文献的信赖。"

从洪武四年安徽贵池县郎礼卿家户帖、洪武年间浙江崇德县张得肆家户帖的研究*，一些事实已非常清楚。各户的人口无论长幼都已登记于户帖，已确定无疑。同样无可置疑的是郎氏一支的全部男性后裔均出自户主及其两个儿子。

值得注意的是，如以郎礼卿户作例，这六口之户实际上是由两个三口之家组成的。明清时期所谓的"户"是中国传统的复合家庭，而不是西方意义的"自然"家庭。明清时的法律规定：成年的儿孙除非获得家长特许分产分居，否则均作为该家庭的成员[1]。关于一户的法律定义对于研究历史时期中国家庭的平均大小是很重要的。

以下是郎家和张家的两份户帖：

一户郎礼卿，池州府贵池县杏花村居住。

男子四口：

成丁二口：本名，年五十四岁；男贵和，年二十八岁。

不成丁二口：次男观音保（贵懋乳名），年七岁。

孙佛保，年七岁。

妇女二口：妻阿操，年四十二岁；男妇阿尹，年二十八岁。

---

* 译注：韦庆远《明代黄册制度》（中华书局 1961 年版）收有洪武四年直隶徽州府祁门县谢允宪户户帖照片（原件藏中国人民大学档案系），提及中国科学院历史研究所藏有同时同地谢允护户户帖，内容与此两件大致相同。

[1] 弘治十五年《大明会典》卷 20，页 14 上，并见万历十五年《会典》及各种《大清会典》。

事产：屋五间，基地八分。

右户牒付郎礼卿收执，准此。

洪武四年　　月　　日

安字二百二号　　六花押

一户张得肆系嘉兴府崇德县梧桐乡二十九都赀字围，本户计今四口。

男子二口：成丁一口：本身，年三十四岁。

　　　　　　不成丁一口：男阿狗，年一岁。

妇女贰口：妻宋大娘，年二十六岁；女阿胜，年四岁。

事产：民田三亩五分一厘，房屋壹间壹厦。

全印　　右帖付张得肆收执，准此。

洪武　　年　　月　　日

半印　半字贰佰三十六号　　押押押　　押押

郎氏的例子和方志中的其他资料说明了存在这样一种可能性，即甚至在洪武十四年（1381）全国编造黄册之前，在明太祖实施有效统治的地区内所进行的户口登记已经包括了绝大多数的人口。在地方一级，皖南绩溪县洪武四年（1371）和洪武九年（1376）人口调查的结果（表1）可作为例证。根据这些资料，洪武四年平均每户4.22人，五年后平均为4.27人。以府一级的徽州为例，洪武四年的申报数为117,110户、536,925口，洪武九年为120,762户、549,485口，按职业的分类统计同样具备[1]。洪武四年平均每

---

[1]　弘治十五年《徽州府志》卷2，页34下。

户 4.58 口，而洪武九年为 4.55 口。同样，苏州府在洪武四年有 473,862 户、1,947,871 口，每户平均人口分别为 4.11 和 4.27[1]。

表 1 绩溪县人口

职业	洪武四年调查数		洪武九年调查数	
	户	口	户	口
军	386	2,925	547	3,845
匠	262	1,675	285	1,794
民	9,074	36,588	9,045	36,629
儒	36	146	36	146
佛	25	76	25	63
道	4	4	4	6
合计	9,787	41,414	9,942	42,483

资料来源：万历九年《绩溪县志》卷 3，页 1 下—2 上。

在全国平定以后，这位开国皇帝在洪武十三年至十四年间（1380—1381）决定设立一套经常机构，以便今后负责户口登记、征收赋税和平均劳役。这套机构及其登记户口的方法见于《续文献通考》：其法以一百一十户为里，一里之中推丁粮多者十人为之长。余百户为一甲，甲凡十人。岁役里长一人，甲首十人董其事。城中曰坊，近城曰厢，乡都曰里，先后各以丁粮多寡为次。每里编为一册，册之首总为一图。其里中鳏寡孤独不任役者附十甲后，为畸零。每十年有司更定其册，以丁粮增减而升降之。册

1　洪武十二年《苏州府志》卷 10。

凡四：一上户部，其三则布政司、府、县各存一焉。上户部者册
面黄纸，故谓之黄册。年终进呈，送后湖东西二库庋藏之[1]。

　　换言之，收税、登记人口的增减以及充役当差的任务每年由
十位里甲中的一位及一百户（十甲）中的十户（一甲）承担，每
十年轮流一次。表 2 取材于位于湖南西南的永州府洪武二十六年
（1393）的府志，这份洪武十四年至十五年（1381—1382）户口
统计数的摘要包含了一些令人感兴趣的分类项目。

表 2　洪武十四年—十五年（1381—1382）永州人口（73,005 户）

男		女		性比率*	儿童所占百分比	每户人口数
成年	儿童	成年	儿童			
135,349	94,071	123,970	58,226	125.9	37.0	5.64

资料来源：洪武二十六年《永州府志》卷 3。

*　每一百名女子相应的男子数。

　　鉴于明代后期许多地区的人口登记数完全不循规章，甚至荒
谬绝伦，这少数现存的 14 世纪后期的人口统计数以及它们的分
类项目与我们对中国人口统计学的一般认识是基本一致的[2]。明太
祖时期的户口登记虽然按规定以及执行上包括全部人口，但还是
发现了某些地区存在漏报。例如属于今天浙江绍兴一部分的会
稽县在上述时期上报的数字是 39,879 户，却仅有 59,439 口[3]。洪

1　《续文献通考》（商务印书馆本）卷 13，页 2891。
2　尽管一些明代后期的方志中也保存了明初的户口总数，但由于缺少相应的分类项
　　目，使我们难于据此对 14 世纪后期人口数据作更系统的研究。
3　万历十四年《绍兴府志》卷 14，页 3 上—7 下。

武十四年（1381）福建省福州府的上报数是 94,514 户、285,265 口，仅及元朝后期该府人口之半；据万历四十一年（1613）府志作者的解释乃是根据一项优免法令减轻该地赋役负担的结果[1]。而华北平原由于元末战乱的创伤影响严重，流民的安置和登记颇为困难，花费了数十年时间才得以完成[2]。由于明代华北的方志一般只有人口总数，缺少分类数，所以根据这些资料很难完全确定当时是否存在漏报。尽管如此，看来在明太祖时期华北或多或少是有漏报的，不过漏报最严重的还是在边远地区。四川、广西和广东的一部分地区居住着相当多的少数民族人口。云南、贵州的人口主要由少数民族构成，这两省至永乐十八年（1420）才建立，洪武十四年的法令规定"夷民"不造黄册[3]。明代黄册的官方史学家和当代一位研究黄册的权威都认为现存的几本洪武年间云南、贵州的黄册实际上都是永乐十八年以后编的[4]。

总而言之，漏登户口的现象在明初绝非少见，至 14 世纪末，中国的实际人口大致至少超过了 6,500 万。表 3 所列即官方人口统计数。

晚明一些学者认为 14 世纪后期的人口少于晚明，这一论断从逻辑上说是值得赞同的，因为明初全国经历了导致蒙古王朝覆灭的数十年战乱。但从统计数字看，此后的 15 世纪前半期人

1　万历四十一年《福州府志》卷 26，页 1 上一下。

2　王崇武《明代户口的消长》，页 336—337。

3　《续文献通考》卷 13，页 2892。

4　赵官《后湖志》。这部户部编纂的人口手册初编于正德八年（1513），本书所用系天启元年（1621）重刊本的缩微胶卷，原书藏前国立北平图书馆。赵氏的评述见第一章。并见梁方仲《明代黄册考》，《岭南学报》卷 10 第 1 期。

口略有下降，以后大致在 6,000 万上下波动。下面就来解释这一
现象。

表3 洪武二十六年（1393）中国人口

省	户	口	每户人口
南直隶 [a]	1,912,833	10,755,938	5.62
北直隶 [b]	334,792	1,926,595	5.76
浙江	2,138,225	10,487,567	4.90
江苏	1,553,923	8,982,481	5.78
湖广 [c]	775,851	4,702,660	6.06
山东	753,894	5,255,876	6.97
山西	595,444	4,072,127	6.84
河南	315,617	1,912,542	6.07
陕西 [d]	294,526	2,316,569	7.87
福建	815,527	3,916,806	4.92
广东	675,599	3,007,932	4.57
广西	211,263	1,482,671	7.02
四川	215,719	1,466,778	6.81
云南	59,576	259,270	4.39
合计	10,652,789	60,545,812	（平均）5.68

资料来源：《后湖志》卷2，并见孙承泽《春明梦余录》（1913 年刊
本）卷35，页 6 上—下。《续文献通考》卷13，页 2892 作 10,652,870 户。
a. 永乐十九年（1421）自南京迁都北京前称直隶，辖江苏和安徽。b. 永
乐十九年前称北平，辖今河北及察哈尔、热河之一部分。c. 湖北和湖南。
d. 陕西包括甘肃。

虽然明太祖时期的户口登记在全国绝大多数地区看来已包括了绝大多数人口，但在编完了洪武二十四年（1381）的黄册之后不久，政府对人口问题的兴趣已经转到赋税方面去了。洪武二十四年以前太祖之所以坚持持续登记全部人口，是他切望能均分劳役。但在以黄册和鱼鳞图册为基础的有效的赋役体系精心建立起来之后，他就致力于维持这种体系。因此洪武二十四年的法令重点在尽可能地避免里甲制的变动[1]，因为一旦十年轮流当差派定以后，任何剧烈的变动都会引起里甲制的混乱。洪武二十四年的法令规定：一旦有破产户或绝户，即从同里的"畸零户"中补充，以免影响邻里的正常职能。但天长日久，人世沧桑，户口增减，往往使原来里中这种协调无法维持。更有甚者，随着明初几位强有力的君主的去世，官绅们逐渐故态复萌。他们与地方官府吏胥勾结，施展种种手段，将劳役负担和土地税的全部或部分转移到穷人头上，他们的非法偷漏手段层出不穷[2]。受害者不堪额外榨取，最后只能逃亡，而这又反过来加重了那些仍留在里中的人的负担。15 世纪中叶以后，里甲人员的逃亡加剧村民人口数量下降的事例已屡见不鲜，因而原来的里甲机器越来越运转不灵。在正德九年（1514）葡萄牙人来到之后，白银源源流入，进一步促进货币经济的发展。日益兴盛的货币经济的腐蚀作用是导致里甲体系最终解体的更重要的原因。大量白银的流通，加上劳动的社会和经济划分越来越细，使里甲劳役的以钱代役势在必

1　见《后湖志》卷 4，页 1 上—3 下，并见梁方仲《明代黄册考》，页 156—160。

2　对这些不法行为最精彩的概述见梁方仲《明代一条鞭法年表》导言，《岭南学报》卷 12 第 1 期。

行[1]。一旦劳役不再由村民自己承担，里甲机构本身及其登记户口的系统也就逐步废弃了。

　　洪武二十四年（1391）的法令是引起户口登记系统发生最重要变更的另一个因素。法令规定以后编造黄册时重点应该是十岁以上的男子，名单上十岁以上的男孩必须以年龄为序登记，以便他们在年满十六岁时能及时编入充役名单。尽管洪武二十四年的条例并未明确提到女子及不满十岁的儿童可以不作登记，但却规定年老残疾、幼小十岁以下及寡妇、外郡寄庄人户可以入畸零户[2]。这一规定本身与原来登记全部人口的规定并不抵触，这从许多晚明方志，尤其是北方各省的方志所记载的各地人口持续增长的事实可以得到证明。不过这一规定必然给地方官和户口登记方法留下了相当大的余地，因为它只要求人口中的有意义部分——纳税人口——能够载入十年一度编造的黄册即可。明代上海县的户口登记从登记全部人口逐渐变为只登记部分人口，可以说明东南很多地方的情况。上海的人口数据已整理为表 4。从女子人数在每户平均人口中的急剧下降以及男性比率的迅速提高，可以清楚地看到从以全部人口为登记对象逐渐转变为只统计其中一部分的过程，尽管我们无法肯定 16 世纪的两次户口登记中所有的男子都纳过税当了差[3]。

1　对这些不法行为最精彩的概述见梁方仲《明代一条鞭法年表》导言，《岭南学报》
　　卷 12 第 1 期。这是对晚明社会和经济总的状况高度概括性的讨论。

2　《后湖志》卷 4，页 2 上一下。

3　嘉庆十九年《上海县志》卷 3，页 1 上一下载有丁数，天启元年至崇祯十七年
　　（1621—1644）间为 81,961 人。

表 4 明代上海县人口

年份	户数	口数	男	女	每户人口	性比率
洪武二十四年（1391）	114,236	532,803	278,874	253,929	4.66	109.8
永乐十年（1412）	100,924	378,4291	99,781	178,647	3.75	111.8
正德十五年（1520）	93,023	260,821	179,524	81,297	2.80	220.8
隆庆六年（1572）	113,985	192,967	158,532	34,435	1.69	460.4

资料来源：万历十六年《上海县志》卷 4。

不管如何，只要人口登记的重点转为财政赋役，对口数、女子数，甚至对户数的统计就会漫不经心，以至出现像绍兴府这样荒唐的结果：该府在 14 世纪后期人口已超过 100 万，但到万历十四年（1586）的上报数却是 395,960 名男子和 179,213 名女子[1]。湖北中南部的沔阳县洪武二十四年（1391）的登记数是 23,109 名男子和 24,201 名女子，而嘉靖元年（1522）的上报数中男性人口为 25,346，女性人口却仅 13,876[2]。这种户口登记方法的改变并不限于长江流域的省份。例如陕西的华州，隆庆六年（1572）上报的人口总数是 49,651，其中女子仅 14,166；而在 35,515 名男子中，应充役者为 10,547 人[3]。甘肃秦安知县在嘉靖十四年（1535）以财政赋役的角度上报 12,424 名男子、6,099 名女子，亦不以比例失调为异[4]。经过一段时间之后，女子及十岁以下男孩不列入登记已十分普遍，东南地区尤其如此，以至于广州

1　万历十四年《绍兴府志》卷 14，页 3 上—7 上。

2　嘉靖十四年《沔阳州志》（民国十五年重刊本）卷 9，页 1 下—5 下。

3　隆庆六年《华州志》（光绪八年重刊本）卷 8，页 2 上。

4　嘉靖十四年《秦安县志》卷 7，页 1 上。

附近的顺德县万历十三年（1585）县志的编者提到儿童不入户籍已是长期实行的旧例[1]。这一切不仅提示了户口登记系统重点逐渐转移的事实，而且说明一些地区的人口明显地停滞或下降，此一表面现象，多数明代方志的作者认为与事实恰恰相反。这样的例子在东南各省还可以找到很多。

导致明代后来户口登记无法包括全部人口的第三个原因是地主豪绅庇护下的隐漏户。这种情况在全国各地相当普遍，但在长江下游及东南沿海的省份尤其严重[2]。在土地税和劳役定额高的地区，农民往往发现将部分或全部田产诡寄在大户名下以换取他们的庇护更为有利。有些地主具有真正的社会、经济实力，其影响之大足以通过与官府吏胥的关系免除其庇荫户的全部田赋劳役。由于土地所有权的集中在长江下游地区及福建、广东的部分地区尤其突出[3]，这些地区在地主庇荫下的户口隐漏也最为严重。如此猖獗的户口隐漏现象实际上已使长江下游地区一位清官在 15 世纪 30 年代就认为这是户口明显减少的主要原因[4]。

引起某些地区户口登记不足的第四个原因是官员的营私舞弊。明代官员的俸禄低得出奇[5]。起初，由于明太祖对贪赃官员的大量杀戮以及对廉明干练官员的破格晋升，使吏治保持清明有效[6]。但后继者驾驭群臣的能力减弱，官吏中的贪赃现象乃与日俱

1　万历十三年《顺德县志》卷 3，页 4 下。

2　赵翼《廿二史劄记》（1947 年世界书局版）34，页 495—496。

3　关于土地所有权问题将在第四章作进一步讨论。

4　周忱《与行在户部诸公书》，《明史》卷 77。

5　赵翼《廿二史劄记》32，页 473—474。

6　对明太祖时期行政机构的赞扬，见吴晗《朱元璋传》。

增。早在 16 世纪中期以前，湖南浏阳县的官吏就不断设法减少本县的劳役定额，而将部分劳役费用中饱私囊，因而该县各类户的统计总数从洪武二十四年（1391）的 12,680 下降到嘉靖三十年（1551）的 7,481。百姓也衷心赞同这种做法，因为他们的登记数也从洪武二十四年的 7,460 减少到嘉靖三十年的 152[1]。欧洲的白银涌入中国以后，官场中更是见钱眼开[2]。福建正是与欧洲贸易最活跃的地区，该省从省级到地方的官员从地税丁银中挪用公款的现象相当普遍，显然绝不是偶然的巧合。著名学者何乔远证明了这一点：

> 今庶民之家，登册者名为官丁，不登册者名为私丁。官丁纳官钱约可三钱，私丁则里胥董其家之人口多寡、财力丰绌而取其资，以备衙门应役之用，亦其势也。有司稽审之时，率视米多寡量设丁口，非实数矣。[3]

在广州附近的顺德县，豪富之家往往与奸吏勾结，有时家有数十丁，却只有一人登入册籍。广东其他府县也有类似情形[4]。

使户口统计不足更加严重的第五个因素是并户，这样做的目的即使不能全部逃避赋税负担，也可得到减轻。前面已经提到，明朝的法律规定：成年的子孙除非得到家长特许分家，否则仍视

1　嘉靖三十年《浏阳县志》下卷，页 9 上一下。

2　梁方仲《明代一条鞭法年表》，页 46—47 讨论及此。

3　何乔远《闽书》（崇祯二年刻本）卷 39，页 2 上。

4　万历十三年《顺德县志》卷 3，页 1；并见顾炎武《天下郡国利病书》卷 40，页 52 上一53 上引崇祯六年《肇庆府志》。

为家庭的成员。这一法律在某种程度上无疑起了鼓励旁系亲戚并为一户的做法，这种做法尽管严格说来并不合法，却为习惯所接受。在远离南北两京的四川，这一法律上的漏洞早已被充分利用。一些大族尽管并非同姓，却冒称一户。在正统三年（1438），已明令四川禁止 [1]，但这种做法非但未被官府有力制止，反而随着吏治的日益腐化而越来越普遍。16 世纪早期一位正直的官员指出：

> 今访得四川土俗，人丁欺隐之弊与湖广大略相似，与他处大不相侔。其大户或十数姓相冒合籍，而分门百十家，其所报人丁不过十数。[2]

北方一些省份中户的规模也异常之大 [3]，所以有理由相信，这类弊病并不限于湖广和四川。

另一个使户口隐漏的原因是人们有时非法改变或秘密放弃原来的身份。明太祖的社会蓝图是基于传统的社会劳动分工概念，要使每一个社会团体各司其职。为了保证社会的稳定，明初的法律规定各种户籍和身份是世袭的，因而匠人永远登入匠籍，军官、兵士入军籍，百姓属民籍。但经济的改变和人口的增加使如此严格划分的社会无法维持。早在国泰民安的宣德三年（1428），

1　弘治十五年《大明会典》卷 20，页 15 上。
2　胡世宁《胡端敏奏议》（浙江书局本）卷 3，页 18 下—19 上。并见嘉靖二十一年《陕西通志》卷 33，页 29 下："蜀民主户一而客户数十，故一人应役而数十人辅之，故役虽繁而民不疲。"
3　见表 3。

一些军户就已经脱离军籍。他们的人数必定很多，否则就没有必要因此而进行全国性的军籍登记[1]。正统三年（1438）、景泰年间（1450—1457）和成化十五年（1479）曾三令五申禁止军籍人口改变户籍[2]。这些法律自然无济于事，因为所有户籍之中以军籍为最苦，籍内之人也就想尽方法去逃脱军籍[3]。

由于军籍归兵部掌管，不入于黄册，不像平民那样十年一编造，因此从军籍逃亡的人可以在相当长的时间内不被察觉。但长此以往，军籍人口的减少不可能不反映在官方的统计之中。因此前后有好几次由于大规模的逃亡而对军籍人口进行全国性的重新登记。但是军籍统计数的减少绝不会在普通的黄册编造中得到相应的补偿，因为那些脱籍者的目的是要同时逃避兵役与赋役。在相当多的军籍人口逃躲法网成为既不纳粮又不当差的平民的同时，也有不少平民设法脱离户籍寻求卫所的庇护，在边远地区更是如此。这些人通过对军官的效力，既逃避了赋役负担，又脱离了里甲户口登记[4]。同样，有不少百姓秘密转为匠籍，反之亦然。所有这一切都使登记到的人口大大减少[5]。这些经济、社会的力量是如此强大，以致原来的职业身份登记到明代晚期已几乎变为废纸一张[6]。

---

1 《续文献通考》卷 13，页 2893。

2 同上；弘治十五年《大明会典》卷 20，页 15 上—下；《后湖志》卷 4，页 9 上—10 下。

3 见 16 世纪一位学官论军籍的文章，引自万历二十六年《江宁县志》卷 3，页 28下—29 下。

4 王崇武《明代户口的消长》，页 363。

5 这也是周忱的印象，见《明史》卷 77，页 3 上及《续文献通考》卷 13，页 2892。

6 顾炎武《天下郡国利病书》卷 9，页 64 上；卷 33，页 123 下—124；梁方仲《明代一条鞭法年表》，页 44—45。

这种种使户口登记不足的因素既出于法律本身的漏洞，也来自人们的欺骗行为，同时在某些地区，人们习惯于认为：为使赋役平等，少报户口是必要的。位于浙江西南的常山县万历十三年（1585）的县志中作了如下解释：

> 按丁口有虚报，有实差。盖朝廷之典籍不敢阙，而差不以实，则民力不支，恐迫使逃绝，益消耗尔。吾常册丁万计，差丁千计，多寡不同，非伪占也。以屋下数丁而当一丁，犹田以数亩而当一亩物力始称。[1]

为了使重要的赋税人口，即服劳役的丁，固定在 7,300 这样的低水平，在整个 16 世纪中该地名义上的人口始终徘徊于 73,000 上下是很自然的。

在上述各种情况的共同作用下，明代的人口数据离事实越来越远是无足为奇的。正如江苏南部宜兴县万历十八年（1590）的县志所说，所有当地户口登耗之数，完全都不可靠[2]。格于明初功令，中央、省和地方官员不断照旧编审户口，但黄册越来越成为官样文章。只要一个地方能够或多或少承担同样的赋税和劳役总额，或者设法保证获得对原来定额的减免，户和口的数字就很少实际意义，变得可有可无了。户口登记纯属形式这一点可以从各种方志中找到证据，如表 5。从 15 世纪 70 年代后数字多年不变这一点就可以反映出户口已同真正的赋税意义无关的事实。尽管

1　万历十三年《常山县志》（顺治十七年重刊本）卷 8，页 6 上一下。

2　万历十八年《宜兴县志》卷 4，页 3 上一下。

嘉靖十七年（1538）《常熟县志》同其他大多数明方志一样，循例只记载户、口数字，而不是丁的数目，但从赋税角度看，丁已成为户口登记的基础和要素。

表 5　常熟县人口统计数

年份	户	口
洪武四年（1371）	62,285	247,104
九年（1376）	61,211	263,414
二十四年（1391）	67,077	284,671
永乐十年（1412）	66,327	299,661
宣德七年（1432）	77,665	315,959
正统七年（1442）	76,688	347,855
景泰三年（1452）	82,005	359,836
天顺六年（1462）	83,558	367,600
成化八年（1472）	87,474	381,577
十八年（1482）	87,474	381,577
弘治五年（1492）	88,044	381,577
十五年（1502）*	73,641	381,949
嘉靖元年（1522）	73,641	381,949

资料来源：嘉靖十七年《常熟县志》卷 2，页 15 下—17 下。

*　弘治十年（1497）15,270 户、58,000 口划归太仓县。

从府级范围内也可以证实同样的趋势。表 6 所列宁波府属五县的分类数字中，除慈溪一县人口持续下降外，其余四县的人口统计数在一代人中不是变化甚少，就是根本不变。到嘉靖三十一

年（1552），全府登记人口下降到只及洪武二十四年（1391）的
45％。绍兴府有的县的人口登记数在永乐年间（1403—1424）就
开始胡编乱造了[1]。

表 6　嘉靖元年—三十一年（1522—1552）宁波府人口

县	嘉靖元年（1522）		十一年（1532）		二十一年（1542）		三十一年（1552）	
	户	口	户	口	户	口	户	口
鄞县	58,345	193,380	58,350	193,385	58,355	193,395	58,361	193,412
慈溪	21,000	37,525	19,300	32,501	18,732	27,455	16,000	23,365
奉化	18,865	60,781	18,865	60,334	18,865	60,334	18,865	60,364
定海	12,517	37,450	13,026	38,808	14,017	38,701	14,017	38,722
象山	3,802	17,812	3,802	17,812	3,802	17,812	3,802	17,812

资料来源：嘉靖三十九年《宁波府志》卷 11，页 33 上—35 下。

常熟和宁波两例中未提及的现象从江苏南部吴江县的志书中
就能找到清楚的说明，该县的人口数见表 7。

表 7　吴江县人口统计数

年份	户	口
洪武四年（1371）	80,382	361,686
九年（1376）	81,572	368,288
二十四年（1391）	74,831	380,017
永乐十年（1412）	74,831	259,101
宣德七年（1432）	79,645	268,029

1　万历十四年《绍兴府志》卷 14，页 3 上—7 上。

续表

年份	户	口
正统七年（1442）	72,708	268,029
景泰三年（1452）	67,804	271,421
天顺六年（1462）	68,365	272,691
成化二十二年（1486）	72,445	273,932
弘治十八年（1505）	81,916	267,100
嘉靖十五年（1536）	——	95,667
三十六年（1557）	86,860	259,657

资料来源：嘉靖四十年《吴江县志》卷9，页1上—3下。

县志的编者特意指出：到弘治十八年（1505）为止，包括该年在内的登记数都包括"全部男妇"。至于嘉靖十五年（1536）的口数锐减，原因十分清楚，该年地方官在编审户口时完全略去了户数，而只将丁额——成丁男子即真正承担劳役的成年男子的数量——固定在95,667。嘉靖三十六年（1557）上报的口数又分为下列几项：（1）男子总数：162,462；（2）丁：160,044；（3）不成丁（男性儿童）：2,418；（4）女子总数：97,195；（5）成年女子：96,205；以及（6）女童：990。从表和嘉靖三十六年的分类统计中我们可以清楚地看到，至少在数十年间，成年妇女的登记是很不完全的，儿童则无论男女几乎完全被忽略。嘉靖年间（1522—1566）总的说来是财政改革和税收调整的阶段，最明显的表现是丁额的确定和修订，而丁额已最终成为应课赋税人口的核心部分。但为了遵奉沿用多年的户口登记方法，嘉靖三十六年的统计还是按户、口分列。正是由于这一原因，浙江海宁县的口数自明初以来一直略高于 200,000，在嘉靖元年（1522）突然跌至 88,972，嘉靖十一年跌至 88,752，从嘉靖二十一年开始口数纪录又回复到 200,000 以上[1]。

常熟和吴江县代表了东南少数户口登记略有增加或停滞的地点，但东南地区大多数现存的方志所记载的都是人口持续下降。表 8 所显示的福建连江县的人口数据至少可以说明东南地区的户口登记制度已经发生了什么变化。

表 8　连江县人口统计数

年份	户	口	每户人口
洪武十四年（1381）*	14,804	65,067	4.40
成化十八年（1482）	6,028	16，928	2.81
弘治五年（1492）	5,908	16,817	2.85
正德七年（1512）	6,9021	6,913	2.45
嘉靖元年（1522）	6,270	16,913	2.70
万历六年（1578）	6,378	14,802	2.32
崇祯六年（1633）	5,378	15,019.5	2.79

资料来源：嘉庆七年《连江县志》卷 2。

＊　洪武十四年至成化十八年期间的登记数呈缓慢持续下降，兹从略。

县志指出，该县自万历六年起实施一条鞭法，所以妇女均免于编审，从该年起地税及劳役的征发均仅据丁数，而不再以户为准了。从数据中可以清楚地看出，尽管直到万历六年才完全实行

1　嘉靖三十六年《海宁县志》（光绪二十四年重刊本）卷 2，页 1 下—2 下。

地丁合一的单一征收，但早在成化十八年以来丁就已取代口成为
户口登记中的有效成分。

总之，在 16 世纪中，丁这一项目在赋役管理中正变得越来
越重要，但在明代后期大多数方志中还没有出现丁的数字。这是
由于黄册的编审虽已越来越混乱而无实用，但直到明代终结，毕
竟还是一项堂而皇之的制度。因为黄册中首要的数字是户与口，
这些数字就得定期上报。这在明初是行之有效的，因为口无论在
理论上或实际上都已经包括丁了。例如近畿的顺天府在隆庆五年
（1571）奉旨将丁额定为 147,300，但直到 16 世纪的最后几年依然
只报口数（比丁数多五十万），不提丁数 [1]。这也可以解释吴江县和
海宁县在短时间试用以丁数代替口数后，何以又恢复了旧例。

明代大多数方志未记载丁数的最根本原因，是随着黄册数
据与现实不符的现象日益严重，另一种新的统计册籍应运而
生，这就是通常所谓《赋役全书》。各地地方官编纂这类更实
际的手册逐渐与重要的财政改革运动，即从嘉靖五年（1526）
开始全面推行的一条鞭法相一致。我们有幸获得万历三十九年
（1611）江西省和万历四十年（1612）徽州府《赋役全书》的缩
微胶卷 [2]。后者仅有全府及各县的丁数，却毫不提及户数和口数；
根据该府历年编纂的明代方志，从明初以来人口一直大大超过
50 万，但在《赋役全书》中对全府人口却记为："户口人丁：
二十万五千七百八十六丁。"可见从赋税的观念来看，所谓"户
口人丁"，说到底无非是丁而已。

1　丁数见《续文献通考》卷 13，页 2895。万历二十一年《顺天府志》卷 3 仅载户、口数。
2　原件均为原国立北平图书馆所有，这是在中国、日本之外仅见者。

万历三十九年的《江西赋役全书》颇有不同。该年全省课税人口是 2,485,931，其中丁为 1,497,111，成年妇女为 988,820。这是因为江西、福建、广东三省在明代及清初对成年妇女征收盐税，所以也须每十年编审一次。最值得注意的一点是，《赋役全书》所载的瑞州的课税人口实际上正是嘉靖（1522—1566）后期以来该府的"全部"人口[1]。瑞州的例子以及在赋役全书中完全略去户数和口数的做法比任何其他事实都更能证明原有登记体系已经过时。

尽管从理论上说，明代后期的丁应该指年龄在十六岁至六十岁之间承担差役或交纳丁税的男子，但在当时有些县的丁数中已经出现了小数，前面提到的连江县就是一例。同样，17 世纪初年杭州府钱塘县就已经载有 51,900.5 丁[2]。这涉及到明代后期丁的确切涵义问题，并非三言两语可以讲清。有关丁的复杂涵义及其在明末清初性质的转变将在第二章中讨论。

在结束对明代户口数据的实质研讨之前，有必要简单讨论一下整个明代的官方人口总数。根据一位当世学者从《明实录》及其他官方资料中着意收集校勘的结果，在 275 年间，除了少数几年不正常之外，其他时期内无论户数还是口数始终是波动的，户数在略高于 900 万至 1,000 万之间上下，口数则波动于 5,000 万至 6,000 万之间。质言之，明代开国时数字最高，15 世纪前六十年最低。根据他对文献资料的研究以及以几种当代资料为基础对

1　万历三十九年《江西赋役全书》瑞州册；并见崇祯元年《瑞州府志》卷 10，页 2 上—4 上。

2　万历三十七年《钱塘县志》（光绪十九年重刊本）卷 1，页 22 上。

当时每里户数的研究，这位学者得出了这样的结论："中国的统计具有相当高的精确性。"[1]

明太祖时的人口数据虽然包括全部人口，但是根据我们上述的讨论，这样的结论是极其令人怀疑的。正如前面已经指出的：在最早两次黄册编造中，西南省份可能申报得很少，而浙江、福建部分地区也有登记不足的现象。虽然由于明太祖时期的人口数据还不足以使我们准确估计 14 世纪后期中国的全部人口，但我们有把握说当时登记不足的情况并不限于上述地区，因此全国总人口至少超过 6,500 万，可能达到一个更大的未知数。

不过明太祖时期的数据尽管有这样的缺点，比明朝以后的人口统计数要好得多。理由很简单：在首次编造黄册时规定了必须登记全部人口，而在绝大多数地区这一点无疑是得到认真实施的。根据明代财政经济史的主要权威梁方仲的观点，只有最初两次或三次黄册对人口研究有些作用，而此后许多地方的统计数是大同小异地编出来的。如果还需要更多明代后期黄册人口资料绝不可靠的证据，那就是清初一位官员上奏建议停止编造这种无用的黄册；他在明代的旧档中发现，在某些崇祯十五年（1642）的

---

1 沃托·范特·斯勃瑞柯《明代中国人口统计》，《伦敦大学东方非洲研究院学报》卷 15 第二部分，1953 年。作者发现在一些省、府、县中每里的户数基本一致，上下幅度很小；而将这些户数与里数相乘又与各该省、府、县的总户数一致，上下幅度也很小；他对此印象极深。但这只能证明资料本身的一贯性，却不能证明它们作为人口统计学资料来源具有"相当高的准确性"。从某种意义上说，他的理论是作茧自缚。省的户、里总数正是根据所属各地上报的户、里数合计而成的，二者岂会不一致？因此他的研究仅仅提供了一些原始数据，距离"充分阐明明代人口数据管理的前因后果"这一目标相差甚远。他的研究的弱点是在于没有研读中国当代关于明代经济、行政制度史方面的著作，特别是权威学者梁方仲的著作。

黄册中，户口竟已经预造至"崇祯二十四年"（1651）——明亡
后的七年了[1]！

　　从本章所引证据我们可以明白，户口登记不足的现象在全国
范围内都日益严重，而以人口稠密的东南地区最为突出。有明一
代人口变动总的模式必须根据农业开发区的扩展、全国粮食产量
的增加、多样性经济的兴起、地方志中的论述以及明代权威学者
的著作来加以研究。本书第二章将对影响人口增长的物质和政治
条件以及方志中和当代的论述加以详细讨论。通过这些讨论，事
实将十分明显：尽管明代官方的人口数据显示出人口停滞，实际
上从洪武元年（1368）至万历二十八年（1600）前后中国的人口
始终是或多或少直线上升的。

1　梁方仲《明代黄册考》，页 168。

第 2 章
丁的实质

随着时间的推移，在明代户口登记中的丁，即便不是惟一的、也成了最重要的因素。到各地编修《赋役全书》时，丁实际上已取代户和口成为重要的赋税人口。虽然户口的编审一直延续到崇祯十七年（1644）明朝覆灭，但毋庸置疑，这些数字大多是十分武断的。清初政府深知这种户口登记不实，乃停止户口编审，而以明代后期各府县的《赋役全书》作为征调赋役的依据。虽然顺治八年（1651）后仍继续编审黄册，但其内容已远比明黄册广泛。明代黄册是以人口统计和财产登记为基础的基本赋税手册，而清代的黄册则包括人口和税收统计以及对朝廷各主要部门例行的开支账目、纯属行政及惩戒性事务的报告。保存在北平故宫博物院的 6,602 卷清代黄册中，只有 193 卷是有关地方人口统计的。而从顺治八年这个新朝第一次编修黄册到乾隆六年（1741）户口登记制度做出重大改变期间，现存惟一的人口数据就是每年的丁数 [1]。

---

1 《内阁大库现存汉文清代黄册目录》（北平故宫博物院 1936 年版），除故宫博物院所藏 6,602 卷外，国立北京大学有 7,300 多卷，中研院历史语言研究所有 1,900 多卷，并见《清内阁旧藏汉文黄册联合目录》（北平故宫博物院 1947 年）。必须指出：尽管在顺治八年至乾隆五年期间能为现代学者所用的只是年度丁数，但各地上报的各（转下页）

官方的丁数对于研究清代早期人口的重要性早就为西方和中国的人口统计学者所接受，他们一般都未作深入研究就全盘接受了丁的官方定义，即丁是 16 岁至 60 岁的纳丁税的成年男子。这一过于简单的定义的魅力是如此不可抵挡，以至他们就用清朝官方的丁数来重建 17 世纪后期至 18 世纪初期的中国总人口。两位研究清代人口的早期西方学者——庄延龄（E.H.Pasker）和柔克义（W.W.Rockhill）不做任何解释就将丁与家庭、纳税人口这类术语几乎等同起来。他们复原中国历史人口数据的方法就是将某一年的丁数乘以 4、5、6 或他们认为最合理的数字。由于一般都将丁数多少等同于"纳税人口"，柔克义深信康熙五十一年（1712，康熙皇帝于该年将全国丁税永久固定在上一年丁额数上）以前的人口数据过低，而该年以后的人口数大多是推测的结果，而"推测的数字往往被扩大"[1]。W.F. 威尔考克斯，这位对中国现

种形式的人口数字无疑载入了《朝觐须知册》，这是一种为朝廷提供地方资料的手册。目前不了解这种手册是定期编纂的，还是仅在某种特殊情况下才编，但看来由来已久。一些明方志，如万历四十一年《福州府志》卷 30，页 1 下—2 上记载编纂此册的开支附入地方劳役费。在清代，如浙江中部东阳县的县志中虽已载有万历九年（1581）确定的丁额 22,577，但还刊有康熙十年《朝觐须知册》中的 26,571 户和 80,085 口。编者深思熟虑地评述道："此合军、匠、妇女若不成丁而总计者，乃古之所谓民数也，与计丁科赋户口全不相蒙。"（道光十二年《东阳县志》卷 7，页 6 下）不幸的是这一类册子保存下来的数量已微乎其微。

1　关于清代人口的论著不胜枚举，仅举有影响的几种：柔克义《中国人口考》，载《斯密森协会年度报告》1905 年（引文见页 665）；庄延龄《释中国的一些统计数》，载《皇家统计学会学报》1899 年；W.F. 威尔考克斯《一位西方人对中国人口及其 1650 年来的增长的估计》，载《美国统计协会学报》1930 年，并见其所编《国际人口迁移》（纽约 1931 年版）一书卷 2 第一部分；陈达《近代中国人口》，《美国社会学学报》第二部分作专著发表（1946 年 7 月）；以及小竹文夫《近世支那经济史研究》（东京 1942 年版）页 271—282。同柔克义和（转下页）

代人口统计学家有相当影响的人物，在作了若干修正下接受了柔克义的论证和分析。他估计到顺治八年（1651）中国的人口大致为 6,500 万，到道光三十年（1850）低于 35,000 万，这被一位主要的中国人口统计学家称为"最有见识"[1]。为了评价这些和其他人口估计的价值，有必要对丁这一术语的复杂性作充分的探求。

在探讨丁的涵义之前，我们必须先了解明末清初丁银的性质和影响。丁银一般被认为是一种人头税，或者是成年男子的人头税，实际上是由一套强制性的劳役构成的，在明初必须由本人当差，以后逐渐变为交钱代役[2]。对于晚明和清初的丁税的性质，直隶总督李绂作了最简要而权威的解释，他在雍正四年（1726）的一份奏折中指出："丁差纳银，即古时力役之征。"[3] 为了考察原来的差役演变为纳钱代役的历史过程，我们必须回溯明初的劳役制度。

根据明初的法律，百姓（除鳏、寡、孤、独、不任役者外）每十户组成一甲，每一百十户为一里，每年这一百十户中有十一户充当里甲差役，当时里甲的任务主要是向里中一百十户收税，里甲当差每十年循环一次，是以户为单位的。但不久就出现了

威尔考克斯一样，小竹相信 18 世纪中国的人口统计数大多出于估计，为取悦于乾隆而作虚夸。尽管还不尽如人意，罗尔纲《太平天国革命前的人口压迫问题》（载《中国社会经济史集刊》1949 年 1 月）是迄今研究清代人口论著中之最佳者。

1　陈达《近代中国人口》。

2　如将丁银与西汉的人头税相比，丁银不是人头税这一点就显而易见。汉时有地税和强制性的劳役、兵役，同时又有口赋（十四岁以下儿童的人头税）和算赋（十五岁至五十六岁成年人的人头税），见杨联陞《释斯坦旺博士〈古代中国的食货〉》，载《哈佛亚洲研究学报》1950 年 12 月号。

3　李绂《穆堂初稿》（道光十一年重刊本）卷 39，页 4 下。

另一种称为"均徭"的劳役，主要是为地方官府提供仆役性的劳务。与里甲不同的是，均徭是按成年男子分配的。所以严格说来，只有均徭才是以后的丁税的原型，因为它是落实在成年男子头上的[1]。

但明初，均徭的摊派还是根据具有成年男子之户的经济状况来考虑的，因此丁男很少但饶有田产和财富之户被多派丁数的现象并不少见。由于丁是分等的，所以富家往往被派上等丁，承担的劳役负担较下等丁为重；反之，贫户虽有较多丁男但少财产，只派很少的下等丁。无资产的丁男或受雇于人的佃农则免于摊派均徭。很重要的是，即使在明初，官方的丁数也不代表全国实际成年男子数，因为均徭的一部分落实在财产上，特别是田产上。16 世纪初的一位官员在总结丁的摊派原则时提出"一丁上册，仍要实报其家，如有父子三人以上，田种十石以上，或虽止一二丁，田种不多，而别有生理……或有仆马出入者，定为上丁"；其余或定为中丁、下丁等等[2]是完全正确的。富户承担几种差役，而几户贫户分担一种差役也很普遍[3]。

这种在户与丁男之间区别井然的差役并未存在很久，而户的重要性逐渐为丁所掩盖。首先，按户摊派比按丁男摊派困难得多。而对富户来说，隐瞒财产比少报丁男要容易得多。其次，尽管从理论上说，里甲是由户承担的，但实际上一般小户户主或主

1　我们对明代税制的讨论主要根据梁方仲的权威研究，特别是梁氏最实用的论文《一条鞭法》。

2　胡世宁《胡端敏奏议》卷 3，页 16 下—17 上。

3　万历三十三年《武进县志》卷 3，页 62 下—63 上。

要劳力就是承担均徭的丁男。只有那些人口特多、又有几名丁男的人家，里甲和均徭才有区别[1]。长此以往，里甲与均徭的区别越来越不明显，并趋于混合。

更有甚者，明初赋税结构的复杂性，加上富人们将他们的劳役负担转嫁给穷人的做法，使原有的赋税制度到 15 世纪末时已濒于崩溃。从 16 世纪初开始，全国实施了一系列的赋税改革，这些改革绝大多数是在地方一级进行的。它们一般都是从合并部分劳役入手，然后将劳役折为代役钱。劳役折钱的原则由来已久，因为早期的均徭就可分为两类：必须由人力充当的力差，交钱雇人充役的银差。前者主要包括为地方官府核查税钱数目及秤量税粮一类差使，一方面由于衡器量器的差异，另一方面由于官府吏胥的勒索，当差人常常蒙受很大的损失。因此力差一般派给殷实人家，而银差一般派给穷人。由于亲自承担这类差事不胜其烦，有钱人自然会雇人代替。这已是一种非正式的代役方式，不久就得到了官方认可。

到 16 世纪，欧洲商人的白银的流入大大方便了以钱代役的过程。劳役合并及以钱代役的程度因地而异，但到该世纪末，劳

---

1 除了在那些采取非法并户以逃避赋税的做法极其普遍的地区，如四川、湖北、湖南，可能还有北方几省（见第一章）外，一般家庭大多只有一个既种地又当差的丁男。京都大学图书馆藏有嘉靖四十四年（1565）闽南某村的黄册若干页，我们发现在 36 户中有 35 户仅一名丁男种地，梁方仲《明代黄册考》已取这些册页的照片为附件。闽南如此，人口稠密的东南其他地区当亦如此。洪武十二年《苏州府志》、崇祯十五年《吴县志》、万历十四年《绍兴府志》及成化十三年《新昌县志》（正德十六年重刻本）的风俗部分都证实了这样一种旧俗：即使老父在堂，成年兄弟也都分产分居。这些都说明了家族不过是上层建筑，而决定家庭单位最重要的因素是劳动力。

役负担逐渐从户转到了丁男头上。里甲与均徭合并的时间也因地而异，一般说来这一过程在东南各省发生较早，乃是由于这些地区受日益兴起的货币经济的影响最为明显。在广东，劳役合并一定完成得很早，因而万历十三年（1585）广东一种方志的编者就说国朝一向是审丁而不审户的[1]。在扬州这个处于长江和运河交会点的巨大贸易中心，从万历初开始户口登记实际上已经中断，而全部劳役都已按丁摊派[2]。

如果赋税改革终止于两种劳役的合并，那末考察丁税的影响就会简便得多。但在很多地方，在混合劳役及以钱代役的同时，代役钱又部分或相当部分并入了地税。例如在今天浙江绍兴县的一部分，13 亩头等地、15 亩二等地或 100 亩山地照例折为一丁[3]。而在江苏的武进县，一个正丁折地二亩。土地对地方总的税收的作用已大大超过了丁，以至从嘉靖十四年（1535）开始，在统计赋税中与其以 110 户为一里，还不如以若干亩土地为一里[4]。在浙江西南的常山，惯例是以两个正丁折为一石地税[5]。无论如何折算，有一点是很清楚的：劳役至少已部分转移到土地或地税上来了。

我们仍可找到若干地方地和丁之间的代役钱分配的专门资料。表 9 就是 17 世纪初期长江下游七县由地或丁负担的代役钱的确切比率。

1　万历十三年《顺德县志》卷 3，页 4 上—下。

2　康熙二十三年《扬州府志》卷 10，页 48 上—下。

3　万历三年《会稽县志》卷 6，页 3 上—4 下。

4　万历三十三年《武进县志》卷 3，页 7 上及页 31 下—32 上。

5　万历十二年《常山县志》（顺治十七年重刊本）卷 8。

表9　以地、以丁定差的百分比

县	以丁定差的百分比	以地定差的百分比
吴县	34.5	65.5
常州	27.6	72.4
吴江	23.3	76.8
常熟	11.6	88.4
昆山	12.0	88.0
嘉定	14.8	85.2
太仓	7.4	92.6

　　资料来源：具体数字及项目据顾炎武《天下郡国利病书》卷7，页58上—61下。因数字中小数多，计算中仅取约数。

当地和丁负担的代役费的比例成为惯例后，不管实际人口中的丁男有何变化，丁额也多少固定不变。检阅下引17世纪初一种浙江方志中的话，很容易理解运用丁数来重建历史人口的危险性了：

　　户口隐漏为当今宇内通弊，不独东南然也。乃东南隐漏所由独多者，又自有说。国初……赋役皆以丁而定，丁之查核，安得不明也！后渐参验田粮多寡，不专论丁。而东南开垦益多，地利逾广，其势不得不觭重田亩，以佥派里役。于是黄册之编审，皆以田若干为一里，不复以户为里。……此江北之以丁定差者，今尚有真户籍；江南之以田定差者，今概无口数。[1]

――――――――
1　《天下郡国利病书》卷32，页6上—下引晚明浙江《海盐县志》。

在南方某些特殊地区，官方的丁数与成年男性人口已经毫不相干，因为进入 16 世纪之前丁税已完全转由土地[1]征收。

将差役并入地税，即一般所称"一条鞭法"，在北方的出现略晚于南方。由于北方的土地一般不如南方肥沃，所以北方各省的丁主要还是依附于赋役系统的。实际上，16 世纪后半期，一条鞭法已在南方充分实施之后，北方的缙绅还在对这一赋税改革作相当强的抵制，因为他们的主要财产是土地[2]。晚明泗州（位于淮河流域）志对这种地区性的差别作了很好的解释：

> 户口已载之黄册矣，此外复有审编丁则者，以江北税役比江南不同。江南田地肥饶，诸凡差徭，全自田粮起派，而但以丁银助之。其丁止据黄册官丁，或十而朋一，未可知也。江北田稍瘠薄，惟论丁起差，间有以田粮协带者，而丁常居三分之二。其起差重，故其编丁不得不多；其派丁多，故其审户不得不密。[3]

但是土地的贫瘠和缙绅的抵制都无法长期推迟一条鞭法在北方的实行。首先，对行政系统来说，将税收与劳役固定为单一的交纳较为方便，因而被很多地方官所喜；其次，北方许多地方评估户和丁的旧办法早已声名狼藉，必须作彻底检查；再者，这样

1　如江苏扬州及广东一些县，见梁方仲《一条鞭法》及《年表》。

2　《天下郡国利病书》卷 17，页 109 上—112 上；万历三十三年《武进县志》卷 3，页 82 下载谙熟情况的该志编者唐鹤征对山东实行一条鞭法初期遭遇困难的论述。并见梁方仲《年表》，页 37—38。

3　《天下郡国利病书》卷 11，页 24 下引。

的赋役改革，使穷人或无地者从丁税的重负下解脱出来，是无法抗拒的。正由于这些原因，一些在北方担任省级及地方官的南方籍人士为一条鞭法的实施铺平了道路，到 16 世纪后期北方一些省份开始取得进展[1]。但总的说来，北方将劳役并入土地税的比例比南方小[2]，不过到 17 世纪初期北方有些县已将丁、地税完全合并[3]。据河南一位信息灵通的保守派学绅的记载：到 17 世纪前期，除直隶仍然实行长期沿用的丁地分征的办法，丁地部分合并的现象在北方已相当普遍[4]。当一条鞭法在北方扎根后，官方的丁额与实际丁男人口之间的差额必定增加。在万历三十四年（1606）一份解释新税制的十二条告示中，山东一位县官着重指出，防止丁额的改变是一条鞭法成功的必要条件[5]。

但这一切并不表明，北方丁的登记像南方那样正在趋向形式化。上述关于摊派丁税的地区性差异，并不能轻易地置之不理。而且由于丁依然是落实劳役税的主要部分，所以清初不少有声望的学者都肯定在北方编审户数和丁数的重要性。例如康熙三十年至五十年（1691—1711）任大学士、户部尚书的张玉书就曾指出：在西北，由于丁和户的编审严格执行，隐漏丁税甚少[6]。不仅

1　《天下郡国利病书》卷 17，页 109 上—112 上；梁方仲《年表》，页 37—38。

2　如在河南，大约每百亩地仅摊到一钱至四钱丁银，而一上等户须征一两二钱。山东有些县起初仅一二成丁税摊入土地。见《天下郡国利病书》卷 17，页 111 上—下；卷 20，页 161 上—下。

3　如鲁西的曹县约四十亩摊到一丁之税，同上书，卷 20，页 177 上—184 下。

4　同上书，卷 17，页 109 上—112 上。

5　同上书，卷 20，页 177 上—184 下。

6　张玉书《张文贞公集》（乾隆三十七年刊本）卷 7，页 23 下。

如此，丁根据户征发的原则至少在北方还有部分真实性[1]，毫无疑问，这只是一般性的概念，也许对直隶来说比北方其他省更适用。由于直隶土地相对贫瘠以及丁的编审一直严格实行，户数与丁数的关系即使不是始终精确，也是基本上与实际相差不远，例如雍正二年（1724）直隶上报的丁数是 3,248,711，乾隆十八年（1753）上报的户数是 3,071,975[2]。但在北方和西北其他地方，户数与丁数之间的关系就很模糊。山西有些地区丁税高达每丁四五两，甘肃有的县更高至八九两以上，与其他大多数省份大致每丁一两的水平相比，恰恰证明了这些地区并不是每户派一丁的[3]。明末清初山西及甘肃部分地区丁税都是由富商户交纳的，而不是或多或少根据户数摊派的。甚至在丁税比地税重要得多的山西省，有的县从 17 世纪中叶以后已将二者完全合并[4]。另一方面，淮河流域既无富商，又少良田，地方官急于科敛，因而丁数大大超过户数，甚至有一个万户的县摊派的丁多达三万的例子[5]。所以即使在北方，用官方的丁数作为实际户数的指标是十分危险的。

　　考察清代各地丁额的确定以及此后的征收办法，便知现代学者复原中国顺治八年（1651）至乾隆五年（1740）期间人口数据的一般方法将进一步受到质疑。像清初的地税额一样，清代的"原"丁税额也是根据明末的统计数确定的。只要有可能，省和

1　乾隆六年（1741）停止编审丁口时，朝廷中高官都有此印象，见《清高宗实录》卷 133，页 5 下—6 上。

2　《清朝文献通考》卷 19，页 5027；乾隆二十九年《大清会典》卷 9，页 2 下。

3　《清朝文献通考》卷 19，页 5023；卷 21，页 5044。

4　梁方仲《一条鞭法》，页 43—44。

5　贺长龄《皇朝经世文编》卷 30，页 11 上。

地方的官员都沿用明末的定额。在战争和迁徙后果严重的地区，则酌情削减。下面仅就地方志中发现的大量例子中略举一二：湖北东北部的麻城县万历四十七年（1619）的登记数是 10,605 户，清初的户数登记为 10,704，丁额就定为 10,605[1]。湖北西部的当阳县崇祯十五年（1642）登记的丁数为 2,030，改朝换代的六年后，清代的"原"丁额即定为 2,030，尽管允许 1,884 丁和丁税四升临时豁免[2]。这也证明当地的丁役在形式上已转为交钱粮。陕北中部的洛川县从明末 2,010 的定额中扣除迁移和合法的优免后，将新朝的"原"丁额定为 1,642[3]。湖南长沙府同样从万历六年（1578）的定额中减去 34,062，将"原"丁额定为 114,960[4]。在许多未受 17 世纪中期战争影响的地区如上海[5]，清朝的"原"丁额与明末的完全一样。

如果清朝定下的原丁额并不代表真正的成年男子人口，那么在此后五年一度的丁口编审总数自然也并不反映清初人口增长的实际。正是在五年一度的编审期中出现了麻烦，根据官方规定：年满六十的丁要从官方登记中除名，而由他家属中的另一名成员，或由他的同族、或由邻居中的殷实大户派一人代替，一些地方官无疑企图增加他们辖地的丁额，尤其当朝廷将扩大丁额作为升迁的理由。但出于习惯和传统道德的支持，公众对这种举措的抵制相当强烈。当地丁口上报数的增加一般都并不能反映当地

1　光绪三年《麻城县志》卷 10，页 1 上一下。

2　同治五年《当阳县志》卷 4，页 1 上、下。

3　嘉庆十一年《洛川县志》卷 9，页 1 上一2 下。

4　《湖南通志》（商务印书馆版）卷 48，页 1289。

5　嘉庆十八年《上海县志》卷 4，页 1 上，明末及清"原"丁额为 81,961 丁。

人口增加的实际状况，根据当地人口的多寡和贫富程度每次上报
三四百或一二百这样微小的增加，已经成为地方官的惯例。

若干材料说明从 17 世纪晚期到 18 世纪，地方官一般都站在
百姓一边，在每五年一次的编审中尽力防止原有丁额的扩大。实
际上，使现有的丁额和地税固定或缩减正是在地方上博得影响和
名声的途径。清初的循吏传和墓志铭中无不提及他们在这方面的
成就。陆陇其（1630—1693）是这类清官中的一位，曾向省中大
员请求：

> 审丁不宜求溢额也。……窃观直隶各州县现在之丁已不
> 为不庶，但求无缺亦足矣，不必更求溢额也。……总之，宽
> 一分在州县，即宽一分在穷民。[1]

这类政治伦理尽管会使现代的人口统计学者头疼，却正是中
国人民在历史上少有的太平盛世中受益的因素之一。

在清初的八十年间，丁税地税合并进展迅速。税制合理化一
旦开始，在整个赋税体制没有得到彻底改革之前，就无法半途中
止。并且，如果欲将原来落在户与丁口身上的劳役改为单纯按丁
摊派，那么将劳役落实到土地或地税上显然更加公平合理。归根
结底，丁男应该根据财产来摊派；而在一个农业占主导的社会中
财产无疑几乎就是土地。对这一被称为一条鞭法的长期的多边
赋役改革的最根本的依据，没有谁比直隶总督李绂更能一语破

1　陆陇其《三鱼堂文集》（同治七年重刊本）卷 3，页 13 上—15 上。

的:"夫天下有贫丁,无贫地。"[1] 在康熙长期的统治于六十一年
(1722)结束之前,丁地合一已在广东和四川两省全面推行。浙
江的 77 个县中,有 44 县已将丁税并入地税,或者根据已课税的
地亩数折算[2]。康熙三十五年(1696),湖北罗田知县在一份促请
税制改革的呈文中提到,不仅邻县,而且"半天下"都已将丁、
地税合一[3]。雍正(1723—1735)前半期,各省纷纷效法广东和四
川,因而全国已有近七成之县完成了丁地税合一[4]。在全国绝大多
数县内,丁已经与成年男子人口相脱离了。

自 16 世纪或者更早之时起,丁已替代户、口而成为登记数
字中的核心部分。尽管由于户口登记的长期延续以及现存的晚
明《赋役全书》极少,所以明代后期的丁数无从确知,但认为丁
数不足登记人口的二分之一大概是不成问题的。清政府知道户口
编审早已陈旧失效,因此不得不以编审丁口来代替。顺治八年
(1651)清政府在全国范围内进行首次丁口的编审,以整数计达
1,060 万。随着政权的稳定和全国大部分地区和平的恢复,顺治
十七年的全国总丁数达到 1,900 万。由于平定南方三藩和对付台
湾的前明遗民,17 世纪 70 年代的丁数急剧下降。直到康熙二十三
年(1684)南方叛乱平定、台湾被征服以后,丁数才突破 2,000
万。以后丁数缓慢增长,至雍正十二年(1734)达到 2,640 万[5]。

---

1 李绂《穆堂初稿》卷 31,页 6 上。

2 乾隆元年《浙江通志》(商务印书馆重印本)卷 71—74。

3 光绪二年《罗田县志》卷 4,页 5 上—6 上。

4 雍正十年《大清会典》卷 30,页 1 上。其余县在 19 世纪初完成合并。

5 据庄延龄《释中国的一些统计数》,其资料必定取自《清实录》及《东华录》。鉴
于丁的性质,收集年度丁数并无多少用处。

正如前面已经解释过的，这一时期的丁统计数既不是人口数，也不是户数或纳税的成年男子数，而只不过是赋税单位。惟其如此，有的地方的统计数为"15,132.6894664"[1]就毫不奇怪。还会见到本年增丁"七升八合一勺九撮"[2]的记载。更有甚者，丁数会出现 15 位小数点[3]。17 世纪的最后二十五年和 18 世纪前半期是一个空前太平盛世、政府节樽开支的时代，当税收开支绰绰有余时自然没有必要增加丁额。康熙五十一年（1712）前清朝的官方纪录中有十三次所谓"户"或"丁男"数竟完全是上一年的重复，使一些现代学者大惑不解，甚至抱怨清初人口数的荒谬。顺治八年至乾隆五年（1740）的丁数从来不代表人口。不了解长期赋役制度改革的西方人口学家讥讽康雍之际"人口"数字荒谬，是很有欠公允的。

1　道光六年《保宁府志》卷 22。

2　嘉庆二十三年《邛州志》卷 17。

3　道光十三年《肇庆府志》卷 3，页 16 下—17 上。

第 3 章
1741—1775 年的人口数据

一些研究清代人口的学者认为从 1741 年（乾隆六年）以后中国的人口数据已经包括全部人口[1]。柔克义尤其重视 1741 年的登记数，因为那时"由精明强干的大臣执政，行政机构比以往任何时候都诚实有效，帝国一派升平"。但他对此后人口数的急剧波动大惑不解，以至他只接受 1741 年的登记数，而对以后的数据置之不理[2]。他愿意接受 1741 年的数字却断然否定此后的全部数据，这个态度本身就令人大惑不解。这种态度只能是由于他对 1741—1775 年（乾隆六年—四十年）期间人口统计方法并不划一缺乏理解。实际上官方的文件、奏议，尤其是若干方志，对此时期人口登记的复杂性有充分的说明。

康熙五十年（1711）永不加赋的诏书大大减少了每五年一次编审丁数的重要性。在 18 世纪 20 年代后期与 30 年代初期，摊丁入地完成以后，在全国绝大多数地区丁口编审的废止已经显而易见。直隶总督李绂鉴于赋税制度这一变化，在雍正四年

1　重要的例外是陈达，他虽然毫无依据，却相信康熙五十年之前与之后的人口数据在质与量方面都不相同。

2　柔克义《中国人口考》，页 665。他对 18 世纪人口增长率的讨论见该书页 673。

（1726）的一份奏折中建议在直隶永久停止丁口编审，十五岁以上男子改由保甲登记，保甲是百姓为地方治安而组织的一种传统的小型"自治"组织[1]。尽管由于其他省份摊丁入地的改革尚未完成，雍正未立即批准他的建议，但他的奏议引起了广泛的注意，一般都认为他的主张是切实可行的。18 世纪 30 年代初，当摊丁入地在全国绝大部分地区完成之后，长期实行的丁口编审暂停进行。随后，乾隆五年（1740）初冬，年轻有为的乾隆皇帝（1736—1795 在位）认为有必要彻底检讨人口登记制度，他的上谕指出：

> 然各省督抚虽有五年编审之规，州县常平仓虽有岁终稽核之法，而奉行者仅亦于登耗散敛之间，循职式之旧，殊不知政治之施设，实本于此。其自今以后，每岁仲冬，该督抚将各府州县户口减增、仓谷存用，一一详悉具折奏闻。朕朝夕披览，心知其数，则小民平日所以生养，及水旱凶饥，可以通计熟筹，而预为之备。各省具奏户口数目，著于编审后举行。各如何定议，令各省划一遵行，著该部议奏。[2]

户部略作考虑后复奏："请嗣后编审奏销仍照旧办理外，应令各督抚即于辛酉年编审后，将各府州县人丁按户清查，及户内大小各口一并造报，毋漏毋隐。"[3]

1　李绂《穆堂初稿》卷 31，页 6 上—7 上；并见《雍正朱批谕旨》八册，页 78 上—下。关于保甲制的实质见萧公权《十九世纪中国农村的控制》，《远东季刊》1953 年 2 月号；并见萧氏将出版的著作。

2　《清高宗实录》卷 130，页 1 上—3 上。

3　同上书，卷 131，页 4 下—5 上。

如果户部的建议被无保留地接受的话，那么中国从乾隆六年（1741）开始就已经建立了人口普查的制度，尽管其办法还很粗略。户部这一与旧例完全背离的建议由一群大臣进一步详议之后，得出了下列结论：

> 大学士、九卿会议。御史苏霖渤奏称："户部议行岁查民数一事，止可验生息之蕃，难据作施行之用。盖向例五年编审，只系按户定丁，其借粜散赈皆临时清查，无从据此民数办理。且小民散处乡僻，若令赴署听点，则民不能堪；若官自下乡查验，则官不能堪；仍不过委之里胥而已。况商旅往来莫定，流民、工役聚散不常，以及番界苗疆多未便清查之处，请降旨即行停止。惟于各省仓储严查实贮，以期有备无患等语；查各省户口殷繁，若每岁清查，诚多纷扰，应俟辛酉年编审后，户口业有成效，令各督抚于每岁仲冬，除去流寓人等及番苗处所，将该省户口总数与谷数一并上报，毋庸逐户挨查。"从之。[1]

以前研究清代人口的学者未能注意大臣们此一建议，但这一建议的重要性却是多方面的。首先，大臣们强烈反对户部提议的建立每年直接进行人口登记的体制。其次，他们提出的方案反映了高级官员对人口普查根本没有兴趣，他们所关怀的仍然是"户口"的赋役意义。第三，尽管"户口"一词在日常使用中一般即

---

1 《清高宗实录》卷 133，页 5 下—6 上。

指人口，但在 18 世纪中期的官场语言中，其赋税涵义比人口统计的涵义更多。由于对"户口"缺乏明确的定义，挨门逐户进行统计的意见又被断然否决，必然对新的人口登记制度带来相当大的混乱。大臣们对新制度缺乏兴趣自然会被一部分省级官员所知，并引起他们的共鸣。

大臣们的提议终于体现在户部半心半意的上奏之中：

> 每岁造报名数，若照编审之法，未免烦扰，直省各州县设立保甲门牌，土著流寓原有册籍可稽。若除去流寓，将土著造报，即可得其实数。应令各督抚于每年十一月将户口数与谷数一并造报，番疆苗界不入编审者不在此例。[1]

这道政令或明或暗说明两件值得格外重视的事。第一是旧的丁口编审办法无论其弊端如何，还是以县官在里甲人员的协助下进行直接估算为原则的。乾隆六年，由于从明代后期以来里甲制已经腐败，登记全部人口的任务完全转交给保甲机构了。由于法律并不要求地方官亲自督察人口登记，新制度变成间接的登记——完全有赖于地方政府不支薪俸的保甲人员申报。第二是保甲机构几乎完全以地方治安为职责，仅偶尔顾及人口登记，只有在地方不安宁时才对当地人口中的滋事之徒进行查核。尽管从清朝建立以来已经颁布了一大套法令以在全国建立保甲机构，但清初是否能像明朝初期那样真正建立起全国性的里甲系统是很值

---

1 《清朝文献通考》卷 19，页 5028—5029。

得怀疑的[1]。在某些保甲机器尚未发生作用的地区，由于缺乏一个有经验的、合适的机构登记人口，立时陷于混乱。法令、奏折及私人记载都说明在乾隆六年至四十年（1741—1775）期间保甲制的主要功能仍是维护地方秩序。在各省运作不一，人口登记这项次要工作，做得最少。

例如在乾隆元年（1736），当丁口编审暂停进行、通过保甲登记人口的方式已在讨论时，朝廷批准江西巡抚的请求：只在城市及人口多的市镇逐户建立保甲体系，因为在人口分散的农村和孤立的村庄不易组织。由于此类困难不限于一省，所以朝廷利用这次机会授权各省对在穷乡僻壤建立保甲得便宜行事[2]。乾隆七年，广西巡抚上奏：该省许多地区保甲条例未能严格遵守。保甲机构所编制的城市和市郊户口登记资料因缺乏有关细目，结果几乎毫无用处[3]。乾隆二十二年，江西道御史在奏折中证实：保甲制已徒具形式，保甲人员常由无业游民充当。结果是尽管有保甲登记，上报的数字却往往不可靠[4]。乾隆二十三年，署江西巡抚

---

1 刘瑞图《总制浙闽文檄》（康熙十一年刊本）卷2，页75上—77上，证明保甲制仅建于骚乱不时发生的浙闽边境山区。朱昌祚康熙元年至三年（1662—1664）在其浙江巡抚任上获得的印象是保甲制在该省流于形式，且从未顾及户口登记。（见其《抚浙诗草》康熙三年刊本卷1，页75上—76上。）至乾隆五年（1740），似乎只有在一些特别强干的督抚的督察下，保甲的地方警察的效能才得到发挥。见王士俊《吏治学古编》（序文署雍正元年，此后由其子刊行）卷上，页14下—15上。袁枚《小仓山房诗文集》（《四部备要》本）卷27，页12下—14下，更盛赞田文镜雍正二年至六年（1724—1728）在河南巡抚任内，雍正六年至十年在河南、山东总督任内，李卫雍正三年至十年在浙江巡抚、总督任内推行保甲，成效卓著，以致旅人夜行无盗匪之忧。

2 《大清会典则例》（乾隆二十九年刊本）卷33，页17上—下。

3 杨锡绂《四知堂文集》（嘉庆十一年刊本）卷4，页5上。

4 《湖南文征》（同治十二年刊本）国朝文卷2，页18上—21下。

奏告：军中官弁隐漏申报已有多年[1]。一本著名的地方官吏指南的作者汪辉祖（1731—1807）在乾隆五十八年回忆他乾隆十七年至18 世纪 70 年代初在江苏、浙江长期作幕期间，始终未能影响他的幕主着力推行保甲条例[2]。

　　18 世纪中期一位著名的封疆大吏陈宏谋乾隆二十三年的奏折，有助于理解江苏的保甲户口登记工作。他建议：由于保甲机构旨在维持地方秩序，所以不宜过于注重当地全部人口的精确登记。他认为妇女和儿童在赋税征集及维持地方秩序中并无作用，可从保甲户牌中除名[3]。不过，江苏省的妇女与儿童户口登记不可能自此完全绝迹。在宫廷记载及户部则例中均未见陈宏谋这一奏折的有关记载，说明他的建议并未被朝廷采纳，因此各省官员还只能遵奉户部乾隆五年的办法[4]。但陈氏的奏折反映了当时一般官吏心目中保甲制度的重点所在以及在保甲人口登记中忽视妇女儿童的现象。当时的一流诗人袁枚（1716—1798），在致陈氏的一封长信中说：保甲登记的户口很少包括全部人口，而在灾年接受赈济的人口常常超过保甲登记户口的总数，这是人所共知的。他的劝告是官府最好是无为而治，百姓不应被无情地编入保甲机构[5]。

　　所有这一切都表明，在乾隆六年至四十年期间，省和县都未

1　《清高宗实录》卷 560，页 14 上—15 下。

2　汪辉祖《学治臆说》（道光三年刊本）卷 4，页 5 上。

3　《皇清奏议》（嘉庆十年刊本，1936 年重印本）卷 51，页 1 上—3 下。

4　袁枚《小仓山房文集》卷 15，页 3 上—4 下提及陈氏命令江苏各地官员准备循环册以便对保甲户口登记进行双重检查。陈氏采取这一有力步骤的事实说明，他可能已因建议从保甲登记中取消妇女儿童而受到申斥。

5　同上。

能驾驭保甲机构来认真执行人口登记的工作，保甲系统的人口登记似乎依然缺乏成效。由于法令上乾隆三十七年以前各地仍须继续编审丁口，以致在乾隆六年至四十年期间的地方志中一般仅载赋税人口的数据，但少数记有当地全部人口分类数据的方志却提供了有价值的资料。表 10 所示浙江萧山县的上报数可作为典型。据各项数据计算的结果是：1. 每户平均为 4.5 人；2. 两性比率（每百名女子相应的男子数）：132；3. 十六岁以下儿童的两性比率：128；4. 儿童占全部人口的百分比为 44.5。就府的范围而言，我们可举直隶永平府的统计数为例。乾隆三十八年该府所属七县共有人口 1,375,645，灶户及其家属 56,386 人不计。得到的结果如下：1. 平均每户 5.5 人；2. 两性比率（全部年龄）121；3. 两性比率（儿童）115；4. 儿童占全部人口的百分比：34.7[1]。这些比率和百分比较明代后期的数据要合理得多。其他少数记载了乾隆六年至四十年期间有关资料的方志也显示出人口登记在一定程度上的延续性[2]。

表 10　萧山县人口

	乾隆十一年（1746）赋税人口	
	城	乡
康熙五十年（1711）丁额	9,909.5	23,768.5
康熙五十年后增加数	721	1,753
总　　计	10,630.5	25,521.5
	总丁数：36,152	

1　光绪六年《永平府志》卷 45。

2　例如乾隆五十三年《杞县志》卷 7，页 13 上—15 下以及乾隆三十九年《衡州府志》（光绪元年重刊本）卷 13。

乾隆十四年（1749）实有人口（46,461户）		
	男	女
成　年	66,807	49,302
儿　童	52,323	40,911
总　计	119,130	90,213
	总人数：209,343	

资料来源：乾隆十六年《萧山县志》卷 9，页 3 下—4 下。

　　但问题在于在像中国这样一个幅员辽阔而又差异极大的国家里，例外与一般同样重要；而地方上人口登记中的隐漏势必会造成全国年度总数的错误。下面就是一些地方人口登记中隐漏与不规范的例子：四川邻水县乾隆十五年（1750）上报的户口数是 7,688 户、17,125 口，两年后的人口统计数突然上升为 26,527 户、58,910 口，县志的作者特意指出乾隆十七年的统计数与十五年数大不相同[1]。近代的读者对乾隆十七年的人口数字是否真正包括全部人口仍然不免怀疑，因为每户平均 2.2 人；看来儿童或者全部未曾申报，或虽申报而仍有严重遗漏。

　　湖北蕲水县又是另一种类型的错报，即照抄以前的数字。该县乾隆十四年（1749）上报的户口数为 13,159 户和 118,771 口，完全是嘉靖二十一年（1542）数字的重复。正如县志编者所指出的，在这 207 年间登记人口虽差异不大，但在乾隆十七年（1752）新任知府亲自发放户牌，并进行彻底核查，继任者也以此为榜

1　道光十五年《邻水县志》卷 2，页 3 上一下。

样，因此从十七年后人口统计显示出合理的延续，直到五十八年（1793）达到 51,856 户和 265,895 口，内中包括男、女、老、幼[1]。同样，虽然没有明确的解释，山西省平定县的户口从乾隆元年（1736）的 2,014 户和 15,481 口跃增到十六年的 23,475 户和 102,749 口，似乎只有在十六年以后该县才开始有比较可信的人口统计数[2]。这一类例子造成了若干年内全国年度总人口数的激增。

表 11 是湖北省北部襄阳府的人口统计数，代表了另一类更严重的错误。粗略一看，这些数字显得非常完整，似乎包括了全部人口。但用嘉庆十七年（1812）的数字与乾隆二十一年（1756）的数字一比，就可以发现在不到两个世代的时间里该府的人口激增至 2,122,913，增长率之高完全不可能[3]。这是由于乾隆五年的法令条例在保甲人口登记中排除了流寓，而四十一年后已包括流寓在内。在整个 18 世纪，鄂西北、陕南及四川全省吸引了最大数量的移民，其中绝大多数是在山区种植玉米的农民。乾隆四十一年（1776）前全国这一类未包括在保甲户口登记中的人口，尤其是在新开发的地区，数量是相当可观的。

表 11　乾隆二十一年（1756）襄阳府人口统计数

	民户[a]	军户[b]
纳丁税的丁数	26,134	202
康熙五十年后登记		
不纳丁税的丁数	6,371	185

1　光绪六年《蕲水县志》卷 14，页 2 下—3 上。

2　乾隆五十五年《平定州志》食货。

3　嘉庆《大清一统志》（商务印书馆重印本）襄阳府。

续表

	民户[a]	军户[b]
土著不成丁男妇	264,670	9,961
土著男女儿童	134,207	7,371
合 计	431,382	17,719

资料来源：乾隆二十五年《襄阳府志》卷 12 页 1 下—2 上。

a. 民户总数：106,334。b. 军户总数：6,973。

还有些县由于依照旧条令，注重赋税人口来编审户口，因而发生了另一类错误。尽管保甲户口登记已经实施，但并未一致推行，因此直到乾隆三十七年（1772）最终废止时各省还在进行五年一度的丁口编审。以陕北中部的洛川县为例（表 12）：顺治十七年（1660）和康熙五十年（1711）的统计数显然是丁数；而对雍正十三年（1735）、乾隆十六年（1751）和二十一年（1756）的数据，县志编者指出是以黄册为基础的，与乾隆五十一年（1786）以保甲登记为依据的统计数不同，后者既包括土著，也包括所有流寓、行商、军官兵弁、佛道僧尼、雇农帮工以及无固定住址的人口。我们无法确切知道在乾隆元年至二十一年间（1736—1756）的统计数占实际人口数的此例是多少[1]。流寓虽不包括在内，但该县既贫瘠又远在北方，绝不可能成

---

1 康熙三十年至五十年（1691—1711）任户部尚书的张玉书曾指出：黄册的摘要只须录下一个地方登记的丁口总数，而黄册本身必须包括纳税家庭的全部成年男女及儿童。见《张文贞公集》卷 7，页 23 上—下。但有证据表明在清代早期编制黄册的方法并不统一。例如：顺治十八年《浑源县志》卷上，页 40 下—41 上指出，清朝初年编制黄册时，妇女完全不包括在内。而 18 世纪中期洛川县的黄册可能不仅包括纳丁税户的成人与儿童，而且也包括纳地税户的成人和儿童，（转下页）

为大量移民迁入的地区。我们能够了解的是：由于这些数字都是以当地黄册为依据，所以它们所包含的是广义的赋税人口，乾隆四十一年（1776）前后的人口统计数在质量和数量方面都存在着差异。

表 12　洛川县人口统计数

| 年　份 | 户数 | 男 | | 女 | | 登记总 |
		成年	儿童	成年	儿童	人口
顺治十七年（1660）	788					1,644
康熙五十年（1711）						1,642
雍正十三年（1735）		11,414	6,243	9,178	4,257	31,092
乾隆十六年（1751）						33,673
二十一年（1756）						33,876
五十一年（1786）	18,605					90,293
嘉庆七年（1802）	19,233	32,820	19,750	26,290	15,154	94,014

　　资料来源：1944 年《洛川县志》卷 14 人口。

　　自乾隆六年到四十年间（1741—1775），最严重的户口隐漏发生在湖北省的某些县里。这些县里是否已建立保甲登记根本就十分可疑，即使已建立，恐怕登记的方法仍是遵循编审丁额的旧习。从康熙五十一年（1712）以来，这些县每年上报的丁数仅有微小的增加，已经成为惯例。到乾隆四十年（1775），连

　　因为该县的丁数到乾隆三十六年（1771 年）还仅 1,642，那时当然不可能大大超过此数。

皇帝都已了解湖北一县已连续多年每年上报增加 8 人 [1]。有些湖北县份连续每年呈报人口仅增加 5 至 20 人。直到大批的漏报被揭露后，皇帝才决定对全国的保甲户口登记制度进行彻底的改革。

　　以上诸例证充分说明：自乾隆六年至四十年间（1741—1775）的人口统计数字尽管在理论上说是代表了全部人口，但实际上全国人口申报肯定不足，某些省份如四川、湖北、湖南和广东等的人口申报严重不足。由于保甲户口登记制度得到更为严格的推行以及流寓人口列入统计，湖北的人口从乾隆三十六年（1771）的 8,532,187 人猛增到四十一年（1776）的 14,815,128 人。同样，湖南和四川的人口分别从三十六年的 9,082,732 和 3,068,199 跃增至四十一年的 14,987,777 人和 7,789,791 人 [2]。一般都认为，在整个 16 世纪，大量人口从江西及东南其他地区首先移入湖北和湖南，然后迁往四川 [3]。在这几年间广东登记人口百分之百的增长也可以归结于同样的原因以及该省行政出奇的懈怠。换言之，乾隆六年以后的户口数字仍是以丁数为主，因此人们对该省在乾隆三十六年至四十一年期间的年平均增长率高到实际不可能的 5％就无须大惊小怪了。乾隆三十六年至四十一年期间人口登记制度出现混乱的根本原因是法律和乾隆五年的条令的模棱两可，以及朝廷对保证人口资料的准确性缺乏持久的兴趣。后者最明显地表现在乾隆四十一年之后。尽管各县都有与丁口数字不

1　《清朝文献通考》卷 19，页 5033。

2　《清朝文献通考》卷 19，页 5032—5033。

3　魏源《古微堂外集》（光绪四年刊本）卷 6，页 5。

同的人口统计数,但地方的人口统计数并不需要上报户部。在现存收藏在清朝内阁仓库中的一万五千卷黄册中没有一项地方的人口统计数是早于乾隆四十六年(1781)的[1]。

历史学家至今尚未发现文据,足以证明在乾隆六年(1741)之后,省和地方官为了取悦乾隆皇帝而蓄意夸大人口数字[2]。实际上这位精明的统治者在他 1736 年继位之后就已经十分关切有限土地资源与急剧人口增长问题的严重性了。考虑到保甲系统户口登记的混乱和不一致,近代学人运用乾隆六年至四十年期间(1741—1775)的人口资料时务必慎重,切勿将它们当作为全部人口的统计数。以往研究中国历史人口的一个重大方法上的错误,就是在处理乾隆四十年(1775)前后的人口数据时认为二者性质似乎完全相同。

尽管乾隆六年到四十年间的人口数据存在缺点,但只要有正确的理解,对当代学者试图复原 18 世纪中国人口的尝试并非毫无用途。低于实际的数据,究竟还有一定的参考价值。即使乾隆四十年和四十一年的统计数中差别几乎达到 20%。这是因为一个人口统计的新时代刚开始时必有不可避免的混乱和少量遗漏。乾隆四十一年(1776)的全国人口总数既同样多少低于实际[3],所

1　《清内阁旧藏汉文黄册联合目录》。

2　嘉庆二十三年《大清会典事例》卷 233 页 8 上一下载有一项嘉庆十五年的法令,告诫地方官在灾年放赈时不得虚报人口,在某些地方有时受灾人数会超过人口总数。

3　这在清代人口数据的三个阶段的初期都是免不了的现象。顺治八年(1651 年)全国丁数略高于 1 千万,至顺治十七年激增至 1,900 万。乾隆六年—十年间登记人口的增加数为 2,650 万,同样,乾隆四十一年—四十四年间人口增加数高达 1 千万。柔克义和其他一些清代人口学者选择顺治八年作数据实在是令人惊奇的。

以我们可以设想乾隆六年至四十年间的实际人口至少要比官方统
计数高 20%。但我们不能因此认为这三十四年间的差异都是一
致的，也不能将此一百分比当作复原历史人口的坚实基础。

第4章
1776—1850年的人口数据

一

　　五年一度的丁口编审到乾隆三十七年（1772）终于废止，反映了人口登记观念的改变，导致乾隆采取有力措施来确定全国的实际人口。其原因颇为有趣：乾隆四十年（1775）湖北东部十九县粮食歉收，影响到60％—80％的人口，但要求赈济的人口比这些县的"人口总数"还多10万人。经过彻底清查后发现，其中有的县以前只是每年任意上报一个很小的增加数。这使乾隆领悟到保甲户口登记制度在全国并未严格执行，因而颁发了一系列上谕切责各省督抚，并充分动员地方保甲机构以清查全国的实际人口。这次法令再没有模棱两可，新的规定得到统一而有力的强制推行[1]。乾隆理解此事的复杂性，告诫各省督抚务必小心从事，不必拘泥于平时年终汇报的期限规定，所以直隶直到乾隆四十三年（1778）才上报它的第一个详细的人口统计数。

　　户部乾隆四十年的命令与乾隆五年（1740）那道半心半意的指令相比，是明确而有力的：

---

[1] 《清高宗实录》卷993，页17上—18上、20下—22上；卷995，页15上—16下。

直省民数，令督抚统饬所属各州县查具实在民数，于每岁十月内同谷数一并造册，咨部汇题。若造报不实，予以议处。凡州县造报每岁民数，令各按现行保甲门牌底册核计汇总，无庸挨户细查花名。……至从前五年一次编审增益人丁造册奏报之处永行停止。[1]

惟一技术上的退步是缺乏稽核制度，仅由保甲机构独自对地方的人口登记负责。所以在分析乾隆四十一年到道光三十年（1850）的人口数据之前，有必要先研究一下在这七十年间保甲户口登记系统的工作。

尽管乾隆六年至四十年间（1741—1775）保甲户口登记显得混乱，但保甲制度对传统国家总的政治上的益处是无庸置疑的。在政府开支低廉的时代，保甲人员就等于是不需报酬的地方警察，帮助维持安宁和秩序，完成各种杂务。否则的话，这些事务都得要由正规的地方政府人员来承担。一般而言，保甲系统的效率因当时总的政治、经济和社会状况而异，并与上司所加的压力程度成正比[2]。乾隆六年至四十年间保甲户口登记的部分失败，归咎于双重原因：首先，户口登记并不是保甲的一项主要职能；其次，中央政府对计划的成功缺乏持久的兴趣和压力。

但在乾隆四十年（1775）冬，清朝历史上第一次将户口登记列为保甲系统的一项重要职能。各省督抚一再受到警告，户口申报不实会带来的后果。当乾隆的声望和权威处于巅峰时，很难

1　《户部则例》（乾隆四十一年刊本）卷 3，页 1 上一下。

2　见 46 页注 1。

想象他不能驾驭督抚和地方官员使他们精心地调查他所渴望得
到的人口数字。在他长期统治的后半期，尽管庆典迭兴，盛况空
前，全国的经济状况却已开始恶化。正是这种经济开始恶化以及
动荡增加的迹象使他的继承人嘉庆皇帝（1796—1820 年在位）有
必要比以前任何时候都更严格地推行保甲户口登记。当时像朱云
锦（一位资深的省级官员、最佳的河南省地理志的作者）和王庆
云（咸丰元年至三年任户部侍郎、最佳的清朝财政史的作者）这
样的人都认为保甲系统的户口登记大体是认真的、令人满意的[1]。
19 世纪 40 年代游踪几遍中国的古柏察神甫（Father M.Huc）了
解欧洲一些学者对中国人口调查的怀疑态度，但他的结论却肯定
地说："不管怎么说，中国的人口统计数毕竟是谨慎的。"[2]

　　此外，保甲户口登记的技术也在稳步改进。一个重要的表现
是一度行之有效的循环册的编制首先在局部地区重新实行，进而
推广到全国。这是湖南布政使叶佩荪在乾隆四十六年（1781）首
先恢复的。循环册的方法简单地说就是：首先将保甲记册制成一
式两份，分别由保甲人员及地方官府保管。每隔三个月或适当的
时间，各保根据各自人口的实际变化在登记册上修订后上交官
府，换回官府中未经修订的那份。到了规定的时间，第二次修订
过的册子又换到官府，县官就能对第一次与第二次不同之处加以
核对。除了进一步检查保甲户口登记的精确性外，地方官还能
对登记册随时进行核实。这一方法的详情由叶佩荪之子于嘉庆

1　朱云锦《豫乘识小录》（序作于道光六年，同治十二年刊本）卷 1，页 17 上—21
　　下；王庆云《熙朝纪政》（光绪二十四年刊本）卷 3，页 14 上—16 上。

2　古柏察《穿过中华帝国的旅行》（纽约 1855 年版）卷 2，页 98。

二十一年（1816）上奏皇上，同年各省督抚奉旨刊行解释此法的
册子发给县官。循环册的编制成为全国性的规范措施[1]。

　　保甲门牌的形式仍然因地而异，有的仅注明各户人口的数
目、年龄、性别，有的还包括职业、财产及纳税数的简况。一
般的趋势是使门牌上的内容大致与调查时所询问的项目相同[2]。
为了使保甲头目心甘情愿干这种吃力不讨好的差使，一些老谋
深算的地方官给他们很大的优待，如称他们为长者，在循环册
交换时宴请他们。为了防止遗漏，至少在有些县中对佛道僧尼、
客栈、渔民、乞丐和苦力脚夫等各有专门的登记册和门牌[3]。在
19 世纪初年，各种保甲组织的方法和经验通过一系列上谕和官
员的推广得力得到交流和宣传。所有这一切改进措施部分证明
了要实现乾隆四十年立下的通过保甲机构获得正确人口数的宏
愿，并非十分困难[4]。太平天国前一位老练的中国观察家、美国代
办卫廉士（卫三畏）指出，保甲制"在蒙古人征服前就已长期存
在，仍在继续实行，因此在中国进行人口普查也许比在大多数欧
洲国家要容易得多"。[5] 无论如何，由于乾隆四十一年至道光三十

1　叶佩荪的告示的全文载杨景仁《筹济编》（序作于道光四年，光绪五年刊本）卷
　　27，页 6 上—15 上，同书还载有各省采用叶佩荪方法的小计。并见徐栋《保甲
　　书》（序作于道光十七年，二十八年刊本）卷 2，页 1 上—8 上。
2　保甲门牌的各种形式，见闻钧天《中国保甲制度》（商务印书馆 1935 年版），页
　　235—248。
3　王凤生《越州从政录》（道光三年刊本）是最好的资料来源，有关记载在该书随处
　　可见。对其在浙江平湖县推行保甲成功的自我吹嘘见其《宋州从政录》（序作于
　　道光五年，次年刊本）页 1 上。
4　《大清会典则例》（嘉庆二十三年刊本）卷 223，页 4 上。
5　卫廉士（卫三畏）《中央王国》（纽约 1907 年版）卷 2，页 281。该书初版于 1848 年。

年（1776—1850）期间中央的权威未受到重大损害，保甲登记户口制度的实行大概比太平天国起义后政治权力分散的时期要好得多。

原则上县官虽不必亲自监督人口登记，但在某种特殊情况下县官还是奉命亲自逐户核对保甲申报数的准确性。如著名音韵训诂学家段玉裁在乾隆四十一年（1776）署四川富顺知县期间曾亲自参加户口登记[1]。一位干练的官员宗稷辰（1788—1867）回忆，他父亲 19 世纪初在湖南任知县期间，曾花了两年的时间逐户核对保甲的登记[2]。

尽管乾隆四十一年至道光三十年（1776—1850）期间保甲户口登记制度看来已得到忠实的施行，但在中国这样一个幅员广阔、千差万别的国家里，局部地区登记的缺漏依然无法避免。例如在贵州较落后的地区，李彦章（嘉庆六年进士，热心倡导早熟稻的官员和专家）表明当他在安顺府亲自监督户口登记时，发现有 1,421 个村子从无户口登记，结果是包括土司辖区在内该户口增多了好几倍[3]。敕修帝国地理总志——嘉庆十七年《大清一统志》的一个节本显示在云南、贵州、四川和广西若干汉人与土著杂居的府中，土著人口或完全漏报，或登记得相当不足。虽然最引人注目的地方人口统计资料之一可见于道光二十五年（1845）的云南方志中[4]，但 19 世纪初一位云贵总督在奏折中声称两省的

---

1 乾隆四十二年《富顺县志》（光绪八年重刊本）卷 48，页 4 上—下。

2 宗稷辰《躬耻斋文钞》（咸丰元年刊本）卷 4，页 1 上—6 上。

3 李彦章《安顺府保甲新章程》序，见许楝《保甲书》卷 2，下页 20 上—40 上。

4 见道光二十五年《大姚县志》卷 3，载有县城及四乡每一单位、周围每一村庄，包括畸零户人数在内的所有详细项目，这些分类数据占 48 个双页。

保甲户口统计总的来说并不能令人满意[1]。这些都说明保甲户口数字的素质仍是不能一概而论。

实际上，有充分的理由相信，西南各省是人口登记的遗漏最严重的地方，因为乾隆四十年户部的命令就规定京师居民，满、汉、蒙古旗民及其家属，各属地人口（如蒙古、西藏以及新疆、青海各族）和西南的少数民族均不列入保甲户口登记。根据 1953 年人口普查的结果，人口最多的少数民族依然是在西南，聚居在广西西部的壮族就有 660 万人。按 1956 年出版的一本地图集估计，云南各少数民族的人数接近 700 万[2]。其他大的少数民族，如居住在贵州、广西、广东和湖南西部的苗、瑶和布依族总数也有数百万[3]。

由于道光三十年（1850）前的人口数字不包括少数民族，所以不易估计登记缺漏的程度。虽然 1953 年人口普查的结果有参考价值，但从 18 世纪后期以来少数民族人口已经有了很大的变化。由于人口的迅速增加，移入的汉族农民全面进入西南少数民族地区，少数民族被驱赶到越来越远的山区。例如在汉族移民和官兵多次屠杀的双重迫害下，尤其是在 18 世纪后期和 19 世纪初期，湘西苗人的数量大大减少。1800 年（嘉庆五年）前湘西苗人比目前估计的 32 万要多得多，是毫无疑问的[4]。1953 年人口普查

1　盛康《皇朝经世文续编》（光绪二十三年刊本）卷 80，页 19 上—24 上。

2　西奥多・谢巴德《改变中的中国地图——中华人民共和国政治和经济地理》（纽约 1956 年版），页 42；《中国分省地图》（大中书店 1956 年版）。

3　谢巴德《改变中的中国地图》，页 39—48。

4　关于 18 世纪后期和 19 世纪初期湘西的汉苗冲突和官兵对苗人的连续屠杀，详见但湘良《湖南苗防屯政考》（光绪八年刊本）。

列为少数民族的回民，经过左宗棠在 19 世纪 60 年代、70 年代
的镇压和屠杀，在甘肃、陕西很多地区几乎绝迹[1]。

在西南之外，广东户口登记缺漏的现象也相当普遍，这是由
于广东远离京师，百姓粗犷难制，最有利可图的海外贸易使省级
和地方行政机构无不贪污腐化。19 世纪初一位官员发现，广东
的乡绅常贿赂当地吏胥以免除保甲登记[2]。与其他各省乾隆四十一
年至道光三十年间的地方人口统计数相比，广东有些县的数据
显得特别荒谬。如广州府兴宁县道光八年（1828）保甲申报数
为男子 128,863 人，但女子仅 68,109 人，即每百名女子相应的
男子为 189。这是一个不可能存在的比率[3]。东莞县乾隆五十一
年（1786）和六十一年的上报数性比率均高达 190 以上，而嘉庆
二十三年（1818）的上报数中女子又完全漏报[4]。另一些明显的少
报现象主要发生在产生动乱的地区，或者在沿边地区及流动人
口之中，这些情况反映出日益增加的人口对国家土地资源的压
力。在 17 世纪后期和 18 世纪初期，华中和华南的平原、河谷
已完全开发，因此大规模的移民从东南人口稠密地区流向沿长江
的内地省份，成百万的人群溯江而上迁入四川，或者沿长江支流
进入丘陵和山区。继四川之后，整个汉水流域成为吸引移民最多
的地区。种植玉米的开发者住在山上临时搭起的棚屋内，数年内
即从一处转移到另一处。要让他们参加正规的户口登记是相当困

1　详见第 10 章。

2　许栋《保甲书》卷 2 下，页 41 上—50 下引。

3　光绪五年《广州府志》卷 70。

4　宣统三年《东莞县志》卷 22。

难的，而没有正常的地方政府和保甲机构更加剧了这种困难[1]。嘉庆五年（1800）前后数年间在汉水流域设置了不少新县，并委任了特别干练的官员。在浙赣边区对棚民进行户口登记也有类似困难[2]，不过范围要比汉水流域小得多。

在华东平原上一些特别萧条的地区，如安徽、江苏的淮北部分，由于土地瘠薄、灾害频仍、人口增加，相当多的贫民流浪乞讨，连像著名的地理学家李兆洛（1769—1841）这样精明能干的地方官也感到难于将地方上全部人口纳入正常的户口登记[3]。从全国范围来说，自嘉庆元年（1796）开始发生省际规模的骚乱，如鄂、陕、川的白莲教和其他宗教团体的起义使这几省的保甲户口登记中断了好多年。

这里还需要简要地考察一下虚报户口的可能性。从乾隆四十一年（1776）保甲户口登记包括流寓以后，存在着对商人在本县和在经商的异地重复登记的可能性。在长途经营的商人占本地人口相当大比率的皖南徽州和山西某些地区，这类重复登记肯定不在少数。虽然在道光三十年（1850）之前的官方文件或方志中未发现关于这类重复登记的记载，但在一些 20 世纪的著作中已明显涉及。如在近代以商业和金融兴盛著称的宁波县，1932 年统计的"居民"总数为 700,481 人，其中有 47,325 名男女已离境在外地居住[4]。1941 年的《广东省经济年鉴》同样将抗战开始后已

1　贺长龄《皇朝经世文编》（光绪十六年刊本）卷 82。

2　同上。

3　李兆洛《养一斋文集》（光绪二年刊本）卷 2 及嘉庆十九年《凤台县志》卷 2，页 6 上。

4　《鄞县通志》（三十年代后期编纂，稿本）《舆地志》户口。

移居港澳及西南各省的人口列入本省的人口统计[1]。最近的事例也值得略为比较一下。1953 年人口普查完成以后，据说对 23 省、5 市和 1 自治区的 342 县共 52,953,400 人进行了抽样检查，官方宣布的结果是重复率仅 1.39‰，漏报率仅 2.55‰。道光三十年前的人口统计是依靠未受过专门训练、又完全不拿报酬的保甲人员进行的，错漏比 1953 年普查所宣布的结果要高得多是完全可能的。

还存在着另一类严重虚报。考查福建省道光三十年（1850）前的人口数就可以发现，尽管该省 18 世纪后期的数字是合理的，但嘉庆五年（1800）后的数字却是相当可疑。首先是在道光年间（1821—1850）福建共有九次未上报户口，为其他各省所未见[2]。其次，除了那些人口移入甚多及明显登记缺漏的省份，福建人口增长率之高令人怀疑。乾隆四十一年至道光三十年期间，福建省最早未经修正的全省人口总数是乾隆四十六年（1781）的，该年上报数为 1,202 万。到道光三十年，福建申报的人口总数为 1998.7 万人，七十年间增加了 65.8%。与江苏的 40.0%、浙江的 38.2%、安徽的 30.1%、江西的 28.1%[3] 相比，增长率高得出奇。苏、浙、皖、赣四省在太平天国战争期间人口锐减，到 1953 年它们的人口总数还比道光三十年少[4]。而福建在太平天国

---

1 1941 年《广东经济年鉴》第 3 章。

2 《清宣宗实录》。全国人口总数及对各地缺漏的简要说明见各年末。

3 以户部档案为基础编成的乾隆五十一年—光绪二十四年（1786—1898）分省统计数（有若干空缺），见严中平等主编的《中国近代经济史统计资料选辑》（北京1955 年版），附录由罗尔纲提供。

4 该四省道光三十年前与太平天国后人口比较及长江下游地区人口损失的具体证据见第 5 章。

战争及 20 世纪的主要战争中大致幸免于难，但 1953 年人口普查的结果比道光三十年还少近 700 万。与道光三十年那种无法自圆其说的数字适成对比的是，乾隆五十二年（1787）及乾隆后期那些年福建的数字与历史事实大致相符。事实上，中央政府知道乾隆以后福建逐渐任意编造户口数的原因，如道光九年（1829）一道上谕指出：

> ……汪志伊等奏：闽省牌甲保长人多畏避承充，皆由易于招怨。今拟将缉拿人犯、催征钱粮二事不派牌甲保长，专责成以编查户口、稽察匪类。[1]

权衡各种缺漏和虚报的事例之后，人们很难不同意对情况异常熟悉的王庆云的说法：中国人口只有程度不等的缺漏，而绝非浮报[2]。十分有趣的是，平素深知欧洲人一向认为中国人口数字夸大的古柏察神甫在中国作了长期旅行之后，得出了这样的结论：看来中国的人口统计数"并非过高，而是低于实际"[3]。

二

人口数据首先是由地方上报的，然后上报省、中央，因此地方数据的质量和准确性对全国数字的评价至关紧要。

1　《清朝续文献通考》卷 25，页 7759—7760。

2　王庆云《熙朝纪政》卷 3，页 16 上。

3　古柏察《旅行》卷 2，页 99。但必须指出：他所了解的最新人口数即嘉庆二十三年《大清会典》所载。

不幸的是，18 世纪后期和 19 世纪初期的保甲人员和地方官员对人口统计似乎很少兴趣，因而在那些极其主要的方面，如出生率、死亡率，详细的年龄或职业结构毫无资料。方志中记载简略的统计数常常仅有户数和口数，好一点的则有男女人数，有时也有十六岁以下儿童数。我们只能通过这些零星的数字来估价乾隆四十一年至道光三十年间（1776—1850）的人口数据。

户的规模　户的规模最便利的数字来源是卷帙浩繁的嘉庆《大清一统志》。这部著作是稍早于嘉庆十七年（1812）编纂的，但迟至道光二十二年（1842）才刊印，内中所收集的各省户口数实际上是代表嘉庆二十五年（1820）的。这是统计户数最完整的，中国本部十八省中有十四省齐备（江苏、安徽、陕西、广东和边远地区如满洲、新疆的户数未包括在内）。在记载省的口数与户数的同时，它还载有府及属县的细数，因而使我们能以具体府县数字来核对省的总数。表 13 即说明各省每户的平均口数。

嘉庆二十五年全国平均每户 5.33 人可与洪武二十六年（1393）平均每户 5.68 人相比。如果嘉庆二十五年平均每户约 5 人，这就能与现代中国——无论是国民党时期还是共产党时期——的实地调查结果大致符合，如在国民政府时期的一次调查证明每个家庭平均为 4.84 人[1]。

表 13　嘉庆二十五年（1820）十四省户口数

省	户数	口数	每户平均人口
直隶	3,956,950	19,355,679	4.89

1　陈达《近代中国人口》，《美国社会学学报》第二部分，1946 年 7 月。

续表

省	户数	口数	每户平均人口
山东	4,982,191	19,178,919	5.86
河南	4,732,097	23,598,089	4.99
山西	2,394,903	14,597,428	6.10
甘肃 a	2,909,528	15,377,785	5.28
浙江	5,066,553	27,411,310	5.41
江西	4,378,354	23,652,029	5.40
湖北	4,314,837	29,063,179	6.74
湖南	3,234,517	18,523,735	5.73
四川 b	7,058,777	28,048,795	3.97
福建 c	3,152,879	16,759,563	5.23
广西	1,279,020	7,429,120	5.81
云南 d	1,010,225	5,993,920	5.87
贵州	1,118,884	5,348,677	4.78
合计	49,589,715	264,278,228	5.33

资料来源:《大清一统志》。

a. 甘肃包括宁夏、青海和新疆的一部分,屯户(属军屯的民户)数原未包括在省总数中,据各府分项数核查后补充。b. 懋功厅数据不全,从略。c. 未包括台湾。d. 有口无户或有户无口的府州县未包括在内。

嘉庆二十五年不同省份的户的大小,有显著不同。湖北省的6.74 人与四川省的3.97 人相差 2.77 人。湖北省户的规模最大是受到一种旧习惯延续的影响,这就是几个家庭合为一户,以便即使不全部逃避，也可减轻劳役和地税的负担。在明代四川和湖北尤其盛行这一不合法的做法[1]，但在 17 世纪第二个 25 年间四川经历了剧烈的变化。这一富饶的红壤盆地经过匪酋张献忠和清朝军队残暴的杀戮，人口几乎绝迹，17 世纪后期和 18 世纪四川接受了最多的移民[2]。嘉庆十七年每户平均 3.97 人可能是由于许多移民都是单身男子。

性别比例和年龄结构 在性别数量和年龄组的资料方面我们就没有那么幸运，官方的出版物和省志通常只有人口总数，有特殊资料的地方志相当稀少。某些省的通志，如广东、安徽、江西、浙江和湖北诸省，在性别和年龄方面实际上毫无记载。在年龄结构方面，我们所能得到的最好结果就是计算出已经记录的总人口中儿童的百分比（表 14），因为有些方志中十六岁以下的儿童与成人是分开统计的。

表 14　乾隆四十一年—道光三十年（1776—1850）
　　　中国人口的性比率和儿童所占百分比

年	地点	省	人口	性比率	16岁以下儿童占总人口百分比
乾隆四十三年（1778）		直隶	20,746,519	118.8	31.4
三十八年（1773）	永平府	直隶	1,432,031	120.6	34.7
四十二年（1777）	永清县	直隶	196,576	108.3	38.3
道光十七年（1837）	济南府	山东	4,086,511	111.5	36.1
六年（1826）	济宁县	山东	400,237	115.7	39.0

1　见第 1 章 18 页注 2、3。

2　迁入四川移民的确数见第 7 章。

年	地点	省	人口	性比率	16岁以下儿童占总人口百分比
嘉庆二十一年（1816）		河南	23,481,492		39.7
乾隆四十一年（1776）	大同府	山西	702,404		46.7
十三年（1748）	榆次县	山西	264,801		46.4
四十九年（1784）	代州县	山西	505,116		52.8
道光二十三年（1843）	阳曲县	山西	354,340		40.6
乾隆三十六年（1771）	汾州府	山西	1,277,834		43.9
嘉庆八年（1803）	洛川县	陕西	93,990	126.7	37.1
乾隆四十九年（1784）	周屋县	陕西	234,456	125.0	
四十八年（1783）	澄城县	陕西	158,310	154.2	22.7
道光九年（1829）	宁陕厅	陕西	115,392	156.4	34.2
元年（1821）	苏州府	江苏	5,908,436	134.4	
乾隆五十八年（1793）	常熟县	江苏	525,617	135.1	
嘉庆二十一年（1816）	松江府	江苏	2,472,974	128.1	
二十一年（1816）	奉贤县	江苏	261,898	131.1	38.2
乾隆五十年（1785）	义乌县	浙江	513,878	118.3	
道光六年（1826）	歙县	安徽	617,111	120.7	35.6
九年（1829）	漳州府	福建	3,609,030		41.6
九年（1829）	连江县	福建	174,406		39.5
十五年（1835）	龙岩县	福建	356,121		40.4
十五年（1835）	浔州府	广西	877,337	109.5	42.4
二十五年（1845）	大姚县	云南	94,451	110.9	
二十三年（1843）	重庆府	四川	2,071,695	112.8	

续表

年	地点	省	人口	性比率	16岁以下儿童占总人口百分比
嘉庆十九年（1814）	三台县	四川	184,679	107.2	
乾隆六十年（1795）	邛州县	四川	135,788	101.1	
嘉庆十五年（1810）	郫县	四川	134,488	111.5	
二十年（1815）	成都县	四川	386,397	125.7	
道光十三年（1833）	石泉县	四川	113,963	116.5	

　　资料来源：乾隆四十三年直隶人口统计数刊于《史料旬刊》21号页770上—下；光绪六年《永平府志》卷45；乾隆四十四年《永清县志》（嘉庆十八年刊本）户数或《赋役书》卷2页31上；道光十九年《济南府志》卷15；道光二十三年《济宁县志》卷3页5下；朱云锦《豫乘识小录》卷1页21上—下；乾隆四十一年《大同府志》卷13页3上；同治元年《榆次县志》卷6页4上；乾隆四十九年《代州志》卷2；道光二十三年《阳曲县志》卷7页20上—下；乾隆三十六年《汾州府志》卷7页1上—下；嘉庆十一年《洛川县志》卷9；乾隆五十年《周至县志》卷4页1下；乾隆四十九年《澄城县志》卷5页4下；道光九年《宁陕厅志》卷2页16上—下；光绪三年《苏州府志》卷13；乾隆五十八年《常昭合志》卷3页3上—4上；嘉庆二十四年《松江府志》卷28；嘉庆七年《义乌县志》卷1页34上—36下；1937年《歙县志》卷3页3下—4上；光绪三年《漳州府志》卷15；1927年《连江县志》卷8页34上；道光十五年《龙岩县志》卷4；道光六年《浔州府志》卷18页1上—3上；道光二十五年《大姚县志》卷3；道光二十三年《重庆府志》卷3；嘉庆十九年《三台县志》卷1页47—48上；嘉庆二十三年《邛州志》卷17页5上；嘉庆十八年《郫县志》卷6；嘉庆二十年《成都县志》卷1页33上；道光十三年《石泉县志》卷3。

当然这些数据不能视为实际情况的真实纪录，但它们与一般所认为的中国人口中男子多于女子的印象是大体符合的。一般说来，男子数偏高的现象南方比北方严重。陕西澄城和宁陕厅的性别比率，显示每百名女子多出五十多名男子。对这些特别令人怀疑的数据，道光二十九年《石泉县志》证明乃是由于境内有大量在原始山岭垦殖栽种玉米的单身移民。在当地百姓的记忆中，男人往往超过女人约三分之二[1]。石泉县位于陕西南部，与宁陕厅相邻。

总人口中十六岁以下儿童的数量，在抽样的不同地区中山西的一些府县比例最高。嘉庆十七年（1812）山西平均每户人数名列全国第二，以及青少年比例很高，似乎并非偶然的巧合[2]。

杀婴的证据　中国人口中男性比例高，可以从杀女婴的现象中得到更多的证据。证据不胜枚举，但都只是说明了这种现象的存在。在方志中，尤其是南方各省的方志，保存各种官方禁止杀婴的劝戒，以及地方官和学者编写描述杀婴不人道的歌谣。同治三年湖北《蒲圻县志》引苏轼的文章最具体地描述了杀女婴是如何进行的，同时也证明了这种恶习从北宋到清代始终存在：

> 岳鄂间田野小人例只养二男一女，过此辄杀之。尤讳养女，以故民间少女，多鳏夫。初生女，辄以水浸杀，其父母亦不忍，率常闭目背面，以手按之水盆中，咿嘤良久乃死。[3]

1　道光二十九年《石泉（陕西）县志》卷 2。

2　嘉庆十七年湖北每户人口数最多，但由于湖北方志中没有相应的分类统计数，无从查考湖北各县户口中青少年所占百分比。

3　同治三年《蒲圻县志》卷 4，页 51 下。

另一种 19 世纪的湖北方志说："楚中恶俗，不但溺女，且溺男。"[1] 说明上述描述绝非夸张。一种江西方志证实，靖安县虽是山区小邑，也有二十八保三万户；照理每年所生女婴当有数千之谱；而实际上抚养的仅十之一二，十之八九都已溺死[2]。这种杀婴现象并不限于南方各省，道光二十七年进士、同治年间任两江总督的李宗羲在他的老家山西曾布告道：

> 兹闻晋省溺女之风，各属均所不免，而平定、榆次及南路为尤甚。初生一女，勉强存留；连产数胎，即行淹毙。甚至见女即溺，不留一胎。……皆由贫者衣食维艰，惮于抚育；富者吝于陪嫁，相率效尤。[3]

17 世纪后期湖南一位知县深知"衣食足然后知荣辱"乃人之本性，因而并不向穷人，而是单单向富人呼吁。他到处布告：凡富足之家能抚养两个女儿者将挂牌褒扬[4]。古柏察神父于 19 世纪 40 年代在中国旅行时曾在广州的按察司衙门前看到禁杀女婴的告示牌[5]，可知这种现象必然已经相当普遍，以至于需要全省规模的禁令。

但官方的反复禁令并不能阻止这种理应受到谴责的行为。甚至在澳门和闽北某些县的富人中，溺死女婴的行为继续不断，这

---

1 同治十一年《安陆县志》卷 2，页 51 下。
2 同治九年《靖安县志》卷 13，页 35 上。
3 盛康《皇朝经世文续编》卷 74，页 46 上—47 下。
4 同治五年《城步县志》卷 4，页 49 上一下。
5 古柏察《旅行》卷 2，页 327、338—339。

部分由于怕将来要提供丰厚的嫁妆，部分是由于不喜欢供养人口过多的家庭[1]。穷人几乎将这种做法当作维持最低生活的合法手段，归根结底还是出于紧迫的经济需要。若非溺毙女婴普及全国而且得到公众容忍，潦倒终身的著名学者汪士铎（1802—1889）就不会大胆地、直截了当地主张将女婴大批杀死，作为限制全国人口增加的一项措施[2]。

育婴堂在减少溺婴的发生率方面的效能因地因时而异。19世纪湖北孝感有一个资金充足的孤儿院在其开办的最初三年间，据说挽救了成千的女婴[3]。在江西的主要港口九江的一所育婴堂，19世纪60年代和70年代初连续收到地方和海关官员的捐款数逾万两。充足的基金使这所育婴堂得以照料日益增多的女婴，如果没有育婴堂，那些女婴当然早已溺毙[4]。19世纪早期一位湖南的县学教谕观察到育婴堂在挽救贫户女婴方面的积极作用，但他感慨富家仍旧继续溺杀女婴，原因是怕女儿长大出嫁时厚奁的负担[5]。

许多育婴堂创业维艰，但最终获得了稳定的经济地位。例如闽南沿海的同安县在地方官府的倡议下，于乾隆二年（1737）设立了第一所育婴堂。开始几年办得很好，但由于经费短缺逐渐陷于停顿。至19世纪50年代，杀死女婴之盛使乡绅们的良心大

1　道光十九年《厦门志》卷 15，页 13 上—下；同治十三年《建阳县志》卷 56，页 21 上—23 上。

2　汪士铎《乙丙日记》（北平 1935 年版），页 13 下、25 下、28 下、29 上—31 上。

3　光绪九年《孝感县志》卷 5，页 5 上。

4　同治十二年《九江府志》卷 13，页 36 上—下。

5　盛康《皇朝经世文续编》卷 74，页 44 上—45 上。

受震动，因而为育婴堂设置了永久基金。这一可憎的习俗据说到 20 世纪初才基本消失[1]。

中国近代杀女婴的现象逐渐减少是否多少与中国同西方的广泛接触有关？这个问题不易讲清。但一个世纪来基督教在内地和沿海的宣传、慈善和教育工作必然在受过教育的中国人中产生一定的影响。如果说缠足的逐渐消失和性别双重标准的废除部分是由于西方思想的渗透[2]，那么杀女婴的减少也不会例外。两性比例不均的下降（1953 年人口普查的结果是 107.5）一小部分是由于西方思想的传入，主要还是由于咸丰元年（1851）以后一连串的国际和国内战争导致男子的死亡率大大高于女子的死亡率[3]。传统的男女人口间比例的不平衡已为一些现代的调查[4]，特别是方志中的记载所证实。

直隶省的数据　具有相当广阔的单一行政区的人口数据同样是值得重视的。由于在各省中仅直隶有更多具体资料，我们即以直隶为例。乾隆四十三年（1778）直隶的人口统计数归纳如下：4,346,799 户；成年男子 7,650,231 人；成年女子 6,557,278 人；男童 3,615,962 人；女童 2,923,046 人[5]。这些数字说明了下列事实：（1）每户平均数为 4.77 人；（2）两性比率（所有年龄）：

1　民国十八年《同安县志》卷 23，页 2 下。

2　胡适《中国的文艺复兴》（芝加哥 1935 年版）第五章。

3　见第五章。

4　对河北五个地点抽样调查的结论是：已婚男子占婚龄男子的 67.7%—71.9%；已婚女子占婚龄女子的 88%—92.3%。见《中国人口问题之统计分析》，载《1946 年统计指导》页 37—38。由于妇女结婚比例高于男子，而最贫穷者宁愿独身终老，男女人口比例失调一定程度上得到缓和。

5　《史料旬刊》21 号。

118.8；（3）两性比率（十六岁以下）123.7；（4）儿童占总人口百分比为 31.5。

每户平均人数比嘉庆二十五年（1820）各省平均数略低。儿童仅占全部登记人口的 31.5%，和抗战期间昆明的调查数据可以相比[1]。在各省中，直隶在乾隆四十一年至道光三十年间（1776—1850）的增长率最低。尽管该省人口纪录从乾隆四十三年的 20,746,519 增加到了五十一年的 22,819,000，但在五十一年至道光三十年间，当乾隆四十三年统计数中的少年已成为人口的主体并承担起生育的任务后，人口净增长仅是微不足道的 728,000 人，换言之，六十四年间仅增加了 3.4%，这一现象是儿童在人口总数中比例不高的旁证。道光皇帝在九年（1829）巡视直隶时曾对该省的保甲机构表示满意[2]，这也反映了乾隆四十三年前直隶人口统计数总的质量是比较好的。

出生率　在对人口数据作了上述分析之后，我们可以看一下乾隆四十一年至道光三十年间（1776—1850）全部登记人口的年平均增长率。研究清代人口的学者往往会轻率地从计算整个人口的平均增长率开始，但如果他们不谙熟中国制度史的话，这可能是危险的。由于中国幅员广大，而且乾隆六十年（1795）以后地区性或地方起义不断，所以各省上报的人口统计数同样会有若干遗漏，并非所有的县、省都能够在每年十一月上报各自的人口数目。遗漏的原因经常不作明确的解释，至少在全国总数中是如

1　陈达《人口》页 21。他认为昆明湖区的人口是"真正的静止人口"，该区人口中青少年占 33.7%。

2　《清朝续文献通考》卷 25，页 7760。

此。对每年全国总数进行修正的最好的资料来源是户部档案，可惜在中国以外的学者无法看到。甚至在户部档案中似乎也没有明确提及地区或地方的遗漏，而且在乾隆五十七年至嘉庆二十三年间（1792—1818）、道光元年至九年间（1821—1829）存在一系列脱漏[1]。正由于这些原因，前中央研究院的罗尔纲利用户部档案校正一些年份的全国人口总数的成绩也很有限。他的修正数据及笔者据《清实录》作的少量校勘见附录。

有鉴于影响全国年度总数编制的各种复杂因素，对这一阶段人口数仍有大幅度波动就不会感到奇怪了。例如乾隆三十九年至四十四年（1774—1779）间的剧烈波动可能由于乾隆三十九年后半年鲁西王伦起义造成保甲登记临时解体[2]以及严格推行统一的人口登记制度所造成的混乱。正如我们所了解的，乾隆皇帝给各省督抚以相当长的时间，以改善保甲登记并仔细编制统计资料。但乾隆四十四年以前保甲登记并未更正划一，因而在估计年平均增长率时，以四十四年度的资料代替四十一年度作为起点比较妥当。

接着一次大幅度的波动发生在乾隆六十年至嘉庆十年（1795—1805）之间。乾隆六十年是乾隆皇帝长期在位的结束，但找不到这一年人口突然下降的理由。嘉庆元年的下降是由于湖北、湖南和福建福州府的临时漏报[3]。随后发生的下降虽然官方文

---

1 严中平等编《中国近代经济史统计资料选辑》罗尔纲附录。

2 关于乾隆三十九年鲁西王伦起义的概述见邓之诚《骨董琐记全编》（北京 1955 年版），页 97—98。

3 《清朝续文献通考》卷 25，页 7756。

件未作解释，但明显地是由于更严重的临时漏报，或许也是由于四川、湖北和陕西三省交界地区的白莲教和其他宗教组织的起义造成实际人口的减少。嘉庆十年（1805）的急剧上升可能是由于先前未能申报的地区又已恢复了申报。我们仍无法解释嘉庆十八年至道光二年（1813—1822）间的波动，但无疑是由于未经解释的缺漏，而不是人口剧烈的变动。从道光二年至三十年（1822—1850）人口数字显示稳定的增长，罗先生对这一阶段的修正比较令人满意。

根据这些理由，我们将乾隆四十四年作为基数，而把道光三十年作为结束。由于试图求出各年的不同增长率并无实际意义，我们在计算中假定中国人口在这七十一年间是平稳地增长的。根据这一方法得出的结果是：全国人口从乾隆四十四年的 27,500 万增加到道光三十年的 43,000 万，共增加了 56.3％，年平均增长率为 6.3‰。如果我们将乾隆四十四年至五十九年与道光二年至三十年两段时间内明显的增长率作一比较，差距是很大的，前者为 8.7‰，而后者为 5.1‰。直至乾隆五十九年，经济、政治状况一般还都非常有利。嘉庆元年后，由于马尔萨斯所谓的"积极控制"作用，人口增长率可能已经开始下降。由于年度人口总数的缺乏，我们无法精确地得出这一年的增长率，但无论如何，它们变化的一般次序符合我们对这一阶段的经济状况的了解。

总之，清代人口这一困难课题的正确理解，宜确定一个先决条件，那就是正确地划分阶段，而正确划分阶段的先决条件是对中国制度史应有相当娴熟的知识。任何将这三个阶段或其中两个混杂的研究方法，必然导致荒谬的结果。

第 5 章
1851—1953 年的人口数据

　　民国初期和国民党政府曾发表过不少经过中国人口统计学家分析和修正过的人口数字。在缺少真正的人口普查统计数字的情况下,这些数据被人口专家以不同的信任程度广泛地应用过。但很少有人——如果有的话——对收集这些数字的机制作过认真的研究。由于 20 世纪前半期大量关于人口登记有系统的政府出版物的问世,我们已有可能对人口数据的收集和编制的方法进行系统的研究。对咸丰元年(1851)至 1953 年期间收集人口数据的行政机构的了解是对该时期官方人口数字评价的前提。

　　限于篇幅,这里不可能详细讨论高度集权的清朝政府何以因 19 世纪中期的变乱而变得虚弱涣散。清廷的权力和效率的根本性变化,可从不少当时人士的观察之中反映出来,其中一位官员对道光三十年(1850)以前的政府曾作过夸张的描述:

> 国家炽昌熙洽,无鸡鸣狗吠之警,一百七十年于今。……大小省督抚开府持节之吏,畏惧凛凛,殿陛若咫尺。其符檄下所属,吏递相役使,书吏一纸,揉制若子孙。非从中覆者,虽小吏,毫发事无所奉行。事权之一,纲纪之

肃，推校往古，无有伦比。[1]

导致政治权力分散的基本原因是咸丰元年（1851）后太平天国之乱使清廷不得不授于各省督抚以编练新军和筹饷的权力。改革家康有为（1858—1927）观察到清廷对重大军事和财政控制权的丧失："试检阅咸同中兴诸名督抚书牍，各自练兵，各自筹饷；其末也，各自争饷。"对财政体制同样发生的重大变化，康氏指出：

> 中国财政不在中央政府，而听各省督抚分任之。户部有需，则分摊于各省，听各省之自为设法，而中朝不任也。……盖此如天子之征贡于诸侯然，户部不与民直隶也。故各省税法不同，听各省督抚之各自为谋，议定施行，仅以一纸空文奉报而已。乃至税赌鬻官，大无耻之事，朝廷亦复俞允；则督抚操财政之权为己极，而于户部极无关，至明矣。[2]

从体制上说，道光三十年后最重大的变化是各省的布政使和按察使已降为督抚的属员。在太平天国起义之前，布政使是由吏部任命并直接对户部负责，按察使是对刑部负责的，都享有与督抚平起平坐的半独立地位。这种每一省的分权制衡正是朝廷得以

1　梅曾亮《柏枧山房文集》（咸丰六年刊本）卷 2，页 1 上。
2　沈乃正《清末之督抚集权中央集权与"同署办公"》引，清华大学《社会科学》卷 2 第 2 期，1937 年 1 月。

对省实行有效控制的基本原因之一。但太平天国战争给了督抚足够的机会蚕食布政使和按察使的权力，直到将他们降为毫无个人意志可言的从属地位[1]。因而到太平天国时期结束时，督抚已成为集军事指挥、财政和司法权力于一身的胜利者，有效的中央控制已一去不返。

太平天国时期的形势使清廷必须给予督抚组织与训练新军并为之筹饷的权力。由于这些新军有较强的团结精神和地域观念，仅服从各自长官的命令，它们实际上几乎是"个人"的军队。如果说 20 世纪军阀的发迹可以追溯到太平天国时期，绝非夸大，因为民国初期的很多军阀，包括中华民国首任大总统袁世凯，大多源自淮军系统[2]。

随着 1912 年（民国元年）帝制的结束和 1916 年政治强人袁世凯的死亡，中国进入了军阀时代，这是研究近代中国的学者所熟知的。1927 年后，尽管蒋介石极力试图重建中央集权，但众所周知，他的权威很少超出长江中下游的几个省份，他政治统一的任务被他对共产党的战争和 1937—1945 年的抗日战争所中断。直到 1949 年中华人民共和国在北京建立，中央的权威才重新确立。在此之前的一世纪，中央政府再未具有像乾隆皇帝那样驾驭各省和地方政府的能力；为了我们的研究目标，了解 1949 以前百年间中央政府权能的衰退是非常重要的。这百年间政府体

---

1 罗尔纲《湘军新志》（商务印书馆 1939 年版），该书对太平天国后的主要制度更改有高度学术性的讨论。对太平天国后的财政变化最具体有用的研究是罗玉东的 2 卷本专著《中国厘金史》（商务印书馆 1936 年版）。

2 对军事指挥权的转变最权威的研究是罗尔纲的《湘军新志》及他的论文《清季兵为将有的起源》，载《中国社会经济史集刊》卷 5 第 2 期（1937 年）。

制变化的特点完全反映在人口登记制度上。

一　1851—1902 年的人口数据

由于太平天国时期军事形势极其紧迫，保甲职能重点的迅速转移是显而易见的。如在京师，到 19 世纪 50 年代，对保甲的控制和监督权已从户部转到步军统领[1]。湖南省自咸丰二年（1852）组织民兵以后，"保甲"几乎已成为"团练"的同名词[2]。为了组织团练的确也要进行某种形式的人口登记，但其目的在于发现本地人口中的不法分子，以及登记身体健康的成年男子以便编为民团。保甲职能的这一变化最恰当地反映在晚清编纂的一部著名的政治、经济论文和奏折的汇编中，在这部书中保甲被划在"军事"一类[3]。

在非常时期，保甲人员应登记当地全部人口的观念是无可避免地变得越来越淡泊。例如：上海地区太平天国时期的所谓人口登记已经完全排除了乡绅、富人、殷实人家和大族。所包括的只是本地人口中无法逃避民团和杂役的中下层百姓[4]。在这种情况下，充其量只是对全部贫穷成年男子的登记，完全可以随意编写，如此漫不经心，以至上海县在咸丰四年至光绪七年（1854—1881）期间的人口数竟会固定不变，而实际上上海地区曾有大批战争难民涌入，商业上的巨大进展也加速人口的增加[5]。

1　闻钧天《中国保甲制度》（商务印书馆 1935 年版），页 262。

2　葛士浚《皇朝经世文续编》（光绪十四年刊本）卷 68，页 9 上—10 上。

3　同上书，卷 68；并见《皇朝道咸同光奏议》（光绪二十八年刊本）卷 56。

4　《皇朝经世文续编》卷 68，页 16 下—18 上。

5　光绪八年《松江府志》卷 14，页 22 上—23 下。

另一个例子是南京附近的句容县在光绪二十三年（1897）颁布的保甲章程：

> 凡男丁姓名、籍贯、年岁、生业逐一查填牌册，妇女及年未十岁幼孩免予查填，……除衙门公局外，余概编查户帖门牌。[1]

这说明在咸丰元年太平天国起义爆发后，中国绝大部分地区保甲户口登记的对象和范畴已经改变。

如果这些新章程能在全国得到统一、严格的执行，那么道光三十年（1850）后汇集起来的地方人口数据还会有些用处。但这一阶段的人口登记是非常混乱，以至有时几个相邻的县份也会各自采用不同的制度。这种情况可从表 15 浙江西北二县的数字中看出来，这二县的制度都与句容县的章程不符，而且无法了解何以乌程县登记的女性比例比长兴县的要高得多。

表 15　同治十一年（1872）浙江二县人口统计数

县	男		女		性别比	
	成年	儿童	成年	儿童	成年	儿童
乌程	140,033	72,112	111,485	37,106	125.6	194.3
长兴	44,425	18,776	22,817	4,347	194.7	431.9

资料来源：同治十三年《湖州府志》卷 39。

---

[1]　光绪三十年《句容县志》卷 4，页 4 下—8 上，载保甲章程全文。

这样一时期的省级人口数据更加混乱，民国《湖北通志》有这样的评论：

> 咸丰军兴以来，练团劝输，虽有调查户口之举，皆随时随地为之，不及全省。州县官或具报，或不具报。布政司档案毁失，无从搜辑。同治、光绪时所修各州县志亦不载后来户口。[1]

由于湖北在咸丰二年至七年（1852—1857）未能上报人口数，该省咸丰八年后的人口总数无疑至多是以粗略的估计为基础的，或者完全出于武断。因为在没有地方上报数的情况下，省的总数是无法计算出来的[2]。

另一个饱受战祸的长江流域省份的人口登记也出现了同样的甚至更奇怪的现象，光绪十一年（1885）《湖南通志》证实："旧志稿成于嘉庆二十四年，其时编审火停，而州县厅卫户口册籍犹申司备案。近年以来盖阙如也。"[3] 但湖南的封疆大吏表面上仍是遵奉乾隆四十年（1775）的法令，以致直到光绪二十四年（1898）为止，每年都继续上报很小但稳定的增加数量。江西省仅在太平军大规模侵入的咸丰十年（1860）漏报，以后近四十年都上报一个相当稳定的人口数（咸丰元年为 24,516,000，光绪

1　《湖北通志》（1921 年商务印书馆版）卷 43，页 1227。

2　户部档案中道光三十年前的各省总数见严中平等编《中国近代经济史统计资料选辑》（北京 1955 年版）罗尔纲所辑附录。

3　光绪十一年《湖南通志》卷 49，页 37 上。

十六年为 24,617,000），而具体的证据表明，在太平天国时期有几个府的人口有严重下降[1]。

　　另外几省对乾隆四十年的法律不予重视，因为战争已使它们无法统计全省人口数。安徽省在咸丰二年（1852）曾登记到37,650,000 的人口高峰，但由于备受太平天国和捻军战争蹂躏，以后再没有上报过任何人口数。咸丰三年至同治十二年（1873）间江苏未上报人口数。虽然苏南在太平天国期间人口减少很多，但与道光三十年的 44,155,000 人相比，同治十三年的上报数仅为 19,823,000 人显然是不可靠的。浙江省在咸丰十年（1860）前并未受到太平天国战争的严重影响，但人口数从咸丰九年的30,399,000 猛跌至十年的 19,213,000。十、十一两年浙江北部和中部一些地区遭受异常严重的人口损失。浙江在中止五年之后，恢复了上报人口。尽管经过战争洗劫，但像同治五年（1866）的6,378,000 和光绪二十四年（1898）的 11,900,000 这样低的数字根本令人难以置信。19 世纪后半期保甲人口登记之混乱，并不限于长江中下游的省份。在陕西，"州县多视为具文，欲求确实细数，戛戛其难"[2]。山西省政府发表的数字与地方上的数字往往不合[3]。光绪二十一年至二十三年任四川总督的鹿传麟在劝戒全省普遍兴办团练时，感慨一度行之有效的保甲机构早已陷于废弃，除非挨户清点已无法知道全省的确实户口[4]。

1　太平天国时期长江中下游各省人口遭受的严重损失见第 10 章。

2　民国二十三年《陕西通志稿》卷 31 序。

3　光绪十一年《山西通志》卷 65，页 22 上编者案语。

4　光绪二十三年《潼川府志》卷 18，页 7 下—9 上引。

一位政治上迅速上升的人物、以后成为中华民国总统的徐世昌，于光绪三十三年（1907）被任命为东三省的首任总督。徐氏即以经费充足的警察部门进行了东三省人口的初步统计。徐氏对他的统计结果颇为自豪，而对稍后的保甲人口登记表示了极大的蔑视[1]。这一切都清楚地说明，道光三十年（1850）以后人口登记问题的症结，已经不再是像乾隆后期及 19 世纪初期那样如何控制保甲机构进行人口登记，而是在全国绝大部分地区内，保甲人口登记的机构是否还需存在的问题了。保甲人口登记废弃的最有力证据是：尽管户部档案中备有直到光绪二十四年（1898）的各省总数，《清实录》自同治十三年（1874）起已永久废止每年年终的全国户口总数了。

从这些事实和数字可以清楚地看出：在大清帝国存亡危急之秋，省和地方的官员很少有时间和精力顾及人口登记。在饱受战祸的地区，战争、屠杀、财产损失、饥荒、疾疫交加，使地方上相当多的人口死亡，保甲机构难免不全面解体。在受战争影响较小的地区，官员的精力集中在筹饷和组练兵勇保卫地方等更紧迫的事务上。太平天国平定以后，捻军战争和西北的回民起义又延续了多年的战乱。整个帝国已经衰败不堪，以至无论中央还是地方政府都已没有恢复一度普及全国的保甲机构的愿望和能力。有些省和地方官员为了地方治安试图加强保甲，但没有人真正能恢复早期的保甲户口登记。[2] 保甲人口登记制度败坏近乎半个世纪之后，即使光绪二十四年（1898）的上谕也不能挽救这一古老的、

1　徐世昌《东三省政略》（宣统三年刊本）卷 6，页 46 上一下。

2　《皇朝经世文续编》卷 68。

一度行之有效的保甲机构。[1]

到光绪二十八年（1902），直隶总督袁世凯的奏折给予保甲制以最后致命的打击：

> 中国自保甲流弊，防盗不足，扰民有余，不得不改弦更张，转而从事于巡警。……直隶自庚子以来，民气凋伤，伏莽未靖，非遵旨速行巡警，不足以禁暴诘奸，周知民隐。臣于四月间查照西法，拟定章程，在保定省城创设警务总局一所，分局五所，遴委干员筹办；挑选巡兵五百人分布城乡内外。按照章程行之两月，地方渐臻静谧，宵小不至横行，似已颇有成效。[2]

不用多久朝廷就意识到试图挽救保甲制已无济于事，在二十八年秋颁发了一道上谕：

> 谕内阁：前据袁世凯奏：定警务章程，于保卫地方一切，甚属妥善。著各直省督抚依照直隶章程，奏明办理，不准视为缓图，因循不办。将此通谕知之。[3]

这道上谕对早已存在的事实迟迟始公开承认，同时标志着保甲人口登记制的正式废止。现代警察系统次第问世，在 1930 年

1　《皇朝道咸同光奏议》卷 56，页 6 上。

2　《皇朝道咸同光奏议》卷 9，页 25 上—36 上。

3　《清德宗实录》卷 505，页 12 上。

保甲制部分恢复之前，警察一直是进行人口登记的惟一机构。

1851 至 1902 年这段时期，各省县的人口总数虽然错误百出，可是内中有一种数据还是对人口研究多少有些参考价值。那些由于战争、饥荒、疾疫造成人口锐减和财产大量损失的地区，地方官员奉命进行挨户清查，以确定尚能负担赋税幸存者的数量。在战争创伤最严重的安徽的大部、江苏南部和浙江北部，地方官统计人口，估计原有耕地的范围，以便给予临时豁免，有时能得到幸存的当地学人的协助。被吸引到受战祸地区来安家的移民的数量对赋税也具有重大的意义，因而随后也作了仔细的检核。当地的幸存者一般都由官府给予某种形式的资助，大致按每一家庭的人口和需要分配。地方官和百姓在进行这些事务时，互相依赖和协同精神使人口登记得以顺利进行。

二　光绪二十八年（1902）—1927 年的人口数据

光绪二十至二十一年（1894—1895）甲午战争败于日本以及光绪二十四年（1898）百日维新失败以后，创立现代警察体系的要求已公开提出。光绪二十七年（1901），当八国联军的军队从北京撤退以后，清政府已在日本的帮助下在首都建立了警官训练学校。袁世凯光绪二十八年上奏之后，各省奉命设立警察部门。到光绪三十一年，创立了新的巡警部，三十二年改称为民政部或内政部。无论该部的名称如何更改，警察始终在其管辖之下[1]。

1　关于早期警察系统历史的概述见《内政年鉴》（1935 年）警察第六章。

光绪三十一年（1905）以后，江河日下的清王朝试图用并不热心的立宪改革来赢得全国的支持。在预期的国会选举、征兵、地方自治和教育改革即将实行时，光绪三十四年（1908）在内务部下设立了统计司[1]。同年，该司制定了一个在全国进行首次人口普查的六年计划，并向各省发出普查的标准表格和详细指示，要求各省政府统计出所有男女老幼的数目并分别统计出男性及学龄儿童的数目。由于政治上的紧迫状况，六年计用四年就草草"完成"了，因此从理论上说，中国到宣统三年（1911）完成了首次"现代"人口统计。

所谓 1908—1911 年人口普查的意义不仅在于强调人口统计之本身，而且在于它的实际结果。对一些研究中国人口的学者来说，1911 年 341,913,497 的数字真可谓是天赐，正证实他们的信念：中国的人口从来不可能像清朝官方数字那么多。瓦尔特·威尔考克斯（Walter Wilcox）坚持 1911 年的数字足以证实他估计 34,200 万是中国 19 世纪人口的顶峰。这一观点在中国有许多赞佩者，他们相信中国的人口从 19 世纪中期以来是静止不变的。

评价 1911 年"普查"的实际结果，需要研究进行普查的机构及其效能。中国学者王世达对全国人口总数作了最扎实的研究。虽然他没有机会接触地方和省 1911 年的统计数，但对各省给中央政府的报告作了充分的研究。他的结论是：不管 1911 年的普查存在多少缺点，这是一次"深入民间"的真正的普查，绝

1　关于晚清改革运动的概述见 M. E. 凯沫伦《1898—1912 年中国的改革运动》（斯坦福大学出版社 1931 年版）。

非凭空捏造[1]。但正由于缺乏地方资料，他才作了如此肯定的结论。各省报告的措词可以由老练的官吏十分方便地润色、窜改，而人口数字之可靠性却是取决于地方普查机构的诚实和效能。

照理说警察应是 1908—1911 年普查的惟一承担者，但实际上不少省份由于缺乏经费，还没有建立警察部门。这一时期的法令规定：在已经设立警察部门的省内，应由它指导普查；在没有警察部门的省份，则在布政使指导之下进行普查；因此即使在省一级也缺乏统一性。关于地方一级，这项法令规定：

> 调查户口事务归下级地方自治董事会或乡长办理……其自治职尚未成立地方，由该监督督率所属巡警，并遴派本地方公正绅董会同办理。[2]

这项法令很清楚，从省到地方的整个普查系统充其量只是拼凑起来的。

有关晚清的警察虽缺乏详实的论述，但 20 世纪 30 年代编纂的《安徽通志稿》中记载了警察系统的数据，在绝大多数官方出版物中是难于找到的[3]。根据光绪二十八年的上谕，安徽在次年将原来无所事事的省保甲局改为警察局，又在省会设立了一所水陆警察教练所，但由于缺乏资金，一开始就极不顺利，结果直到 20

1　王世达《民政部户口调查及各家估计》，《社会科学杂志》卷 3 第 3 期，1932 年 9 月；卷 4 第 1 期，1933 年 3 月。
2　《大清法规大全》光绪二十七年至宣统元年（1901—1909）《宪政部》卷 6。
3　《安徽通志稿》民政考·巡警。

年代仅有少数毕业生。由于警察是从不知警察为何物的中下阶层
中招募而来，因而新创立的警察系统素质的低劣不足就更加严重。

安徽新建警察的能力可以从各县警官和警察的数目中反映出
来。全省 68 个县中仅 44 县有警察所，警察总、分所的配置见
表 16。由于各县范围一般较大，警察总、分所的数量既不足维
持治安和秩序，也无法执行更为繁杂的人口普查任务。安徽最
大的县之一阜阳仅 150 名警察，而该县在 1930 年上报的人口是
1,379,692[1]。阜阳县的警察数已经远远超过其他各县了，较小的县
如黟县、祁门分别为 8 人、10 人。在一个面积超过 15 万平方公
里的省里，仅有 1,939 名警察作为 1908—1911 年人口普查的主
要承担者，更何况这些警察缺乏适当的训练和报酬。

表 16 安徽 44 县警察总、分所数（至 1911 年）

警察总、分所数	县数
1	16
2	6
3	4
4	5
5	9
6	2
11	1
13	1
合计 141	44

资料来源：《安徽通志稿》"民政考·巡警"。

---

1 《内政年鉴》（1935 年）丙，页 418。

其他各省对警察机构的不足状况未作坦陈，我们有理由相信，安徽的状况不会比其他省更差，在各省竞相标榜新政进步的情况下，只有东北的奉天省始终能以警察和普查机构自豪。这是由于在徐世昌干练的行政管理下，为警察力量的扩充拨发了异常充足的经费，以及由于该省百姓驯良，人民物质条件较佳[1]。

王世达自己的证据也说明了 1908—1911 年普查的进行曾遇到很大的困难。例如广西省宣统二年（1910）的报告说：

> 桂省幅员寥阔，村落零畸，兵燹迭经，流亡未复，调查户数较他省为难。加以民智颛愚，人心浮动，未悉调查宗旨，将有抽丁增税之疑，办理稍未得宜，易致滋生事故。当经分饬各属遵照部章，先行出示晓谕，并编造白话浅义广为讲演，以祛疑虑。

同年广东省的奏折说得更明白：

> 广东一省自开办调查迄今屡滋事端，如新安、大埔、连州等州县尤为剧烈。每一闻报，辄需调兵前往镇压。……（滋事原因）半由于乡愚无知，不明调查之理由，忽睹编订门牌，哗然谓将抽丁抽税。……地方官纷纷请试，欲即停止，而虑碍考成；欲仍进行，而更虑激变。……而调查之册籍尤多不尽不实，州县惧干谴责，即粉饰以应之；上官敷衍门面，遂隐忍而受之；自欺欺人，莫甚于此。

---

1 《东三省政略》卷 6，页 45 上—下。

根据上述种种困难情形，两广总督袁树勋奏请"将此次调查户口拟酌缓至乡镇巡警编设及识字学塾较多之时再行补办"。

广东的例子更有启发性。首先，两广总督直言不讳，不久就使他丢官，其他封疆大吏自然会懂得直言无讳自揭疮疤的结果，因而不得不敷衍虚饰。懂得了这一点，就能透过各省报告的字里行间得出这样的结论：绝大多数省份于 1908—1911 年的普查进行得匆忙而混乱。其次，这位因直率而丢官的两广总督指出普查失败的关键是缺乏可以直达民众的普查机构。我们可以说，甚至连国民党政权的全盛时期，警察所能达到的最大范围也不过是县城或一些人口较多的市集和村镇。在保甲体系解体之后，全国已经没有任何行政机构来沟通地方政府和广大民众了，训练有素的普查机构当然更不存在。

因此，所谓 1908—1911 年普查和民国初期的普查在大多数地方是由县政府和乡绅进行的，或者不如说是由他们随意编制的。资料极其丰富的《鄞县通志》对此有所证明：

> 宪政肇立，为举行选举，而有调查户口之举。然民间狃于向来苛索之故，辄误会调查户口亦为加税而起，陈报遂少实在。入民国后，人民为争选额，而浮报者有之；为惑丁税，而匿报者有之。掌其事者厌其繁琐，于是攒造户口册任意填写，不失之浮滥，即失之隐漏，终鲜确正之数，相沿至今。[1]

---

1 《鄞县通志》稿《舆地志》壬编户口，页 293 上一下。

位于四川腹地的华阳县 1934 年的志书中也有类似披露。1908—1911 年的统计数说明该县有 119,201 户、481,192 人，在 270,350 名男性中成年仅 49,584 人，只占全部男性的 18.3％，或占总人口的 10.3％。成年男子的比例低得如此不合情理，说明这部分主要承担捐税和杂役的人口存在着严重的隐漏。更有甚者，在各民团的细项中，竟有接连四个团的申报数都正好在 500 户左右。难怪志书的编者评述道：

> 　　清末至民国之初，注重选举，尝事调查。然始则民怀疑畏，册报颇不以实。继则竞争议席，或至舞文浮虚，皆非确数。[1]

当代一位地理学家在追述民国初年四川人口时指出：尽管地方官很少不执行上司的命令，但数字编写完全是武断的[2]。近代一部福建方志也有类似问题[3]。

虽然福建许多县在光绪三十四年（1908）和 1927 年间既没有进行任何普查，也没有收集任何人口数字，但福建在向清政府和民国政府上报"普查"数时毫不迟缓[4]，充分说明了接受 1908—1911 年普查的结果以及此后民国初期人口数的危险性。江苏省宣统三年（1911）的调查进行得非常仓卒草率，以至人口最稠密

1　民国二十三年《华阳县志》卷 4，页 1 上一 7 下。

2　楼云林《四川》（上海 1941 年版），页 48—61。

3　民国十八年《霞浦县志》卷 9，页 1 上编者案。

4　民国三十一年《福建通志》卷 14。

的省份上报的总数仅 4,995,495 户、9,356,755 人，而上海一地却
报了 5,550,100 人。江苏的数字少得荒谬，而上海的数字却多得
出奇——因为 1932—1933 年的较可靠的数字才是 3,417,497 人[1]。
其实民初的政府是深悉内中实况的，对 1908—1911 年普查的结
论是认为失败的，其数字是曾加窜改虚造的[2]。

现在回顾起来，民初政府对 1908—1911 年普查的评语更适
用它自己主持下的普查，因为缺少收集人口数据机构的状况依然
如故，而政治却更趋混乱。民初政府规定：警察—— 要是有的
话—— 是人口调查的惟一承担者。在那些没有警察而只有保卫
团的地方，即由后者承担。在既无警察也无保卫团的地区，县长
可酌情委派公正而有行政经验的当地绅士[3]。一些方志的记载表明
那些地区收集汇编的情况更加草率。所谓 1912 年人口普查的结
果迟至 1916—1917 年才发表，总数为 419,640,279[4]。除了江苏人
口数的修正之外，没有任何理由可以解释比 1911 年的数字猛增
7800 万的原因。

随着两千年来皇帝偶像的消灭，随着 1916 年袁世凯的去世，
中国陷入了更大的政治混乱。地方军阀政府不受北京中央政府的
控制，或者根本无视其存在。人口普查再也没有进行。总之，如
果说光绪二十八年（1902）至 1927 年间所有的官方人口数字都
是自欺欺人的，并不过分。

1　1911 年上海的数字引自王世达文，1932—1933 年数字引自 1935 年《内政年鉴》
　　丙，页 403—404。
2　《内务法令辑览》（北京 1918 年版）册 11，页 147—148。
3　《内务法令辑览》册 11，页 112。
4　王世达文。

三　1928—1949 年的人口数据

尽管 1927 年国民政府在南京的成立标志着一个新的时代，但众所周知，它的权威是勉强而逐步地才为各省所接受。起先，它有限度的控制区只限于长江中下游数省；即使在江苏、安徽、湖北、河南，直到 1934 年还存在着共产党的根据地。然而不管其政治意义如何，国民政府面临寻求全国统一和革新政府系统的巨大任务。惟其目标和成就之间不可避免地存在着相当大的差距，在人口登记和人口数字编制系统方面尤其如此。

早在 1927 年底以前，内政部取代了 1906—1927 年的内务部，通知各省民政部门筹备统计全国人口。1928 年颁发了新的普查表格并两次训令各省命县政府推行这项任务。但直到 1928 年底，仅十六省上报；到 1931 年夏还有十二省未报。内政部的第一个全国人口总数为 474,787,386，主要是估计出来的，然后经过统计处和政府部门外的专家修正调低而成的[1]。

当时国民政府的人口数字在国内外曾被广泛引用，也受到广泛的质疑。但就目前所知，还没有人对国民政府的人口登记机构作过研究。这一机构远比内政部 1927—1928 年所提及的复杂。第一步，如果某县有警察局的话，县政府奉命在警察局协助之下调查地方人口数目，所以警察局是人口普查机构之一。第二步，1928 年的法令规定：为了准备实行孙中山的理想之一的地方选举和地方自治，各县应划分为若干单位，如乡、村、闾和邻。在

1　1935 年《内政年鉴》户政，页 404。

这些县以下的单位的首长一经选出之后即应负责进行人口统计[1]。第三步，内政部于 1927 年 7 月又命令在各县创设和扩建保安队。保安队虽不直接负责人口普查，但特别注重统计 20 至 45 岁的成年男子[2]。最后一步，1902 年已废除的保甲制又引起决心消灭共产党的蒋介石的注意。保甲制度于 1934 年在全国范围内正式恢复之前，先已在一些特别多事的地区重建起来。1934 年后，保甲机构又变成了全国惟一的人口登记机构。

国民政府初期，比 1902 年刚建立不像样子的警察制度已有相当的改善，但由于经费不足，更由于南京政府政策的根本转变，改善并不很大。1932 年用于中国本部各省警察的拨款总数是 2,600 万元，但到 1934 年保甲系统依法恢复时，拨款锐减至 1,600 万元。到 1934 年，中国本部只有四省的警察预算超过 200 万元，十省的预算不足 50 万元。像四川这样一个辖境辽阔、人口稠密的省份，警察部门的拨款仅 31,604 元[3]。到 1935 年为止，全国仅有警官学校毕业生 2,751 人，警察训练班毕业生 29,295 人[4]。警察人员的素质从他们的薪金也可窥见一斑。在上海、天津这样的大城市中，警察每月可有 20 元的收入，而一些乡村地区的警官每月仅 8 元，警察每月仅一二元[5]。相当大的乡村地区根本

1　《地方自治全书》（上海 1929 年版）卷 2，页 63。该书是国民政府出版的有关地方自治的法律条文的汇编。

2　1935 年《内政年鉴》卷 2 第 4 章；并见程懋型《现行保安制度》（上海 1936 年版）第 3、4 章。

3　1935 年《内政年鉴》卷 2 第 1 章。

4　同上书，第 2 章。

5　同上书，第 1 章，页 50。

没有警察。这些事实和数字雄辩地说明了，在 20 世纪 20 年代后期和 30 年代前期县政府本身绝不可能成为一个有效的人口普查机构。

　　作为人口普查机构的地方自治团体也没有令人满意的纪录。政府于 1927—1928 年颁布建立地方自治团体的法令有两点主要理由：一是孙中山对清末民初时期完全由"土豪劣绅"垄断的假地方自治深恶痛疾，坚持人民必须真正直接参予地方行政。二是国民党政府的领袖们深知地方行政和人口登记中最大的问题是缺少能够联系县政府和人民的地方基层机构，以至于政府与民众间存在着难以逾越的鸿沟[1]。

　　1932 年秋，正当反共战争全面展开时，国民军总司令蒋介石详细检查了地方民团问题和人口登记的必要条件。他自己的言论对 1927—1934 年间人口登记的失败作了再恰切不过的解释：

　　　　凡清查户口，由县清乡局长督率区、乡、镇、闾、邻长切实执行。是区、乡、镇、闾、邻长事实上既不能选出，所谓调查户口即始终无切实执行之机关。……无如我国各县各乡现已久缺层级系统一贯到底之组织，是以各县每遇清查户口，非临时分派人员赴乡办理，即发给表册委托各乡绅董照式填报，户数口数绝不正确。……揆厥原因，实缘现行法中只见清查户口，而不知编组保甲；只知应选各级自治行政

---

1 《地方自治全书》序，并见卷 2，页 63。

之首长，而不知确定专管自卫行政之保长、甲长；尤不知办
理保甲与清查户口联贯呼应，合一而不可分。盖我国自古以
来所谓保甲制度，均以一家一户为单位，户设户长，十户为
甲，甲设甲长；十甲为保，保设保长。故户长之确认及保甲
长之推定即为清查户口之始基。而户口之确数与日后之变迁
自赖保甲长随时之查报，其职务实与农村警察无殊。是以今
日欲谋完成户口清查之要政，非暂置乡、镇、闾、邻之自治
组织而别寻蹊径不可，尤非溶合于编组保甲之中而同时举办
不可。[1]

这无疑是对当时地方自治团体所作人口登记机构的效能的最
权威评价。清楚地证明在地方自治团体被选出以前，已被无限期
地推迟了，因而在 1927—1934 年期间并没有适当的机构来进行
人口登记。这更加强了我们这样的信念：在研究中国官方人口数
字的过程中，对收集这些数据的机构的研究与对这些数据本身的
分析是同样重要的。

组织地方保卫团的条例是 1929 年 7 月公布的，以后又有补
充。虽然一开始就规定由 20 岁至 40 岁的成年男子承担这一地方
民兵责任，但法令有很多的例外。江苏省将壮丁年龄定为 20 至
45 岁，似乎很快就成为通例。由于在 30 年代初的反共战役中民
兵的需要很大，江西将年龄的下限定为 18 岁[2]。在这一年龄范围
内，下列各类人享受豁免：大学及中学毕业生、已在正规军中服

---

1 全文见闻钧天《中国保甲制度》附录，页 548—549。
2 1937 年《江西年鉴》第四部分，页 97—99。

役而在县中临时居住者、户中惟一的男子、文职人员、找不到帮手来经营业务的店主和工厂主、病残人员、罪犯 [1]。显然，只剩下那些可怜的普通农民不能避免服役。

关于这一保安系统的工作内情，蒋介石最能干、最信任的助手之一的杨永泰曾作过充分检讨。在 1935 年南昌召开的第二次省绥靖会议上，这位总司令南昌行辕秘书长直截了当地断言：保安队还相当分散，以至掌握在"土豪劣绅"手中。只有湖南、江西两省直接置于省政府控制之下，因而行之有效 [2]。这次绥靖会议并未检讨保安队的人口登记成绩，但我们有充分理由相信，由于成年男子须承担这种民兵的职责，当时保甲系统所搜集的人口数字，内中必有大量遗漏的壮丁。

这种成年男子在登记中隐漏的现象反映在保甲人口统计数上。根据总司令本人的解释，保甲制首先在共产党建立根据地的省份江西、湖北、安徽和河南恢复。到 1934 年 11 月，保甲制已扩展到全国，并成为 1934 年至 1948 年期间调查人口数目的惟一机构。对现有保甲人口数的简单分析就可以看出其质量。在保甲制恢复前的 1928 年，江西上报的成年男子数是 3,477,039 人，在保甲制实施下的 1935 年，这项数字仅为 2,665,065 人，六年中减少了 801,974 人或 23％[3]。国民党与共产党五年激烈的内战诚然造成了成年男子人口的减少，但成年男子仅约占全省总人口的

1　程懋型《现行保安制度》第四章；并见郎擎霄《保甲运动之理论与实际》（上海 1930 年版），63—64 页。

2　程懋型《现行保安制度》，页 83—95 引。

3　1935 年《内政年鉴》户政部门，第四章。

15％却无论如何无法令人相信。另一个例子是河南省，1935 年上报的总户数是 5,749,768，但却只有 4,836,021 个成年男子[1]。差不多有 16％的户没有 20—45 岁的成年男子，这是完全不可能的。我们同样发现贵州上报的总人口数中成年男子仅占 16％，而湖北仅占 16.8％[2]。

有时在同一省中，保甲登记的结果也会自相矛盾。安徽省的数字较别省具体，表 17 所录可作为例证：

表 17 安徽有代表性十县 1931 年及 1933 年保甲统计数

县	1931		
	男	女	总人口
怀宁	355,033	319,116	674,149
无为	416,915	332,056	748,970
合肥	751,759	553,887	1,305,646
寿县	426,665	255,501	682,166
和县	159,017	119,948	278,965
宿县	328,957	272,223	601,180
阜阳	753,250	626,442	1,379,692
贵池	158,527	129,177	287,704
宣城	321,558	224,371	545,929
歙县	181,729	162,331	244,060
合计	3,853,409	2,995,052	6,848,461

---

1 1935 年《内政年鉴》户政部门，第五章。

2 1937 年《湖北省年鉴》户口，页 106—109；张肖梅《贵州经济》（上海 1939 年版）丁，页 5；及《贵州省资料汇编》（贵州省统计局 1942 年版），页 17。

续表

| 县 | 1933 | | |
	男	女	总人口
怀宁	348,067	305,214	653,281
无为	400,122	325,302	725,424
合肥	736,150	538,202	1,274,352
寿县	423,737	275,623	699,360
和县	160,896	136,484	296,380
宿县	291,534	256,134	547,668
阜阳	970,882	833,758	1,804,640
贵池	151,706	127,999	279,705
宣城	281,184	204,968	486,152
歙县	153,625	134,899	288,524
合计	3,917,903	3,137,583	7,055,486

　　资料来源：1935 年《内政年鉴》卷 2 第 4、5 章。这十县中除省会怀宁县外，均为全省区中人口最多的县。

　　这十县中，仅阜阳上报 1931 年至 1933 年间的男女人口数有实质性的增加，除 1933 年和县上报的男性人口数略有增加外，其余八县上报的男性人口数在两年间都下降了。可以这样解释：在大多数县都有少报成年男子数的总趋势下，偶然一次较有力地推行保甲条例的行动能使登记到的男女人口大大增加，如阜阳县以及同一专区其他县份的情况就是如此。这类矛盾的存在，使我们不可能对该省的人口数作出全面的估价。

　　除了在南京政府有效控制下的长江中下游数省外，没有证据表明，尚有全省性的保甲体系[1]。高度中央集权的清朝花了数十年的时间才改进了传统的机构并在全国范围建立起保甲体系，而只有在国内持续和平繁荣的 18 世纪才有可能。根据我们对国民党时期政治状况的了解，条例具文与实际之间不可避免地存在着很大的差距。大多数省份直到 1937 年抗日战争爆发，还未能建立广泛的保甲体系。1945 年后，内战再度爆发并导致了国民党政府的覆灭。因此，绝大多数省份在国民党时期的人口数字几乎是纯粹的揣测。即使在长江流域的省份，保甲数目的急剧起落也说明保甲制远非稳定正常，如表 18 所示湖南的状况就颇具代表性。

表 18　1937—1941 年湖南保甲数

年	保	甲
1937	41,652	457,711
1938	39,138	1,046,452
1939	22,159	270,912
1940	19,783	251,322
1941	20,087	286,597

资料来源：《湖南民政通志》（湖南省政府内务部 1941 年）。

国民党的人口统计机构中最糟糕的还不是各省的怠惰无能，——谁也不指望在一夜之间能在全省建立起有效的保甲体系——而是中央政府任意编造全国和省一级的人口总数，清

---

[1] 对至 1935 年为止各省保甲体系实际工作的观察和评论，见前引闻钧天《中国保甲制度》第 23—25 章。

朝的户部至少还能忠实地保留各省的原始上报数，但国民党政
府的机关却经常不作任何解释就修改各省的数字。例如 1928
年内政部督导下进行统计、于 1931 年计算出来的人口总数是
474,787,386。这一出于粗略估计的数字不仅为主计处所拒绝，
内政部本身也大为惊奇。经过了相当多的修正，这两个机关才接
受了最后拟定的数字（见表 19）。

表 19　官方全国人口数

年	户	口	来源
1928	83,865,901	441,849,148	内政部
1933	83,960,443	444,486,537	统计处
1936	85,827,345	497,084,651	内政部

资料来源：《中国人口问题之统计分析》（主计司 1946 年），页 11。

另外还有一系列每年由《中国年鉴》发表的人口数字，与这
两个政府部门的数字都不相同。《年鉴》的编辑部名义上独立于
政府，但实际上是由政府成员和密切依附于政府的人士所组成
的，虽不依靠上述两个政府机关，却是依赖中央研究院社会科学
研究所的专家，因为其数据是为外国人服务的，所以必须再作润
色。要比较和分析国民党时期由官方机构和非官方机构的专家汇
编的各种数据，是极其繁琐的工作，根本无此必要。既缺乏全国
性的机构去收集数据，一定不能得到准确的人口数字。我们可以
这样说：在国民党二十年统治期间，官方认为全国人口总数在
4.3 亿—4.8 亿之间，完全是揣测的，而不是普查得来的。

四 1953 年人口普查

由于 1953 年人口普查的统计数在今后若干年内还是保密资料，我们又缺乏详细的分类统计数字，所以还不可能对这次人口普查作系统的评价。在讨论这次普查的组织、程序、规定和方法时，重要的是要记住共产党国家的特点，与以往任何政权根本不同，对人口数据的收集必定会有重大影响。

传统中国虽是一个东方专制国家，但即使在其制度最富成效时也很难直接接触到广大民众，百姓除了依法纳粮当差以外与国家很少直接联系。在明清二代，由县以下的组织如里甲、保甲充当政府和百姓间的缓冲。这类组织的成员大多是由县官挑选委任的，也有的是由百姓自己推举的村里或家族的头面人物担任的。虽然政府在形式上和实际上都大权在握，但正如一句古话所说的："天高皇帝远。"根据国民党政权的宣传，即使在其极盛时期，沟通县政府与民众具有桥梁作用的行政机构根本就不存在。

但另一方面，甚至在 1949 年共产党取得政权以前，它控制的地区内已具有控制和动员群众的熟练技巧。1949 年以后，解放军、各种警察、党的干部和非党积极分子都在战斗意识和崇高理想的鼓舞下，成千上万地走向工农，而一般人民被鼓励或几乎被强制参加各种群众组织，居民小组和居民委员会对可能的反革命分子和居民中的活跃分子保持警惕。这一切都使任何想超然物外、当化外之民的个人难于存在。全国范围内的农业革命和重新分配土地，以家庭人口的需要和生产为基础的粮食统购统销，农村互助组织的建立以及很快为合作社所取代，这一切都使国家更能同个人建立直接的联系。总之一句话，共产党政权具有控制基层群众的天才，在中国历史上是独一无二的。一位苏联人口普查顾问说：在新的人民政权下，人民不再有任何逃避普查的动机[1]。但人民在这无所不能、无所不在的政权之下已没有任何躲避的余地，这也是无可辩驳的事实。

1950 年至 1953 年 7 月间发布的官方和非官方人口数字引起了对 1953 年普查的批评和怀疑。1950 年至 1953 年间官方发布和私人估计的全国人口数并未完全具备。由内务部在 1950 年公布的第一个官方数字是 483,869,678（包括台湾在内）。两个月后，中国人民解放军总部发布的数字是 42,953 万[2]。这些数字很明显是根据普遍接受的国民党后期人口数约 47,000 万这样的概念改编而成的。1951 年的两个数字——财政部公布的 48,300 万和上海《大公报》公布的 48,660 万——与前面这些数字相差甚小[3]。1953 年普查数为 58,260 万（不包括台湾），几乎比所有这些数字多出一亿，这是一些人怀疑它的准确性的主要理由之一。

1952 年底以前大陆公布的人口数字的绝大部分，如果不是全部的话，只是继续使用或改编国民党时期的数字，在实际上是不可避免的。在共产党巩固政权的初期，全面拒用国民党时期的数字势将造成统计上的完全真空。直到今天，共产党的土地统计还是根据国民党时期较好的估计改编的。如果考虑到这种情况和

1　S. 克鲁坦维奇《1953 年全中国人口普查》，《统计学报》5 期，1955 年 9、10 月号，页 39。

2　这是地图集所引仅有的普查前的官方数字，见《中华人民共和国分省地图集》（地图出版社 1953 年版）。

3　吴元理（译音）《共产党中国经济调查》（纽约 1956 年版），页 14。

国民党时期人口数字的可疑性，那么 1950—1952 年共产党方面的数字与 1953 年普查数的矛盾就不能成为拒绝接受后者的理由。

还有两项 1951 年和 1952 年的重要数字，是由国家统计局根据地方和地区的行政报告，以及一些政府抽样调查为基础计算出来的，但这些数字直到 1953 年普查完成后才发表[1]。1951 年底的数字 563,194,227；1952 年底的数字是 575,286,976，两者都可能包括台湾的估计数在内。须知 1953 年的两种地图集上的数据，可能是根据报纸上发表同样的行政报告，其中一种定下的总数是 545,156,042，另一种认为包括台湾在内的全国总数是 54,000 万以上[2]。这些事实和数据清楚地说明，共产党政府机关在 1950—1951 年，发表了一些最起码的填补空白的数据以后，对进一步发表数字已变得相当谨慎和勉强，可能是由于对地方和地区行政报告中比较认真收集起来的资料与原来的数据间的重大差距感到惊异。记住 1953 年地图集上的数字，只是私人根据零散的报纸报道，和所有 1949 年后、1953 年人口普查前的数字估计拼凑出来的，而这些原始资料中除了两项由国家统计局获得的未发表的数字外，都是推测的结果。

尽管缺乏详尽的资料，调查人口的机构从 1949 年后期到人口普查时，似乎已经发生了重大变化。1949 年 10 月中华人民共和国成立后，通过保甲机构上报地方人口的国民党体系已经没有存在的必要了。保甲报告缺少性别、年龄构成、民族等精确资

1　S. 克鲁坦维奇《1953 年全中国人口普查》，页 36—37。

2　吴元理《共产党中国经济调查》，页 14；《中华人民共和国分省地图集》，注意图集前言所署时间为 1953 年 4 月。

料，而这类数据是新政权在推行经济计划和教育卫生改革中必不可缺少的。通过一批农村和城市地区进行检查核对时，新政权发现保甲报告数字一般都不可信，城市地区尤甚 [1]。1950 年底以前，保甲制被废除，临时性的人口报告由地方行政机关负责。人口登记机构的改变同国家统计局于 1951、1952 年计算出很不相同的人口总数，显然不是偶然的巧合。

到了 1952 年，由于全国人民代表大会的普选和准备实施第一个五年计划的要求，更加迫切需要准确的人口数字。国家统计局以 1939 年苏联的人口普查为模式，开始制定进行第一次人口普查的全面实施计划，设计表格、制定普查程序、培训普查人员，向各级行政部门派遣指导人员。普查的顺序以及在 1953 年举行普查的决定，通过报刊和电台作广泛宣传。

领导普查者原来计划统计常住人口与流动人口，由于统计流动人口需要在极短的时间内在列车、车站、旅馆和许多地方进行并完成，需要大量普查人员，所以决定以后普查仅统计常住人口。为避免重复，专门设计一种普查表格。传统家庭观念实际上已将常住外地或离家很久的人看作临时离家，为了不触犯这一观念，作了特别安排，将一般家庭的登记过程（甲式）[2] 分为两部分：所有在普查时住在家中的成员，包括那些被普查确定为"临时外出"（不超过六个月）的人在内，登记在右边"常住人口"一栏，长期离家生活或离家六个月以上者，登记在左边的"在外

1　克鲁坦维奇《普查》，页 36—37。

2　同上书，页 40，这是对普查程序最系统的记载。另一完善的提要见西奥多·谢巴德《统计六亿中国人》，《远东评论》1956 年 4 月号。

人口"一栏。

人口调查登记表

城市户住址:　　　　　　　　　　**乡村户住址:**
___省(市)___县(市)___
区(镇)___街___(巷)
门牌第___号___　　　　　　　　　　___县___乡___(村)

在外人口		常住人口		人口类别
在外人口共计 　　人；男 　　人，女 　　人。		常住人口共计 　　人；男 　　人，女 　　人。	户主	与户主关系
				姓名
				性别
				年龄
				民族
				备考

　　表格虽有两栏,实际上仅使用常住人口这部分,另一栏只是为了避免违背"家庭成员"这一概念以及防止重复统计而设计。普查确定的"在外人口"主要是指住宿舍的学生、住在工厂的工人或离家从事建筑工作的人以及某些机关工作人员和部队人员、长期住医院的人等等,他们均在单位和工作地点登记。季节性工人、短期训练班学员、医院和疗养院的临时病员,以及住旅馆的人员,均登记在甲式表的左面,作为他们家庭所在地的常住人口。至于东南沿海的船民以及在全国普查日当天或以后在流动中

的人口，也作了特殊安排。

乙式表是为不与家庭在一起的单身人们设计的，主要用之中学生、部队成员以及其他集体生活的人。乙式表没有左边一栏，并省略了"与户主关系"一项，附加的空白用于填写登记人所在的组织或单位，除此以外两表是一样的。

为了登记家庭成员的姓名，区分性别、确定年龄的恰当方法，一切都作了周密考虑。在中国这样一个国家，即使普查中最简单的部分，也可能引起严重的问题。很多妇女是在这次普查中才第一次有了自己的名字。鉴于对中国男性比例高的普遍怀疑，普查领导坚持在涉及女性的一切场合都必须使用汉字——"女"。在一家有几名女子的情况下，不许使用简写或"同上"符号。确定年龄是最麻烦的。人口普查员为文盲以及只记住民国前几年或农历干支的人备有换算表，中国通行的虚岁计法也一律折为周岁。

尽管普查计划得如此周密，但并非没有缺陷。首先遇到的麻烦是"民族"这一术语并没有严格限于种族集团。根据普查条例，普查员只向登记人询问他自己是属于哪一民族，而没有确定民族的客观标准。回族（中国穆斯林）和满族都有这样的错报现象。中国穆斯林尽管被普查定义划为回族，实际上绝大多数是汉族血统。自从 1912 年满族人退位后，绝大多数满人已采用汉族姓氏并完全成为汉人，这也是人所共知的事实。

其次，在普查中并非所有的中国人口都是直接登记的。整个西藏和新疆以及青海、西康的相当大部分，完全或主要由少数民族人口组成，地形崎岖、语言不通和其他困难使人口普查无法进行。在这些地区普查机构只能依靠地方政府和部族领导人的申报。总共 8,397,477 人是由间接登记而得的。

更严重的缺陷是未能遵守任何普查皆须重视的关键时刻，关键时刻定为 1953 年 6 月 30 日午夜至 7 月 1 日午夜 24 小时之间，由于大多数农民正忙于农活，远非理想的选择。原定的目标是 1953 年 11 月取得各省的人口数目，但由于人口众多国土辽阔而未能实现，到 1954 年 3 月普查仅完成了 30%[1]。像广东省一些偏远地区直到 1954 年 4 月才完成。在简化了原定程序后，才在 1954 年 7 月完成了最终的表格，公布了结果。关键时刻的制定只是为了出生者、死亡者以及年龄的确定。根据条例规定在关键时刻后出生的婴儿不予统计，但在关键时刻与实际统计时间之间死亡的人却应包括在统计之内。每个登记人的年龄是根据关键时刻来确定的，而不是根据实际统计的时刻。

另外还存在一种性质严重错误的可能性。由于普查人员在普查开始前就得到若干参考资料，而这些资料是根据地方或地区的行政报告编成，以说明当地人口总的特点，因而普查前的估计与普查结果之间的可能关系就值得考虑。1956 年有两位学者发表了这样的观点：

> 如果当地普查统计或登记的结果与开始时给普查人员的数字是一致的，很可能得到认可；反之则很可能被认为是错误的，需要修改或调整。对与估计数字不符的普查数字的核查绝大部分很可能集中在最后几个月，而那时普查必须与选

---

1 艾琳·B. 图勃和利奥·A. 奥里恩《关于共产党中国人口统计的说明》，《人口索引》1956 年 10 月号，页 274。

民登记一起很快结束。[1]

　　总而言之，1953 年的全国人口统计，从严格的技术定义上说，还不能算是人口普查。但另一方面，在中国历史上还没有出现过任何规模足以相比的壮举：250 万工人、学生、教师、机关干部和积极参与者在 1952 年末至 1954 年初接受训练动员起来作为普查员。即使由于国家统计局在普查前作的两次估计对最后制表产生了不适当的影响，普查的结果仍比中国以往任何人口数字都更接近事实。

　　1954 年 7 月完成初步统计的人口总数是 582,584,859。为了核查，又在 23 个省、5 个市和 1 个自治区的 343 个县中作了抽样调查。这一复查据报道包括 52,953,400 人，占总人口的 9%，发现重复率为 1.39‰，漏报率为 2.55‰。因此又以 98.5% 的比率对直接统计获得并已发表的总人口数作了修正，由此确定的总数为 582,603,417 人。1953 年各省人口数及 1947 年国民党政府的各省人口总数见表 20。

表 20　1947 年和 1953 年分省官方人口数 [a]

省	A 1947年人口数[b]	B 1953年人口数	B对A百分比
江苏	37,089,667	41,252,192	111.2
浙江	19,942,112	22,865,747	114.7

1　艾琳·B.图勃和利奥·A.奥里恩《关于共产党中国人口统计的说明》，《人口索引》1956 年 10 月号，页 276。

续表

省	A 1947年人口数[b]	B 1953年人口数	B对A百分比
安徽	21,705,256	30,343,637	139.8
江西	12,725,187	16,772,865	131.8
湖北	21,784,415	27,789,693	127.6
湖南	26,171,117	33,226,954	127.0
四川	48,107,821	62,303,999	129.5
西康	1,651,132	3,381,064	204.8
河北	28,529,089	35,984,644	126.1
山东	39,425,799	48,876,548	124.0
河南	28,473,025	44,214,594	155.3
山西	15,025,259	14,314,485	95.3
陕西	10,015,672	15,881,281	158.6
甘肃	7,671,106[c]	12,928,102	168.5
青海	1,346,320	1,676,534	124.5
新疆	4,012,330	4,873,608	121.5
福建	11,100,680	13,147,721	118.4
广东	29,101,941	34,770,059	119.5
广西	14,603,247	19,560,822	133.9
云南	9,171,449	17,472,737	190.5
贵州	10,518,765	15,037,310	143.0
辽宁	18,673,664	18,545,147	99.3
吉林	14,212,369	11,290,073	79.4
黑龙江	5,298,235	11,897,309	224.6

续表

省	A 1947年人口数[b]	B 1953年人口数	B对A百分比
热河	6,109,866	5,160,822	84.5
西藏	1,000,000	1,273,969	127.4
上海	3,853,511	6,204,417	161.0
北京	1,602,234	2,768,149	172.8
天津	1,679,210	2,693,831	160.4
察哈尔	2,114,288[d]		
绥远	2,166,513[d]		
内蒙古		6,100,104[d]	
合计	454,880,279	582,603,417	128.1

资料来源：1947 年数字引自 1948 年《中国年鉴》。

a. 台湾 1947 年及 1953 年数略。b.1953 年前被中华人民共和国撤销的特别市 1947 年的人口数加入其目前所属省该年的总数。c. 包括已并入甘肃的宁夏 1947 年的人口数。d. 不可比。

由于所能得到的普查的统计数据并不完备，我们只能讨论中国 1953 年的人口几个统计学方面的特征。普查完成后不久，国家统计局就宣布 1953 年 6 月的城市人口为 77,257,282，占总人口的 13.26％。所谓城市地区包括县辖镇、工矿区、省辖市和中央直辖市[1]，这种划分城市、农村的方法是武断的，会引起误解。一般镇只是农田围绕而不是由工厂围绕的、人口较集中的购物中心，以及计为"城市人口"的普通省辖市实际上是指围在城墙中

1　西奥多·谢巴德《改变中的中国地图》（纽约 1956 年版），页 37。

的地区，是一些乡村县城的中心。由于城市地区的定义不以当地的人口数量为基础，而只是部分根据地方经济类型，因此城市人口数字至多只有部分参考价值。

根据 1954 年进行的包括 29 个大中城市、整个宁夏省、其他省的 10 个县以及 35 个县中有代表性的 1 个区、2 个镇、58 个乡和 7 个村共计 30,180,000 人中进行的调查，中国当时的人口年平均出生率为 37‰，年平均人口增长率为 20‰[1]。由于缺少关于调查地点和登记过程的详细材料，很难说这次调查有多大的代表性。有理由相信出生率和死亡率都过低，因为在 1958 年 1 月新的户口登记条例实施之前，政府正式采用的还是以往比较随便、缺乏具体措施的出生和死亡登记，农村地区尤其如此[2]。即使起码的卫生改善和保健运动能使传统的高死亡率有所下降，但 2% 的年增长率尚有待于将来证实。

普查摘要说明：在直接调查登记的人口中，男性为 297,553,518 人，女性为 276,652,422 人，男性占总人口的 51.82%，女性占 48.18%，性比率为 107.5。从传统文化、经济和社会背景来解释这一比例，同时考虑到重大的国内国际战争造成男子的死亡多于女子[3]，一般认为过去中国的男子大大超过女子数的概念得到了肯定。一些证据表明杀死女婴的现象在近代已日渐减少。共产党政府的法律禁止杀女婴，并通过法律和社会运动来提高妇女地位。如果我们能获得婴儿的性比率的话，那很可能已较符合现代西方

1　北京《人民日报》1954 年 11 月 1 日。

2　公安部长罗瑞卿对新条例的评论，见《新华半月刊》1958 年 3 期，页 46—49。

3　见第 10 章。

的自然模式了。

虽然关于年龄构成的资料也远非完备，但已可获得较多的了解。在直接登记统计的总人口 574,206,440 中，4 岁以下的幼儿占 15.6％，5 岁至 9 岁的儿童占 11％，10 岁至 17 岁的青少年占 14.5％[1]，17 岁以下的青少年共占 41.1％。但有必要指出，这一青少年的年龄分布并不能看成是以往的典型。战争和和平对青少年人口年龄分布的影响是显而易见的，构成全部青少年人口中最高比例的 4 岁以下的儿童是国共战争结束后的 1949—1950 年出生的；5 岁至 9 岁的儿童是在 1944 年至 1948 年的战争期间出生的，他们所占的比例最低；10 岁至 17 岁的青少年比 4 岁以下年龄组所占的比例少 1.1％，他们是 1936 年至 1943 年间出生的，但根据战前至抗战初期相对稳定的经济状况，这一年龄组的比例显得低了一些。

总结过去五个世纪的中国官方人口数，明太祖时期（1368—1398）、乾隆四十一年至道光三十年（1776—1850）期间和 1953 年人口普查的数据比较有用。乾隆六年至四十年（1741—1775）间的数字尽管有很大的缺点，但还有些用处。咸丰元年（1851）至 1949 年间虽有各种数字，实际上却是人口统计学的真空时期。若要对过去五百年间的人口动态的可能模式作出鉴别，就必须了解各个时期特殊的历史环境，以及考察对人口变化起作用的不同经济和行政因素。

---

1 吴元理《经济调查》，页 12—20。

下卷

影响人口的诸因素

第6章
人口—土地关系：明清和现代土地数据

本章涉及的是直接或间接影响中国人口变动和发展的种种因素。卷帙浩繁的史料中所记载的数字极多，但经得起考验的史实却又很少。不过这些书面材料仍值得仔细研究，因为毕竟还是探索这些问题的主要途径。

当代中国的官方土地数据虽然已经常为经济学家、地理学家和农业专家们所广泛引用和批评，但他们对中国传统土地统计数的实质以及土地清丈原则对当代土地数的影响还没有进行过系统的研究。不明白这两点，就不仅会妨碍中国经济史若干重大问题的研究，而且会导致对中国历史人口与土地关系的错误解释。从表21可以看出传统土地数据对当代数字的影响。除了万历三十年（1602）的统计数外，从洪武三十一年（1398）至同治六年（1867）这469年间的土地上报数没有一贯的增加，但官方人口数字说明中国的人口已从洪武三十一年的大约6,500万增加到了道光三十年（1850）的4.3亿。

表21　洪武三十一年（1398）—1932年中国官方土地数

年份	上报面积（亩）	上报面积（英亩）
1398（洪武三十一年）	813,187,917	133,900,000

续表

年份	上报面积（亩）	上报面积（英亩）
1502（弘治十五年）	422,805,881	69,600,000
1578（万历六年）	701,397,628	115,600,000
1602（万历三十年）	1,161,894,881	176,000,000
1645（顺治二年）	405,690,504	66,800,000
1661（顺治十八年）	549,357,640	90,500,000
1685（康熙二十四年）	607,843,001	100,000,000
1724（雍正二年）	683,791,527	112,600,000
1753（乾隆十八年）	708,114,288	116,600,000
1766（乾隆三十一年）	741,449,550	122,000,000
1812（嘉庆十七年）	791,525,100	130,000,000
1833（道光十三年）	737,512,900	121,000,000
1867（同治六年）	815,361,714	134,000,000
1887（光绪十三年）	936,090,273	153,700,000
1932 年	1,248,781,000	205,700,000

资料来源：除万历三十年外，其余数字均见万国鼎《中国田赋鸟瞰及其改革前途》，载《地政月刊》卷 4 第 2—3 期。万历三十年数见《明实录》神宗朝（江苏国学图书馆影印本）卷 379，页 14 下—15 上。

有些学者虽然根据官方数字得出了清代人口与土地的比率，但上述人口与官方土地数之间完全不合理的比例不可能是人口与土地真实历史关系的反映。最后分析起来，传统的土地数据，只是交纳土地税的单位数目，与其说是实际耕种的亩数，还不如说

是纳税亩数。因此，官方的土地数字必然大大低于实际。本章的
目的即在解释传统土地数字的性质，并且以此为基础来评价明、
清和当代所有的官方土地数据。

一

中国传统的土地估算原则十分复杂，但一般都根据经济公平
原则加以考虑。由于土地肥瘠不同，同样数量的土地在不同的地
点就不能用同样的标准来计算纳税。8 世纪中叶之后，土地的公
有制已经衰落，私有制已取得胜利，土地划为不同的等级，以
承当不同的税率。土地主要分上、中、下三等，每等又分为上、
中、下三则，称为"三等九则"。上一等田的税额较下一等的
高，土地大致按其产量征税。

但由于这种复杂的估算制度技术上的种种困难，逐渐产生了
一种不损害经济原则却又简便易行的办法。史料中对早期的土地
估算原则演变的记载极少，但有明确的证据说明在宋代（960—
1279）某些地区的中、下等田以相当大的折扣折成上等田。例如
政和三年（1113），山西的一位官员在奏疏中说明山西一般将土
地分为十等，十亩十等的田等于一亩一等田；他不满这种比率，
请求对下色之地的折算确定一个更宽厚的比率[1]。这种做法并不限
于北方，因为在苏南三角洲的常熟县，从 12 世纪以来中、下等
田就是以 1.5 比 1 和 2 比 1 折成上等田的[2]。

1　《宋史》（《四部备要》本）卷 174，页 2 上—下；马端临《文献通考》（商务印书
　　馆本），页 61。

2　乾隆四十八年至五十八年《常昭合志》卷 3，页 6 下。

到了明代，这种折亩的办法已很普遍。16 世纪初的著名学者唐顺之说：

> 方田之法，不难于量田，而最难于核田。盖田有肥瘠，难以一概论亩，须于未丈量之前先核一县之田，定为三等，必得其实，然后丈量，乃可用折算法定亩。如《周礼》一易之家百亩，再易之家二百亩，三易之家三百亩，此为定亩起赋之准。亦尝观国初折亩定税之法，腴乡田必窄，瘠乡田必宽，亦甚得古意。[1]

无庸置疑，这种方法是明代的一般原则，但当时的土地清丈体系是极其复杂的。地方志说明在明清时期相当一部分村社还在使用更早的"三等九则"估算原则。如果三等九则地区没有大规模的隐漏，土地数额照理应该比那些广泛采用折亩方法的地区更接近实际亩数。鉴于明、清和近代的折亩制相当程度上造成了已垦土地登记的不足，我们有必要弄清楚哪些地区是广泛采用折亩纳税的。

二

在明代，将实际亩数折为纳税亩（册亩）的办法在华北的平

---

1 唐顺之《荆川先生文集》（《四部丛刊》本）卷9，页29上一下。西周封建时期农业技术还较原始，在三等土地体系中，除了最肥沃的田之外，其余的在三年的周期中都得有一二次休耕，见《周礼》（《十三经注疏》本）卷10，页7上一下正文及注释。

原地区甚为盛行。可以这样说，各种不同于 240 步标准亩制的存在的一个原因，就是不同的折亩比率。明代的著作明确说明，华北平原地区的本地人从元代开始就占有"大亩"地。换句话说，土地早已以很大的折扣折算为纳税亩。在元末的战争、农民起义和灾害造成人口下降以后，明初的政府命令在比较安宁的黄土高原的部分人口，移入下游平原地区。这些移民被安置在小亩地，因而税率很高。这种经济上的不公正日渐引起广泛不满，重新清丈势在必行。意味深长的是，尽管在新的清丈中发现了大量以前未登记的土地，清丈的指导原则却并不是增加当地原定的地税额，而是容许小亩地以适当的比率折算为大亩地。因此，在河北、山东和河南很多地方，1.8 或 2 亩上等地，有时 7、8 亩下等地按惯例折为 1 亩纳粮田地是不足为奇的 [1]。

　　清时期河北、山东和河南的方志中关于折亩的资料相当的多，内中有两个例子足以引起我们格外重视。第一个是河南西南的裕州，该县嘉靖十一年（1532）的丈田名声甚大，常为其他地方奉为典范。第二个是山东的省会历城县（今济南），该县的清丈被认为达到了合理而简化的先进水准。裕州嘉靖十一年的清丈中，土地分为五等，最高一等不打折扣，其他四等分别按 2、3、5 和 10 亩折 1 亩纳税田 [2]。

　　在历城，不同的土地等级逐渐折为一种标准的纳税田，称为"律大粮地"，其定义和具体内容如下：

1　《明史》卷 77，页 3 下—4 上。顾炎武《日知录》（《四部备要》本）卷 10，页 2 上—3 下。

2　嘉靖二十五年《裕州志》卷 3，页 1 上—3 下。

民地之上者曰金地，以二百四十步为亩；次者曰银地，以二百八十步为亩；又次者曰铜地，以三百六十步为亩；下者曰锡地，以六百步为亩；最下者曰铁地，以七百二十步为亩。……军屯地之上者视民田金地，亩二百四十步；中者视民铜地，亩三百六十步；下者视民田铁地，亩七百二十步。[1]

因而对民地的五等折算比率一般分别为 1，1.166，1.5，2.5和 3，对军屯地的三等折算比例为 1，1.5 和 3。历城是地势平坦土地肥沃的地区，其折算比例不如较贫瘠地区那样宽大。例如位于山东半岛西缘的荣成县，在明太祖时是以 1,200 步或 5 亩折一纳税亩，尽管以后的折算率稍有减少[2]。又如 16 世纪初在天津东南的滨海洼地设置军屯地时，为吸引定居者，一般以 5 亩或10 亩新垦地计为一亩纳税地[3]。

这些事例说明了华北平原几省清丈土地的趋势，但必然还存在着与一般做法不同的情况。在那些原来的折算率特别宽的地区或在地方官府需要大量增加岁入时，就将上、中等地折成下等地，以增加当地纳税土地的份额[4]。但这类情况相对很少，大致仅限于赋税空前提高的万历时期（1573—1619）。

1　乾隆三十六年《历城县志》卷 4，页 6 上。一例大粮地在山东很多地区均普遍，见乾隆三十三年（1768）《兖州府志》卷 13、乾隆五年《莱州府志》卷 3、乾隆二十五年《益州府志》卷 8—9、乾隆四十二年《东昌府志》卷 8 和道光十九年《济南府志》卷 14。

2　道光二十年《荣成县志》卷 3，页 5 上—下。

3　汪应蛟《汪清简公奏疏》（晚明刊本）卷 8，页 15 上。

4　万历三十六年《汶上县志》卷 4；顺治十八年《泗水县志》卷 3，页 4 下—5 下。

虽然一般做法是将中、下等地折成统一的相当于一纳税亩
的上等地，但也还有将最上等的地，按一定折扣折成纳税亩的
事例。在山东的济阳县一亩最上等的田折为纳税亩的比例是
1：0.5917[1]。另外还有一些将折亩与先前的"三等九则"的清丈
原则混杂的例子，虽然所有等级的土地都已折成纳税亩，但税率
远非统一，表 22 所列河南温县的数字就是一例。河南嵩县是另
一类型，该县耕地的一半折为最低一等，其余一半按"三等九
则"法清丈[2]。

表 22　温县折亩率、税率

原定等级	折亩比率	每纳税亩税率（石）
一	1	0.15
二	2.1	0.05
三	3	0.035
四	3.5	0.0087
五	11.06	0.0087

资料来源：乾隆十一年《温县志》卷 10，页 2 下—3 上。

黄土高原各省的方志一般不记载类似的折亩资料，但这并不
意味着山西、陕西的土地统计数更为精确。万历三十七年《汾州
府志》载有比其他山西方志更具体的资料：在明初，该府的土地
像历城那样分为金、银、铜、铁、锡五等。前三等的折算比率未

1　乾隆二十八年《济阳县志》卷 3，页 4 上—7 上。
2　乾隆三十二年《嵩县志》卷 19，页 1 下—2 上。

提及，最低二等是 4 亩折成一纳税亩[1]。实际上，折亩在山西肯定相当普遍，因为在山西某些县这种做法可以追溯到 12 世纪初期。

这种折亩制在陕西也很早就实行，具有约束力。在 17 世纪50 年代，一些陕北中部的官员在登记新垦地亩数时企图不按传统办法打折扣。当地的习惯和百姓的强烈反抗，以至到 60 年代，不仅对原来耕地按长期宽大比率折算，新垦地也照此办理。在整个陕北中部地区折算的比率从三四亩至八九亩合一纳税亩不等[2]。雍正十三年（1735），原籍陕西、时任陕西巡抚兼户部尚书的史贻直，在奏折中证实这种折算方法在陕西其他部分也同样盛行，并建议允许中等地也像以前只给最下等地那样可按更宽大的比率折算[3]作为鼓励农业大规模开发的途径之一。在中国本部最西北的甘肃省，"大亩地"到 20 世纪还很普遍[4]。

在人口稠密的长江下游地区折亩现象不如北方普遍，一部分原因是由于明代初年登记得比较仔细，另一部分则由于基本都是高产稻田。明太祖时曾在苏南和浙江核实田亩，在此基础上编成了鱼鳞图册。《明太祖实录》洪武二十年（1387）二月戊子有如下记载：

> 浙江布政使司及直隶苏州等府进鱼鳞图册。先是，上命户部核实天下田土，而两浙富民畏避徭役，往往以田产诡托

1 万历三十七年《汾州府志》卷 5。
2 民国三十三年《洛川县志》引证材料极其丰富，卷 14，页 1 上—2 下有许多关于整个陕北中部的资料。
3 《清高宗实录》卷 8，页 20 上—下。
4 宣统元年《甘肃通志》卷 16。

亲邻佃仆，谓之铁脚诡寄，……于是富者愈富，而贫者愈贫。上闻之，遣国子生武淳等往各处，随其税粮多寡，定为几区。每区设粮长四人，使集里甲耆民，躬履田亩，以量度之，图其田之方圆，次以字号，悉书主名及田之丈尺四至，编类为册，其法甚备。以图所绘状若鱼鳞，故号鱼鳞图册。[1]

黄佐的《南雍志》根据国子监的档案，也有如下记载：

丁卯（1387）洪武二十年春二月戊子，鱼鳞图册成。先是，户部核实天下土田，而苏松富民畏避徭役，……奸弊百出。……上闻之，遣国子生武淳等往，随粮多寡，定为几区，每区设粮长四人，使集里甲耆民，躬履田亩，以量度之。……至是，浙江布政使司及直隶苏州等府县册成进呈。上喜，赐淳等钞锭有差。[2]

合观《明实录》和《南雍志》，洪武二十年春全国只有两浙一区编成了鱼鳞图册而且进呈到南京。而全国其他地区并未进行同样的"核实"，更不能说其他省府州县的鱼鳞图册都是由明太祖派遣的监生编制的。

洪武二十年鱼鳞图册的编制仅限于两浙，可从国子监生的总数得到佐证。洪武元年（1368）置国子学于应天府，故元集庆路学的校址，在最初十五年间，"在学生员或千数之广，或七八百

1　《明太祖实录》（江苏国学图书馆影印本）卷 180，页 3 下。
2　黄佐《南雍志》（嘉靖二十三年刻本）卷 1，页 36。

人以为中，或百人以为下"[1]。由此可见洪武元年派遣周铸等核实
浙西田亩的 164 人[2]，实占当时国子学全体学生人数中很大的比
例。从洪武十五年到洪武之末，黄佐《南雍志》保存了九个年份
的在学官民生总数。这有统计的九年半的平均数是每年不足两千
人[3]。现存史料都未曾说明被派遣去丈量田地编制鱼鳞图册的武淳
等国子监生的人数，所有史料都只提到"武淳等"就反映总的人
数不会多到几百或上千。当时浙江一省共有 76 州县，苏南、应
天府以外的苏、松、常、镇四府共有 19 州县。武淳等人在洪武
二十年二月进呈的鱼鳞图册，仅限于南宋时的两浙一区，此区在
明初有 95 州县。如果普通州县每处一人，大的州县每处两人，
武淳这批监生总数就不过是一百多人，与洪武元年周铸等 164 人
数目，大体相当。

　　事实上，每县只派监生一人或两人的推测，并非武断。现存
资料中虽找不到直接叙述武淳监生工作实况的痕迹，但一条有关
洪武元年周铸等人工作实况的资料，却极富参考价值。杨维桢
《送经理官成教授还京序》：

1　《大明会典》（万历十五年南监本）卷 220，页 5 下。

2　《明史》卷 77。

3　《南雍志》卷 15《储养考》，页 18 上—19 下。计洪武十五年 577 名；十六年 766
　　名；十七年 980 名；二十三年 969 名；二十四年 1,532 名；二十五年 1,309 名；
　　二十六年 8,124 名；二十七年 1,520 名；三十年 1,289 名。案：监生人数每年皆
　　列旧管、新收、开除、实在人数，但由于不少监生临时委派外出及永久出监有
　　时不易分别清楚，所以以上数字并非绝对的数字。如《明太祖实录》，洪武十五
　　年年底"赐国子生九百六十六人正旦节钱"，这就比《南雍志》此年总数多出
　　389 人。

　　［成彦明］以文墨才为今天子录用，洪武元年春遣使行天下经理田土事，而成君在选中。分履淞之三十八都，二百一十五图。阅岁终，鱼鳞图册成。[1]

　　这条资料之可贵在于具体说明：一、成彦明是洪武元年正月派往浙西核实田亩的周铸等 164 人中之一，都是国子生。二、他负责松江府辖下 38 个都、也就是 215 里的范围内的田亩核实和定税的工作。三、从都、图的数目估计，这个范围大约相当一个普通的县[2]。四、按照丘亩索求业主姓名、定税、编图等项工作花了足足一年的时间。五、这条叙事甚至相当明显地提示，所谓的核实田亩、定税制图工作，不可能是根据逐丘按块的实地测量，而是大体上遵循古制（至少是南宋经界之制），先由业主自行陈报画图，县政府、都、保、图等负责人全力协助，参考原有图籍，核对当时丘亩，最后编成鱼鳞图册的。

　　派遣的监生不可能认真地履亩精测，除技术人员缺乏外，可从明太祖的训词中反映出来：

　　（洪武元年正月）甲申，诏遣周铸等一百六十四人往浙西核实田亩。谓中书省曰："兵革之余，郡县版籍多亡，田赋

1　《东维子文集》（《四部丛刊》本）卷 1，页 4 下—5 上。

2　正德七年《松江府志》卷 9，《乡保》全节说明松江府区乡、都、图、保、里的统制自明初变化很大，以致无法断定成彦明工作的县份。但嘉靖五年《浦江志略》卷 1，说明洪武十四年以后，一图就等于一里，应有 110 户。浦江县有 30 都、130 图。弘治十五年《徽州府志》卷 1：歙县有 16 关厢（城市单位），37 都，190 里；休宁有 33 都，160 里，……可见成彦明经理的范围相当于一县。

之制不能无增损，征敛失中，则百姓咨怨。今欲经理，以清
其源，无使过制，以病吾民。夫善政在于养民，养民在于宽
赋。今遣周铸等往诸府县核实田亩，定其赋税，此外无令有
所妄扰。"[1]

清楚地说明朱元璋当时最迫切的需要是保证税收，保证税收
最稳妥的政策是尊重各地的田赋原额。当江浙初定北伐尚未成功
之际，如果举行真正近代式的土地测量以重新定税，势必引起严
重的骚动。他当时最大的愿望，是能获得江浙富庶州县的赋役图
籍，有效地征足原额，必要时蠲其浮粮。西汉、唐、宋开国君相
无不了解暂时对农民让步的必要。这个基本考虑决定了洪武一
朝，相隔十八年的两次监生核实浙西田亩工作的性质——仍不能
脱离传统业主自行陈报，自绘草图的原则。但是，朱元璋出身农
家，深知民间疾苦，有决心打击两浙的豪强地主和消除防范飞洒
诡寄等弊端。因此，前后两批监生都亲自督率两浙州县，按照田
地丘块索求业主、登记、定税、编制图册。"沿丘履亩逐一经量"
的真义就是如此，决不是沿丘履亩、实测精量耕地面积。

虽然在浙江的方志中一般未提及折亩，但偶尔也有这方面的
材料。例如，中国水利灌溉条件最好的地区之一，太湖南边的嘉
善县在万历十一年（1583），将县西北"原系积荒草荡"开垦升
科时，"遵例折粮"，以1.5亩及2.0亩准折一亩[2]。为了维护这一
做法，地方学人援引附近及邻省各县的"事例"为依据。同样，

---

1 《明太祖实录》卷29，页10。
2 光绪二十年《嘉善县志》卷10，页6上—7下引。

浙江西南角山区的江山县于万历十年（1582）清丈时的折亩则率如表 23。万历十年的这些折亩则率可能已与明太祖时期不同，但根据我们对地方习俗的了解，明初的清丈非常可能是以同样的原则作为基础。

苏南的方志对折亩的记载更加明确。自从 12 世纪开始，常熟县的中、下等地就按 1.5 或 2 的比率折为实亩数。

表 23　江山县折亩率

土地种类	每实亩等于册亩数
田	0.9257
地	0.793
山	0.9984
塘	1.211

资料来源：天启三年《江山县志》卷 3，页 2 下—3 上。

这是一个有力的证据，说明即使在明初比其他地区仔细的"核实"之后，还不得不一仍旧例。嘉庆二十四年（1819）《松江府志》保留了详细的按惯例定下的折亩比率。表 24 是华亭县（现代上海的一部分）的折算率，其中前四类都是水田，后两类是农民拾柴的河荡地。常州府的宜兴县采用相反的方法，其折算率见表 25。我们必须铭记于心，尽管也有的地方习惯比标准的 240 步一亩还小 [1]，但即使在最富庶的农业区折亩也很普遍。

---

[1]　冯桂芬《显志堂稿》（光绪二年刊本）卷 9。陈翰笙《亩的差异》，中央研究院社会科学研究所 1929 年版；全书均有参考价值。

表 24 松江府折亩率

类别	每册亩等于实亩数
熟田	1
低薄田	1.5
得业荡	2
新荒田	2
旧荒田	3
柴荡	3
草荡水溇	6
起科田	6

资料来源：嘉庆二十四年《松江府志》卷 22。

表 25 宜兴县折亩率

土地类型	每实亩等于"折实平田"数
平田	1.0
高田	0.85946
低田	0.77792
山竹田	0.4395
极高低田	0.4395
茶地	0.33339
滩、塘、荡	0.25278

资料来源：嘉庆四年《宜兴县志》卷 3。

苏北与富庶的苏南在折亩时仅给少许补贴相反，是中国隐瞒土地最严重的地区之一。著名学者阎若璩（1636—1704）对扬州府的田亩统计有这样的评论：

> 江都之田一万七千余顷，额征银五万余两；高邮田二万五千余顷，额征银四万一千余两；泰州田九千余顷，额征银四万四千余两；非泰州之田仅高邮三分之一，赋重于高邮三倍也，盖泰州大地，非高邮小地也。又如兴化田二万四千余顷，额征银二万八千余两；宝应田二千余顷，额征银二万余两；非宝应仅兴化十分之一，赋重十倍也。盖宝应大地，而兴化小地也。小地则一亩为一亩，而赋轻；大地则数亩为一亩，而赋重；赋役全书内皆未经注明也。[1]

在江苏更北的淮河流域，如淮安府，一位 17 世纪后期的官员证实：最迟从 14 世纪开始，就存在着大亩、小亩两种制度。一般以 4.2 小亩或实际亩折为 1 大亩或纳税亩，一切地税均以此折算率为基础[2]。位于江苏最东北沿海的海州，16 世纪前的原定地额是 1,146,000 亩，在清初按实田 100 亩折为 31 纳税亩（册亩）的统一折算标准提高到 2,050,000 亩。在这以后，该地区的人口有了增加，大量土地得到开垦，但新垦的土地仍按 8∶1 的比率折算[3]。由于在苏北广泛使用折亩，无论历史上或近代的江苏，土地统计数字都大大低于实际。

关于传统土地统计数与实际耕地数之间差异的记载，或许以安徽省的各种方志最有系统而直率。可以说从近代早期至近代，全省都普遍实行折亩制，甚至在一些破例没有专门记载折算比率

1　顾炎武《日知录集释》（《四部备要》本）卷 10，页 3 释文引。阎氏这一著名评论由刘国黻的一份重要奏折作了解释，见下文 136 页注 2 所引。

2　乾隆十三年（1748）《淮安府志》卷 12，页 26 下—27 上。

3　嘉庆十六年《海州志》卷 15，页 10 下—11 上。

的方志，也明确说明这些地方的总亩数是经过折算的纳税亩数（册亩）。直到 20 世纪，通常仍存在两种土地统计：一种是实际亩的统计数，一种是纳税亩（册亩）的统计数，而在官方的土地统计中，只有后者。

表 26 选取的例子在全省有相当大的代表性。我们可以看到，折亩补贴最小的是人口稠密的商业区徽州地区，歙县府的情况（见表 27）是很典型的。在考究了安徽全省范围的折亩率后，我们有充足的理由相信：作为中国重要粮产区的安徽，土地统计数低得出奇是不合情理的 [1]。

其他南方各省的方志仅偶尔载有折亩的资料。在江西南城县，最好的田不折不扣等于一亩，但中下等的则按惯例以一亩半或二亩折为一亩 [2]。在近代重要的产煤区、靠近湘赣边界的萍乡县，清初的地方绅士为维持传统的地税额，曾援引二十亩折一亩的旧例相请 [3]。据了解，在湖北一些县里，直到清末，还是一大亩等于七八亩至十一实亩 [4]。如湖北钟祥县，各等田地均固定为一种统一的税率，因而即使不了解其具体比率，也可明白该地的实亩均已折为册亩 [5]。

在福建，尽管多山的地形和有限的耕地提高了土地的价值，但还是可以发现折亩的例子（见表 28）。明代一些福建方志虽未记载

1 对近代安徽土地和耕地统计数精辟简要的评论见吴传钧《中国粮食地理》（商务印书馆 1948 年版）第三章。

2 乾隆二十七年《南城县志》卷 3 之二，页 1 上一下。

3 同治十一年《萍乡县志》卷 3，页 16 下—19 上。

4 《清朝续文献通考》，页 7550。

5 同治八年《钟祥县志》卷 3，页 5 下。

确切的折亩率，但却明确说明各等田地都已折为纳税亩（实田）了[1]。

表 26 安徽省折亩率例表

地点	土地类型	每册亩等于实亩数
宣城	地	3.0
	山	12.0
	升科溢额地	24.0
寿州	中则地	1.5
	下则地	2.0
太和	中则地	2.0
	下则地	5.0
和州	中则地	1.306
	下则地	1.935
		3.618
		4.680
		2.247

资料来源：道光九年《安徽通志》卷 51—53；光绪三年《通志》卷 69；《安徽通志稿》。

表 27 徽州地区折亩率

土地类型	每实亩等于册亩数
地	0.561
山	0.434
塘	1.191

资料来源：道光九年《安徽通志》卷 51—53；光绪三年《通志》卷 69；《安徽通志稿》。

---

1 万历三十四年《古田县志》卷 4，页 21 上—32 下。

表 28　福建折亩率

地点	土地类型	每册亩等于实亩数
宁化	上则田	1.0
	中则田	1.4
	下则田	2.5
	上则地	2.1
	中则地	6.0
	下则地	8.0
	上则塘	2.5
	中则塘	3.4
	下则塘	6.0
莆田	上则田	1.0
	下则田	1.03
	上地	1.0
	下则地	1.028494
仙游	上则田	1.0
	下则田	1.52
	上则山	1.0
	下则山	1.82

　　资料来源:《一条鞭法》;乾隆二十三年《莆田县志》(光绪五年重刊本)卷5,页9下—10下;乾隆三十五年《仙游县志》(光绪十二年重刊本)卷4,页4上—下。

　　广东方志中关于赋税的记载一般质量甚差,但我们也可以从中了解到惠州府一些属县在万历十五年(1587)举行清丈时,允许田以三百步（1.25 亩）、地以六百步（2.5 亩）折为一税亩[1]。广东的档册及《广东通志》中所有的土地数字之前，一律有"税"字[2]；这一事实是对广东的土地折为纳税单位的最好说明。换句话说，亩数已清楚地解释为绝非实际亩数，而是表达地税总数的另一种方式。新垦地数字也同样表之卷首[3]。广西巡抚在乾隆二年（1737）的奏折中证实：在广西，将耕地以二三亩折为一税亩的情况相当普遍[4]。

　　这些来自各省的例子证明折亩制，在中国绝大多数地区广泛实行，尤其是在淮河以北地区及安徽。许多地方志中对赋税状况过于简略的记载，以及本地士绅在编修方志时为了维护有利的税额，故意对折亩语焉不详，使我们很难估计，折亩对全国耕地漏报，究竟起了多大作用；当代学人在试图重建历史土地统计数时，不得不接受这一令人失望的数据。康熙二十一年（壬戌，1682）进士刘国黻在康熙二十四年（1685）的奏疏中写道：

　　　　臣办事户垣，见各省起科则例有大地、小地，上、中、下之殊，有一二等、六七等，三四则至数十则之别。不但各省不同，即一省之中，各府各州各县亦多互异。盖地形有高下平陂，土地有沙卤肥瘠，古人则壤成赋，固不能强之使同也。但《全书》之内将各则田地注明折数者固多，而遗漏未

1　光绪十年《惠州府志》卷 14，页 11 上—下。

2　道光二十年《广东通志》卷 162—164。如广州府：官民田地山塘等税共一十万零六千二百三十一顷七十亩四分三厘七毫零。

3　如《清高宗实录》卷 194，页 3 下。

4　同上书，卷 45，页 18 下—19 上。

注者亦复不少。

在叙述了他的故乡扬州亩制的复杂情况后，他接着说：

> 一亩为一亩则赋轻，数亩折一亩则赋重，而《全书》之内皆未注明也。各获遍览各省《全书》，始知大地小地未经注明者，不独臣乡然也。臣谓钱粮款项，不可不简，而田亩大小尤不可不明。乞敕下纂修新书诸臣将大小等则逐一注明。[1]

他的奏疏说得很明白，《赋役全书》和方志中没有折亩的专门资料，并不能证明当地未实行折亩。事实上，乡绅害怕将折亩的范围记载清楚，会导致地税的增加，这就是何以方志的编者在记载赋税时，会简略到仅不过是摘述当地对朝廷应承担的份额之普遍而主要的原因。如苏州府及其属县的志书中，除了乾隆四十八年至五十八年（1783—1793）的《常熟县志》这惟一的例外，完全不记载折亩的情况。但实际上这一现象在苏州也相当普遍，并成为浙西一些乡绅在维护其本地税额时援引的"事例"[2]。

湖南、四川、云南、贵州这些省份完全缺少折亩的参考资料，其主要原因可能是由于开发相当的晚，土地统计不是以亩

1　光绪三年《安徽通志》卷 69，页 13 下—14 上及道光三十年《宝应县志》卷 8，页 4 上—5 上引。

2　康熙二十五年《嘉善县志》卷 8 附录。

为基点，而是以对播种或收获的面积作粗略的估计为基础。湖南的澧陵县就从来没有真正丈量过土地的亩数，而仅仅是计算播种的数量，结果是土地常用播种的"石"作为丈量和统计的单位。为了允许更大的折扣，1 石种子播种的土地在计入官方土地统计时仅取其五分之四[1]。益阳县 1 石的土地一般计为 6.25 亩[2]。在四川和广西的很多地区，同样的习惯一直保留到现在，而作为地税的基础的"石"的大小，大致视土地的肥瘠而定[3]。云南、贵州两省直到明清时期主要还是由当地少数民族居住，尚未产生正常的亩制。由于它们的地税的份额微不足道，所以耕地大多未登记。这两省未登记土地所占比例，肯定比广泛实行折亩的省要高得多。

三

使官方土地统计数减低的另一项主要原因，是由于相当多的土地未曾登记，而且传统的原则是国家税额一旦确定就不再有多大增加。这一原则对下列令人困惑的事实，提供了最好的解释：除了万历三十年（1602）外，从洪武三十一年（1398）到同治六年（1867）期间，官方的土地登记数毫无增加。尽管还有更复杂的原因，但普遍存在的许多形形式式的亩制，可以看成折亩的必然结果，以下不再赘述。另一方面，有些因素起了使土地统计数

1　同治十年《澧陵县志》卷 1，页 24 下。

2　同治十三年《益阳县志》卷 2，页 6 下。

3　关于广西，见行政院《广西省农村调查》（商务印书馆 1935 年版）第 1—2 章；四川见《中国经济年鉴》（1935 年），页 261。

字膨胀的作用。首先是在某些地区存在的习惯亩小于标准亩的
240 步；其次在不少盛产稻米的长江下游地区，原来由丁承担的
一部分赋税负担转嫁到土地上来，从而使当地的土地统计数扩大
了。但在权衡一切相互抵消和补偿的因素后，可以证明使土地数
字膨胀的因素，远远不如使之降低的因素重要。

　　未加登记的土地主要有两类。第一类是由合法得到长期免征
土地构成的。明朝初年，为了吸引农业开垦者，对华北平原上大
片受元末战乱影响而荒芜的地区，实行长期免税[1]。这类土地虽从
宣德初年开始已经核入赋额，但在明代方志中有大量资料证明，
这次开征的目的并不是增加地方的税额，而是减轻以前的田税负
担。因而这一类土地中的大部分——如果不是全部的话——并
不对华北平原上土地统计数的增加起任何作用。雍正及乾隆初
年，国泰民安，吏治廉明，颁发了一系列的上谕，永久免除若干
新垦地的地税。根据不同地区，免科的最高额是畸零水田一至二
亩，旱地多达十亩[2]。由于 18 世纪的人口增长使农民分割土地的
现象增加（从此成为中国农村的特点），这一类免科的畸零土地
的总亩数，在各省必然已达到相当大的数量。这类土地中有相当
大一部分，直到近代都未纳税，也没有登记。

　　第二类未登记的土地是地主豪绅及其家族的财产。历史上有
关官绅地主隐漏地税的记载不胜枚举，绝大多数方志上都有这类
材料，并无不感叹赋税负担的苦乐不均。我们不可能估计官绅地

1　《明史》卷 77，页 3 下—42；《续文献通考》，页 2786。

2　《清高宗实录》卷 134—170。各省对畸零土地免科条例的摘要见《清朝文献通
　　考》，页 4884—4885。

主隐匿田产的数量，但有充分的证据说明，这一因素造成了特别
严重的土地漏报。嘉靖八年（1529）奉诏修会典的霍韬（1480—
1540）对自洪武迄弘治百四十年间，天下额田已减强半的事实极
为震惊，奏疏中指出：湖广、河南、广东"失额尤多"，广东无
藩府，失额的主要原因是"欺隐于猾民"[1]。政府的赋税收入由于
严重的地区性隐匿造成巨大损失，这是嘉靖初开始进行全国性土
地丈量的主要原因。

　　从历史记载和近代的数字看，有理由认为广东未登记的土
地数量很大。雍正十年（1732），广东巡抚奏明该省根本从来未
有鱼鳞图册，土地登记混乱不堪[2]。咸丰三年（1853）一道上谕指
出，广东沿海数百万亩土地已成高产稻田，但从未曾升科[3]。雍正
皇帝的朱批谕旨披露：各省新垦土地未能适当登记，甚至连历来
已计入当地粮额的土地，也在乡绅与吏胥勾结之下欺隐作弊。四
川、云南、贵州等落后地区虽然在稳步开发，但部分由少数民族
居住的地区，新的土地登记徒具形式，很少经过清丈。在西南省
份中，实际垦地与上报数字之间的差距必定很大。著名地理学
家、被称为中国的马尔萨斯的洪亮吉，在乾隆末年任贵州学政
时，所作的一首诗中提到"青陇人耕无税地"[4]，只是指出了清朝
官员所熟知而鲜为人公开提及的事实。

　　20 世纪的军阀和官员们的地产大多也未登记，四川尤甚，

1　《明史》卷 77，页 42；《续文献通考》，页 2792。

2　雍正《朱批谕旨》45 册，页 12 下—21 上。

3　《清朝续文献通考》。

4　陈夔龙《黔诗纪略后编》（宣统三年刊本）卷 13 页 4 下引。

这一事实早已臭名昭彰，毋庸赘述了。卜凯教授在他对中国 20 世纪 30 年代的土地利用的研究中，对北方和南方未登记土地作了实地调查和估计。他估计在北方未登记的土地占全部耕地的 39.2％，在南方占 20.9％。广西容县、桂林、柳城和邕宁四县中，未登记土地占全部耕地的百分比分别高达 58.3，37.3，64.3，79.4[1]。如果卜氏的数字在全国有相当大的代表性的话，不登记的土地对历史上和近代土地数字的下降必然起了主要作用。

土地登记始终不足的另一因素是传统的"量入以为出"的赋税原则[2]。一般而言，一个朝代在开国之初先将朝廷的开支大致估算出来后，就确定全国的税额，以便使朝廷能略有结余。从理论上说，任何好的政府都应量入为出，尽管以后往往不得不扩大税额。尽可能维持税额不变，这一赋税伦理在河北一些地方表现得最为明显，其中广平府堪为典型：

> 地由大小之分者，……由国初有开垦永不起科者，有因洼下碱薄薄瘠而无粮者，今皆一概量出作数，是以原额地少而丈量地反多。当事者又恐亩数增多取骇于上，而贻害于民，乃以大亩该小亩，取合原额之数。此后上行造报，则用大地以投《黄册》；下行征派，则用小地以取均平。是以各县大地，有小地一亩八分以上折一亩者，有二亩以上折一亩者，有三亩以上折一亩者，有七亩以上折一亩者。折亩之少

1　J. L. 卜凯《中国的土地利用》（上海 1937 年版）卷 3，统计数，表 7。

2　关于这一赋税原则的讨论，见杨联陞《释斯旺博士〈中国古代的食货〉》，《哈佛亚洲研究学报》1950 年 12 月号，页 527—528。

者，其地犹中中，而折亩之多者，其地多低薄。又皆合一县之丈地，投一县之原额，以摊一县之原粮，而贡役由之以出，故各县地之折算虽有多寡，而赋之分派则无移易，宜无不均也。[1]

洪武三十一年（1398）至同治六年（1867）间所有的土地统计数，说明纳税土地（额田）数并没有增加，但万历三十年（1602）的统计数为 1,161,894,881 亩；这项数字与卜凯教授时中国本部全部耕地面积所作的估计相比，分别是其最低数的 86%、最高数的 75.8%。明神宗（万历）是中国历史上最贪婪的皇帝之一，他之所以需要增加税收，是由于他日益奢侈的宫廷生活、兵援朝鲜、平定西南少数民族的变乱、应付沿海倭寇，以及他对白银的爱好[2]。由于他无休无止的需求无法得到满足，所以才下令在全国长期进行新的土地清丈。结果是到万历三十年（1602），天下田土总数比历史上最高的洪武三十一年（1398）的 813,187,917 亩，还多了 14.2%。

万历年间某些地方的地税额的确高到超出了卜凯在 20 世纪 30 年代的统计数的程度，但就方志能证实的而言，这类地点仅占极小的比例。山东汶上县是个例证：该县明朝的地额是 450,163 大亩，在万历九年（1581）的清丈中全部折为小亩，总数为 1,745,867 亩。在万历十九年（1591）的另一次清丈中，总数又扩充到 1,945,342 亩，超过了卜凯在 30 年代的估计数，约

1　光绪二十年《广平府志》卷 25，并见万历三十六年《广平县志》卷 1，页 11 上。
2　梁方仲《年表》。

300,000 亩。但最令人感兴趣的是，万历十九年的数额以后又大大地减少了。到乾隆二十九年（1764），在长期和平、人口增加和农业发展之后，汶上县的登记土地只有 1,491,000 亩[1]。

大多数晚明和清初的方志都表明，即使在万历年间，当地百姓和体恤民情的官员也还是通力合作，维持地方原定的税额。即使呈报当地田亩面积超过了洪武年间的原额，也还是尽力低报实增的亩数。即使清丈发现前此未曾计科之田，有些地方官还是不上报新增亩数，而只以新增亩数分担原有重税田亩，以求均平。这类措施在当时人心目中，是最正当不过的仁政，因此尽管万历期间国家开支日益增加，需要各种摊派和征敛，但全国的田地总额又回复到低于 8 亿亩的水平。

在清政府的初期，一般都遵循这种赋税原则。清初各省县田地税额一般都是以万历初年原额为定额。换言之，都是根据未丈量前的额数。由于崇祯年间和顺治初大规模的灾荒和杀戮的结果，新朝还大大削减了陕西、山西、四川、湖北和安徽省的一部分，以及其他北方省份一些地方的税额。顺治二年（1645）至康熙二十四年（1685）间，全国土地统计数的大幅度下降尽管并不准确，却部分反映了由于 17 世纪三四十年代的农民暴动和清朝的征讨战争所造成的耕地和人口减少的幅度。但在 17 世纪后期和 18 世纪初期，全国土地统计数逐渐而平缓的恢复，却并不反映人口增长和土地扩大的比率，因为康熙、雍正和乾隆初期乃是空前盛世。直到 19 世纪后期，清政府还不顾政府开支的激增，

---

[1] 万历三十六年《汶上县志》卷 4。乾隆二十九年地额据乾隆三十三年《兖州府志》卷 13，页 77 下—78 上。

力图维持传统的明代额田。

一些使土地数字上升的次要因素也应加以考察。苏南一些地方的土地极其肥沃，习惯上仅以七分或八分作为一亩[1]。近代一位社会学家在无锡发现，亩的规格有 173 种之多，从 2.683 至 8.957 公亩不等，而标准的 1 亩只合 6 $\frac{2}{3}$ 公亩[2]。1951 年一位松江农民打破了亩产纪录进行丈量时，发现一直当作 17.5 亩的地，实际上只有 16.1 亩[3]。而在山地崎岖的浙江西南，上好水田多以六分、七分作为一亩入册[4]。在皖南的歙县，一亩鱼塘一般折为 1.191 册亩。在华北有若干弓或步不是应有的 5 方英尺，而只有 4.5 或 3.2 方英尺。但与东南某些地区使用的亩不同，华北这些地区不必使亩缩小，因为那里的亩，是由 260 至 720 这样小的弓或步构成的[5]。总之，比常规亩小的现象是很特殊的，就全国范围而言，由于折亩而缩减的土地总数，大大超过个别地区因存在小亩制而膨胀的土地数量。

另一个使土地数字膨胀的因素，是在统计中将原来不摊入地亩的赋役因素，也算进了地额。皖南的池州府在万历十年（1582）的统计中，将原来的丁税和各类地税都定为单一的税额，原来的 30,120 个丁额，按一丁 5 亩的比率折成地税[6]。但这种人为增加的册亩超过实亩的现象极为少见，因为就我们所知，整个

1　冯桂芬《显志堂稿》卷 9。

2　陈翰笙《亩的差异》。

3　1952 年《人民手册》（大公报），页 341。

4　万历十三年《常山县志》卷 8，页 6 下—7 上。

5　《地政月刊》卷 4 第 3—4 期，页 133—134。

6　梁方仲《一条鞭法》引。

安徽省的农田历来都普遍以大折扣折为册亩。东南很多地方，如
浙江的宁波和绍兴府[1]，就是简单地将丁税与地税合并，而并未影
响地额。这种简便的方法只是增加了每册亩的税额，而并没有增
加总的亩数。

但在东南还有另外一些地方，如苏南的武进县，在丁税地税
合并中，甚至使册亩的总数有所减少，这是因为在将丁折为地的
同时，若干类的土地又根据新的折算率减少了数量。武进县嘉靖
十七年（1538）统计时这一复杂过程见表 29，增加的 124,389 丁
即折为 124,389 册亩，加上新的地额 1,331,363 亩，我们得到的
新的总数为 1,455,761 册亩，比原来的地额还少 55,260 亩。

表 29　嘉靖十七年（1538）武进县土地统计

土地类型	原额（亩）	每册亩合原亩数	新额（亩）
公	139,662	5	27,934
私	1,295,881	1	1,295,881
山、泽	75,478	10	7,548
合计	1,511,021	1,331,363	

资料来源：万历三十三年《武进县志》卷 3，页 63 上—下。

从这些不同的例子已经可以明显地看出，尽管摊丁入税从理
论上说是增加地方土地数的一个因素，实际上对册亩数的影响
相对很少，而册亩似乎还是低于实际耕地亩数。还必须注意到，
山、塘、草荡、竹林、薪地虽也提供给农民副业收入，但严格说

1　嘉靖三十九年《宁波府志》卷 13；万历十四年《绍兴府志》卷 14。

来却并不属于耕地，也已折为册亩。不过折算的比率非常宽。例如在绍兴，原来是 100 亩山地按一丁征税，16 世纪后期开始改为50 册亩[1]。甚至直到近代，江西丈量丘陵地、山地仍以人的声音为单位，就是以人的叫声所能达到的面积，计为一册亩[2]。*

由于习惯亩小于标准亩的情况只是个别现象，使土地数缩减的因素显然远远大于使之膨胀的因素。即使在苏南，虽然在一些村庄发现使用小亩，但大多数农田还是根据相当折扣，折为册亩的。在东南一些地方，即使在将丁包括在地额之中，也几乎不能抵得下列因素的共同作用：折亩、隐匿登记土地、强烈抵制对地额作实质性的增加。国家应该量入为出已经是如此深入人心，以致地方志中充斥着对"循吏"的赞扬，而这些循吏不顾实际耕地的扩大，成功地维持了原定的地额。从北方、苏北和整个安徽省普遍存在的大亩制，以及几乎在全国各地，尤其是西南存在着大量漏报土地看来，传统的土地统计数字必然大大低于实况，国民党时期的土地统计数在一定程度上也是如此。

四

传统土地统计数对国民党时期的土地统计数的影响见表 30。

---

1 万历三年《会稽县志》卷 6，页 3 上—4 下。

2 《地政月刊》卷 4 第 3—4 期，页 134。

* 译注：关于非农业的土地如山、塘等折为册亩对土地数字的膨胀作用，作者在《南宋至今土地数字的考释和评价（下）》（《中国社会科学》1985 年第 3 期）中已有进一步的论述。作者指出这一因素不容忽视，其中"山"对传统土地数字的膨胀作用尤大，具体则随地而异，而对浙江尤其是浙东丘陵地区影响最大，江西也较大，山东很可能有同样情况。

表30 洪武二十六年（1393）—1932年各省官方土地统计数

省	1393		1502		1578		1887		1932	
	上报面积占全省总面积百分比	面积（千亩）	上报面积占全省总面积百分比	面积（千亩）	上报面积占全省总面积百分比	面积（千亩）	上报面积占全省总面积百分比	面积（千亩）	上报面积占全省总面积百分比	面积（千亩）
江苏	35.20	60,515	32.59	56,026	29.92	51,499	64.46	100,825	53.33	91,669
浙江	31.43	51,705	28.72	47,234	28.39	46,697	28.43	46,771	25.05	41,209
安徽	13.12	28,838	10.68	24,992	11.07	25,895	17.56	41,113	22.29	53,511
江西	15.75	43,119	14.69	40,235	14.65	40,115	17.29	47,342	15.20	41,630
湖北	34.03	200,218	34.56	233,613	34.25	221,620	39.58	117,323	20.58	61,010
湖南							9.94	34,874	13.01	45,612
四川	1.17	11,203	1.64	10,787	2.52	13,483	7.07	46,416	14.65	96,272
福建	7.42	14,626	6.86	13,517	6.81	13,423	6.80	13,400	11.82	23,290
广东	6.51	23,734	1.99	7,232	7.05	25,687	9.53	34,731	11.65	42,452
广西	2.86	10,140	3.01	10,785	2.63	9,402	2.50	8,964	6.09	29,840

续表

省	1393		1502		1578		1887		1932	
	上报面积占全省总面积百分比	面积（千亩）	上报面积占全省总面积百分比	面积（千亩）	上报面积占全省总面积百分比	面积（千亩）	上报面积占全省总面积百分比	面积（千亩）	上报面积占全省总面积百分比	面积（千亩）
云南	……	……	0.06	363	2.77	1,799	1.44	9,320	4.18	27,125
贵州	……	……	……	……	0.18	517	0.96	2,765	8.01	23,000
河北	25.47	58,250	11.79	26,971	21.54	49,257	30.30	69,305	45.22	103,432
山东	28.94	72,404	21.70	54,293	24.68	61,750	50.34	125,931	44.23	110,662
河南	52.08	144,945	14.95	41,610	25.28	74,185	23.75	71,675	40.59	112,981
山西	15.89	41,864	14.84	39,081	13.97	36,804	21.44	56,477	22.99	60,650
陕西	3.03	31,525	2.51	26,066	2.81	29,292	9.63	30,591	10.55	33,496
甘肃							2.71	16,775	3.79	23,510

资料来源：万国鼎《中国田赋鸟瞰及其改革前途》。注意明代陕西、甘肃为一省。其 1393、1502 和 1578 年的上报面积占全省面积的百分比和面积作了修正。

必须指出，从理论上或根据官方的定义而言，国民政府的土地统计与明清时期根本不同。第一，明清的统计数是征税亩数（册亩），而南京的统计数则是耕地数字。第二，南京政府设立了统计处（不久改主计处），负责土地统计数的收集，而以前是由地方政府负责征税土地统计数的。第三，丈量土地的单位改为新的标准市亩，1 市亩等于 1.085 旧亩。此外，据说统计处每年有地方农业特派员，报道当地的耕种面积及收成。

但在土地统计数字方面，政府的新规定与实际做法之间也有相当大的差距。将发表在统计处的《统计月报》（1932 年正、二月合期）上各县的土地数字和一些方志上传统的征税土地数作一比较，就可以发现，相当多的地方有惊人的延续性。甚至有一些地方 1932 年的所谓"耕地"，数字竟比传统土地数字还低。另一方面，统计处的确也对很多地方的数字作了重大修正，似乎是根据它的地方农业特派员的报告。由于当时南京政府有效控制的省份有限，统计处的经费也不多，统计处在全国近 2,000 个县派有特派员是令人怀疑的。所以 1932 年的官方统计数是新的地方耕地估计数和旧的地方征税亩数的混合物，这表现在浙江、江苏和河南 1932 年的统计数，低于洪武二十六年（1393）的相应数字，江苏、湖北和山东 1932 年的统计数，低于光绪十三年（1887）的相应数字。实际上，统计处对自己的数字似乎也缺乏信心，在 1937 年卜凯教授划时代的《中国的土地利用》发表以后，该处竟热烈赞同卜凯的结果，并实际上撤销了自己的数据。

南京大学在卜凯指导下，在 1929—1933 年期间进行了土地利用调查。这次以 22 省约 55,000 个农村的实地调查为基础所得出的结果，一般说来质量远比统计处的数据为高，这一点是毋庸置疑的。但必须注意到，尽管经过这次直接调查的地区，卜凯对统计处的相应数据的修正是很可观的，但他对大多数地区的数据，在某种程度上还是以统计处的数据为基础。这是不可避免的，因为在中国这样一个巨大而地形多样的国家中，任何私人发起的调查不可能包括所有的县份。但事实依然是：卜凯的研究是迄今为止在中国进行的最好的一次，任何对近代土地统计数的评价，都应以他的成果为基础。

统计处虽未能将耕种面积编成准确的统计资料，幸而国民政府留下两类土地数据，可用以评价卜凯的估计。第一类是 20 世纪 30 年代初次试行"土地陈报"时汇集的一些县份的数据。"陈报"即业主被地方政府命令，自动报告自己土地的大小。土地陈报的方法是地方政府首先将若干保（一般由 100 户组成）合并为联保。由于一个联保至少由数百户组成，所属土地合起来相当可观。受过训练的人员着手测量县内各联保的耕地总数，而不是测量每家的土地，使地方政府在要求业主陈报各自的田产之前，先了解县里的耕地大致总数。了解耕地大致总数之后，县政府再召集各保长挨户询问各户的土地数量。为了防止隐漏，县政府的人员实地核查每块土地的业主，从而要求每一业主报告土地的大小。因而这一过程具有双重核对，业主陈报的地亩的总数，最后要根据先前总测量所获得的全县耕地总数加以检查。不仅如此，土地陈报行动还经过了比较仔细的准备[1]。在开始前数月，专门人

1　关于江苏土地陈报运动的回忆见陈果夫《苏政回忆》（台北 1951 年版），页 37—38。

员接受训练并广为公布其目的，尤其注意向民众解释土地陈报的目的，并非增加地税，而是为了做到税收更加公平。安徽一县和江苏七县实行这一方法，证明相当成功[1]。

另一种国民政府留下的有用土地数据，是以航空测量取得的结果，这是一项在 30 年代很受内政部和各省民政厅重视的技术。航空测量曾在江西和湖北一些县中进行，1937 年 7 月日本侵华战争前完成了江西 12 县的航测，但湖北数县的测量因战争而半途中止。江西各县航空测量的数字比以往一切数字都精确，即使湖北省初步测量的结果也是如此。

"陈报土地"结果的面积与卜凯估计的比较见表 31。

表 31 卜凯估计与土地陈报数据的比较（单位：市亩）

省份	县名	A 卜凯估计的 耕地面积	B 陈报的 耕地面积	B作为A的 百分比
江苏	沭阳	3,375,000	3,145,561	93.2
	萧县	2,258,000	2,453,568	108.7
	江都	2,139,000	2,326,889	108.8
	溧阳	1,392,000	1,426,177	102.5
	镇江	754,000	1,102,087	146.2
	江阴	1,243,000	1,242,141	99.9
	宜兴	1,160,000	1,296,533	111.8
	合计	12,321,000	12,992,956	105.5
安徽	当涂	845,000	1,197,804	141.8

1　对土地陈报及结果所用方法的具体解释，见《安徽省当涂县土地陈报概略》，均系财政部地方租税改革委员会所刊报告。

续表

省份	县名	A 卜凯估计的 耕地面积	B 陈报的 耕地面积	B作为A的 百分比
陕西	咸阳	704,000	637,000	90.5
	南郑	256,000	580,000	226.6
	襃城	354,000	635,000	179.4
	安康	227,000	339,000	149.3
	宁羌	318,000	656,747	206.5
	城固	329,000	876,233	266.3
	洋县	646,000	860,563	133.1
	合计	2,834,000	4,584,593	161.7
湖北	鄂城	592,000	753,493	127.3
	蒲圻	569,000	556,241	97.8
	咸宁	444,000	537,918	121.2
	合计	1,605,000	1,847,652	115.1
河南	常德	878,000	1,514,819	172.5
	沅江	537,000	814,400	151.7
	汉寿	562,000	962,567	171.3
	南县	320,000	884,563	277.7
	合计	2,297,000	4,176,349	181.8
云南	（82县）	22,222,600	27,743,059	124.8
六省	总计	42,124,600	52,542,413	124.7

资料来源：《江苏省萧县土地陈报概略》、《江苏省江都县土地陈报概略》、《安徽省当涂县土地陈报概略》，此三册报告皆系财部地方税改革委员会于1935—1936年刊行。江苏其他县份及陕西土地陈报数字取自《中国土地问题之统计分析》页79—81。湖北数字取自费品一《湖北省办理土地

陈报之经过》，地政学院，1937 年，页 41。湖南数字取自李炳炎《湖南田赋与省县财政》第一章。云南数字取自黄振铖《云南田赋之研究》，第一章第二节《田地亩数》，地政学院，1938 年。上表云南总数系 82 县总数，此外尚有 27 县的调查亩数，惜因卜凯无相当数字，故未列入。

　　必须强调，陈报土地自然也不能避免错误。正如萧县、江都和当涂的报告所明确解释的，土地陈报的目的是进行地税改革，因而其结果必然比原定地税额大，这使江苏、安徽省当局非常满意，两省政府对上报面积与各县政府初步测定的当地耕地数之间的差距，并不在意。正因为如此，陈报的面积虽然可相比《统计月报》或卜凯估计的数字更接近事实，但一定程度上还是比实际耕地要小。因而江苏七县的实际耕地要比卜凯的估计多 5.5%。安徽当涂县自报的面积要超过卜凯估计的 41.8%。虽然个别事例不能当作安徽其他地区的典型，但这样大的差异出现于折亩制最广泛实行的省份之内，似乎不是偶然的巧合。

　　卜凯对江苏七县的估计与实际相当接近，但他对浙江省总数的估计，却离事实很远 *。

　　另外，卜凯对不少地区的估计数低于陈报土地面积，而陈报

---

* 译注：作者在本书撰写时曾持卜凯对浙江省总数的估计失之过低的看法，但在最近的研究中，已根据浙江传统耕地面积的膨胀因素相当大的特殊情况对此作了修正。作者指出：这并不是说卜凯和《统计月报》对所有省份耕地面积的估计都一律失之过低。例如浙江的传统土地数字已经证明失之过高，卜凯和《统计月报》虽对一些浙江县份的耕地做了修正，但所估全省耕地仍是 4,120.9 万市亩，即使折成 3,800 万解放后的市亩，也还是不合理地高过 1979 年呈报的耕地面积 2,743.3 万市亩。详见《南宋至今土地数字的考释和评价（下）》（《中国社会科学》1985 年第 3 期）。

面积只会低于实际数量。例如在 30 年代初期，福建和四川还处于南京政府的有效控制之外，这两省的耕地面积的漏报是如此严重，以致这些数字毫无分析的价值[1]。尽管陕西和云南各县的自报面积分别超过卜凯估计数的 42％和 34％，但在咸阳（省会西安的邻县）和昆明（云南省城）这种官吏和权势人士，占有大批地产的地方，陈报的数字还比卜凯估计数少得多。

总之，卜凯对西北和西南省份的错误估计相当大。例如贵州，在一位金融家出身的能干省长吴鼎昌主政的有效管理下，于 1937 年至 1940 年间进行了土地陈报，纳税土地是 18,216,313 市亩，而卜凯估计的耕地为 11,325,000 市亩。但吴省长指出：到 1940 年全省的实际耕地面积近 3,150 万市亩，也即为全省面积的 12％[2]。由于贵州历来是漏报最严重的省份之一，吴氏的估计看来是相当合理的。贵州的人口以前都认为略高于 1 千万，而根据 1953 年人口普查为 1,500 万人。由于农产数是卜凯对耕地估计的基本因素之一，因此他对西北各省耕地面积的估计必然失之过低。过去一般认为，陕西和甘肃的人口大约是 950 万和 690 万，但根据 1953 年人口普查的结果，分别为 1,588 万和 1,293 万。我们得到的印象是，由于缺乏可靠的人口与农户数字，卜凯的估计难免低于实际，对边疆地区的低估更加严重。此乃卜凯不得不主要依靠《统计月报》，而《月报》中西北各县的数字又在很大程度上受到传统的"田赋现征亩额"的影响。如果了解陕西普遍

---

[1]　福建陈报数字据《中国土地问题之统计分析》；四川的数字据《四川省土地行政概况》，四川省地政局 1940 年版。

[2]　吴鼎昌《黔政五年》（贵州省政府 1943 年版），页 29、59。

实行折亩制和甘肃土地漏报数字异常巨大的事实[1]，就很容易理解西北各省耕地面积估计严重不足的理由了。

由于江西 12 县航空测量的纪录俱在，可以与卜凯的估计作一比较。空中测量的数据是现存数据中最精确的。在全面的对比中（见表 32），卜凯的数字正好低于 30%。

表 32 卜凯估计与江西 12 县航测数据的比较（单位：市亩）

县	A.卜凯估计的耕地面积	B.航测耕地面积	B作为A的百分比
南昌	1,211,000	1,464,000	120.9
新建	1,013,000	1,465,722	144.6
安义	205,000	330,505	161.2
进贤	1,076,000*	1,110,103	102.5
东乡	493,000*	641,435	130.1
清江	578,000	948,387	164.2
新淦	388,000	581,961	150.0
丰城	1,349,000	1,961,431	145.3
金淦	461,076*	633,030	137.0
峡江	321,000	436,282	135.9
吉水	650,000	893,472	137.4
临川	1,272,000	1,376,226	108.2
合计	9,019,000	11,842,614	130.0

资料来源：江西省建设厅《江西省地政概况》，1941 年。

* 卜凯估计的全县总面积有误，据航测数据修正，耕地面积仍照卜凯所估计耕地占全县面积的百分率调整入表。

---

1 宣统元年《甘肃通志》卷 16。

　　20 世纪 30 年代湖北省民政厅对 6 个县的耕地作了空中测量，到 1937 年夏，3 县的测量和摄影已经完成，其余也已部分测量过。在部分完成空中测量的基础上，该省公布了对 6 县耕地的预期面积。尽管不如完全以空中测量为基础的江西数字精确，这些数据至少可以作为比较认真的估计。表 33 就是此数与卜凯估计数的对比。卜凯对天门和江陵两县的估计数完全取自《统计月报》，未加任何修正或实地调查，因而比纳税土地数还低。如果考虑到湖北省大约 3 / 5 的土地，即 30,340 万市亩是供水充足的平原和河谷，该省在供应本身 3,600 万人口（1953 年数）之外还有可观的余粮，那么卜凯 7,000 万市亩的估计数，或者说占总面积的 23％，显然离事实太远了。

表 33　卜凯估计与湖北 6 县航测数据的比较（单位：市亩）

县	A.卜凯估计的耕地面积	B.航测耕地面积	B作为A的百分比
武昌	1,781,404	2,360,000	132.5
汉阳	1,121,692	1,791,000	159.7
汉川	1,562,648	1,852,700	118.5
随县	3,479,036	5,687,000	163.4
天门	532,000	3,106,670	583.8
江陵	2,240,000	5,018,870	224.0
合计	10,716,780	19,816,240	184.9

　　资料来源：湖北省民政厅《湖北省一年来土地行政推行概况报告书》；《地政月刊》第 4 卷 4、5 合期。

　　但我们必须指出：卜凯对 20 世纪 30 年代中国本部全部耕地

面积曾经过四个不同的估计，并对他 20,500 万英亩这一最低估计补充了地方数据。他的最低估计数与最高估计数之间的差距是 13％，而他认为他的最高数是最精确的。根据能够获得的其他资料看，卜凯的估计只有江苏省的看来相当接近事实，而其他各省则大多低于事实很多。由于他对其他各省的估计与陈报面积及空中测量面积之间存在的差异，就百分比而言至少是他的最低数和最高数之间的差距的两倍。我们有理由相信，即使是他的最高数字在一定程度上也是失之过低的。

五

了解卜凯估计错误的原因和幅度，对于正确理解中华人民共和国土地统计数的演变非常重要。1952 年标志战后恢复和第一个五年计划准备完成的一年，官方对全国耕地的统计数为 161,877 万市亩。应该强调，这个总数几乎正好与卜凯对中国本部的最高估计数 140,835.6 万市亩和 1942 年伪满洲国公布的 20,910 万市亩的统计数的总合相符[1]。这一不平常的巧合看来只有两种可能的解释。

首先，如果 1952 年人民政府的数字是准确的、独立获得的，那末卜凯对 20 世纪 30 年代中国本部耕地面积的估计就是相当精确的。在中国共产党取得胜利的三年之内就能使耕地总面积超过 1937 年前的顶峰，这是违反常识的。根据一种学术性的、保守的估计，到 1943 年为止，有总数达 7,100 万英亩的耕地，也

---

1 1942 年《满洲国年鉴》，页 419。

即全国耕地总面积的四分之一以上，受到中日战争的严重影响。在这 7,100 万英亩中，有 5,000 万英亩成了战场[1]。尽管战争结束后就进行了复员重建，但受到了国共全面内战的延误。如果不是新政权行政效率的改善，复员重建还将慢得多。如果情况确是如此，1952 年的土地数将大体与 1937 年前的最高面积相符，卜凯的最高估计数将被认为是异常精确的。

这一解释尽管看来有理，却是难于令人接受的。根据我们对中国传统的土地统计数字的实质，以及这些数字对近代的官方、甚或非官方数字的持续影响，根据我们对卜凯估计数的评价，我们感到卜凯的最高估计数可能还是相当低于实际的。尽管对 1952 年耕地数字的收集和编制缺乏详细的官方解释，因而不可能加以证实或否定，但人们不能不怀疑 1952 年的官方数字只是卜凯估计数的复制品。至少我们了解中共的数字并不一定是真正的耕地统计数字，对这一说法的任何怀疑，可由湘北农村土地改革目击者的纪录冰释：

> 由于土壤和地点的不同，两块大小略等的土地丘块的价值可能相差很远。另外就是湖南北部水稻田的形状一般都是很不规则的，很难精确丈量。丈量土地既然牵涉到很多复杂的问题，当时惟一（可以区分田地等级）的标准就是单位面积的平均产量。正确的步骤是每一农民都要在旗子上标明每块土地的产量，地主富农用红旗，佃户用白旗，然后由分地的干部来统计。[2]

1　韩启桐《中国对日战事损失之估计》，中央研究院社会科学研究所 1946 年版。
2　萧乾《农民如何夺回土地》，北京 1951 年版。

这位目击者进而解释，理论上一个农民可以获得规定的几亩土地，但实际上亩数只是根据平均产量的估计数，而不是以丈量为基础的。这场全国性的历史性土改并没有伴随着全国性的土地测量，这一事实是不容否定的。我们还可以进一步说，在中国历史上从未对全国的耕地进行过科学的测量。明太祖时期的所谓土地"丈量"只限于浙江和苏南的一些府县，而且与其说是土地测量，毋宁说是重订税额工作，因为进行科学的土地测量的技术比进行人口普查和粮食产量呈报所遇到的困难要大得多，这种情况的确是无法避免的。中国大陆的行政效率虽已经有了相当大的改善，但当时还没有能力进行一次全国性的真正土地测量。出于政治理由和经济规划的目的，确定全国人口的规模和农业产量的总量十分紧迫而需要，然而测量全国耕地却需要训练几十万人员，至少投入数年时间才能完成，这项艰巨的工作只能留待将来了。所以 1952 年的土地数字，至多只能留下一个臆测的基础。

就 1952 年土地数字的准确性而言，有两个因素是必须考虑的。首先，任何系列都需要数据。由于解放前缺少较好的数据，在能够收集到直接可靠的数据之前，人民政府只能利用过去的统计数。中共继续沿用国民党时期的统计数字并不仅仅是土地，1953 年前中共的几个人口数字就是有力的证据。这项人口数字是以往各种数字的奇怪混合，以致引起了人们对 1953 年人口普查总数的很大怀疑。不过与国民党时期编纂的低质量官方和非官方统计数字不同的是，这项数字是由中国大陆一批社会科学家从最新的参考材料中挑选和收录的[1]。

1　严中平等编《中国近代经济史统计资料选辑》。

此外，北京人民政府的许多统计人员曾经服务于旧政权。他们中的大多数人是受过西方训练的。因此，他们对卜凯的估计很熟悉，但对传统中国土地数字的性质却不甚了了。诚然，这些都不能完全证明 1952 年的土地数字不是独立取得的，但实际上在中国部分地区，如前面提及的湘北农村，当地对耕地面积的估计，更多是以平均产量为基础，而不是以习惯的亩制为准的。习惯的亩制虽然很混乱，但理论上仍可能折算成 20 世纪的标准市亩。由于亩制极其复杂，在 1952 年的数字发表之前是否进行过如此浩繁的折算是令人怀疑的。所以，1952 年的官方数字的最大可能似乎就是卜凯 30 年代的最高估计数的翻版。

如果我的论证是合理的话，那么 1952 年的官方土地数字应与 1953 年前中共的人口数字同样对待，都是国民政府时期的数字的延续，仅有微小的修正。不能被看成一项权威的土地统计数。理由很简单，因为并没有进行过全国性的土地测量。所以这些年来大加宣传的耕地面积的扩大，显然大大超过实际情况。首先是长期战争和荒废后的农村，需要一个较长的过程重建，其次是政府的农业政策关注各项直接措施增加粮食产量甚于开垦荒地[1]。通过官方土地统计数的研究和卜凯的估计数的分析，有理由相信，在真正的全国性的土地测量进行之后，中国的耕地总面积将多少要比西方专家和北京的统计学家一向所认为的为大。

---

1 见第 8 章第三节。

第 7 章
人口—土地关系：超省际的人口迁移

研究官方土地统计数字即知，明、清以及近代耕地面积的变迁不能依据官方的数据，而必须通过其他资料加以探求。有关新作物的传播和人口由稠密区域向稀疏区域迁移的有用资料极其丰富。尽管对现存资料不可能作定量分析，但地方志中对地区间人口迁移的记载相当详尽，至少，可以解释明清两代人口与农业资源关系的变迁。

由于清以前的方志中有关的资料较少，因此明代地区间的重大人口迁移只能根据官府督察的迁移来追溯，导致元朝覆灭时的持续动乱使华北平原和淮河流域地区户口锐减。在明太祖强有力的控驭下，政府采取了一系列步骤，将人口从稠密区移入战乱破坏地区。在 14 世纪末以前，已有 15 万户无地佃农从苏南、浙西被迁往明太祖的龙兴之地—— 皖北沿淮河的凤阳地区。晋南的泽州、潞安二府在元末战争中幸免于难，数目不详的农民从这里被迁往河北、山东和河南的平原。为加强北方防卫，近 7 万户汉蒙人口被重新安置在北平以北地区。永乐十九年（1421），明成祖自南京迁都北京后，进一步采取措施将山西农民迁入新的京畿地区。为控制地方豪强地主的力量，明太祖将苏南、浙西 4.5 万户绅士富户迁入南京，置于官府的严密稽察之下[1]。这一切，包括最后一次政府强制移民，几乎都对农业发展有直接影响[2]。

明太祖出于国防需要，在各战略要地设置军事屯垦区（卫所），从最西南的云南到北部长城内外，遍布各地。在 14 世纪后期和 15 世纪初期，甚至在满洲南部和黑龙江下游广大的北部真空地带，也设置了卫所。据说仅在云南一地，由著名将领、明太祖的义子沐英统率下的驻军屯垦的土地就超过 100 万亩。驻防在长城沿线的士兵同内地卫所一样，奉命耕种田地，以便在和平时期能达到自给。随着时间的推移，许多北部边境的卫所成了繁盛的城镇[3]。在军事屯垦的同时，还鼓励平民在边远地区建立垦殖区，有时也将罪犯发配到这些屯垦区作佃农。永乐二十二年（1424）明成祖死后，政府强制移民之事减少；但直到明末，军事屯垦还是政府的一个重要项目[4]。

毫无疑问，政府主持的移民和屯垦即使不是全部，也有许多对不发达地区的经济留下了若干影响。被政府强制从南京往云南的移民，其规模和影响必定相当可观。因为 17 世纪初的著名学者，广西巡抚谢肇淛目击昆明地区的经济相当繁荣，文化、服饰、方言及社会习俗大致与江南南京地区无异[5]。

明代官方史书对明初地区间移民的概述十分简略，另外也未

1　《天下郡国利病书》卷 10 页 54 上引万历二十三年《上元县志》。这一关于被强制移往南京的富户的叙述比《明史》所载更具体、专门。

2　上述由官府督察的人口迁移的事实据《明史》卷 77 及《续文献通考》卷 13 概述。

3　藤井宏《新安商人研究》，《东洋学报》1953 年 7 月号。

4　《明史》卷 77。

5　谢肇淛《五杂俎》（1795 年日本刊本）卷 4，页 25 上一下。

提及人民自动的移民。自发的移民绝大多数是零星的、未见记载的，但却可能比官方主持的移民对农业开发区的扩展，作了更大的贡献。由于资料太零散，重建明代自发移民史的工作已很难进行。但湖南省的例子可证明代这类人口移动的重要性。少数晚清方志对当地大族原籍有异常周详的记载。当代一位历史学家发现，近代湖南人口中的绝大部分原来都来自其他省份，其中大多数于明时来自江西[1]。晚清湖南名臣的大多数传记资料都说他们祖籍江西，这一事实使上述结论显得可信。一些幸免于 17 世纪中叶张献忠之乱的四川县份的方志证明，当地的"土著"家族实际上很少能追溯到明初以前，而其中绝大多数是明代从湖北迁来四川的[2]。这些事实，加上我们对明代的主要成就之一——在西南以前由本地少数民族占绝对优势的省份内加强了中国的民政机构——的了解，使我们有理由相信，汉人的移民和开垦，对西南地区的开发起了重要作用。政府主持的移民对华北平原的开发来说是数量不足的，这从明初一项法律可以得到证实。这项法律是为了吸引新的移民，规定长期豁免他们的地税。从黄土高原的省份志愿移入华北平原各省的移民，此后已达到相当大的规模，到 15 世纪中叶，这类"永不起科"的垦地数量已经如此之大，以至官府不得不停止豁免的法律，以平息当地原来居民对这项赋税优免的强烈反对[3]。

　　明代的自发移民似有相当规模，但与清代和近代的省际移民相比，就相形见绌了。由于自发移民主要受经济因素驱使，我们

1　谭其骧《中国内地移民史·湖南篇》，《史学年报》卷 1 第 4 期，1932 年。

2　民国十七年《资中县续修资州志》卷 8，页 6 下。

3　见第 6 章第二节。

可以认为在全国总人口相对较少而耕地相对充裕的明代，促使人口移动的因素比以后人口急剧增长的时期要小。明代广袤的淮河流域和湖北平原人口仍比较稀少，大量土地未垦，这是众所周知的事实[1]。谢肇淛在他著名的《五杂俎》中的描述，给人这样的印象：整个西南山区，广东、湖南和湖北的相当一部分，淮河流域和部分北方地区还有未加以系统开发的可耕地；人口稠密的地区仅限于长江下游、浙西、皖南的徽州和福建省[2]。清代方志中丰富的有关资料，使我们能比较详细地讨论这些省际的大规模移民。

一　向四川的移民

明末张献忠领导的大规模农民起义，据说以空前的杀戮著称，造成四川盆地内若干地区的人口真空。尽管事实上张献忠的残酷可能并不比清朝的征战更严重，而是被清朝官方的记载夸大了，但四川人口的锐减应是事实[3]。由于四川人口锐减，新建立的清政府在顺治十年（1653）宣布该省由兵民开垦，并由官府发给耕牛、种子[4]。康熙十年（1671），四川、两湖总督奏称四川有大量耕地但无足够人口耕种，因此下达上谕对愿意移民四川者五年之后才起科，现任文武官能招徕三百名以上安插垦荒者，立即升迁。为了进一步激励开垦，上谕还规定各省候选州同、州判、

1　黄训《皇明名臣经济录》（嘉靖二十八年刊本）卷 8，页 7 下—8 上。该书是讨论明代各种经济和行政问题的言论的综录。

2　《五杂俎》卷 4。

3　李光涛《张献忠史事》，《中研院历史语言研究所集刊》25 本，页 21—30，1954年 6 月。

4　《清朝文献通考》卷 1，页 4858。

县丞及举贡监生有力招民者，授以署理知县职衔或补为实缺[1]。这个富饶省份所提供无可比拟的有利致富机会，立即从邻省如湖广、陕西招徕大批移民，因为康熙五十一年、五十二年（1712、1713）的两次上谕指出，有必要制定章程，解决本地人口与移民间的财产纠纷[2]。

清代和民国的四川方志中记载的移民资料不胜枚举，无法缕述，这里有必要注意只有少数方志例外地保存了揭示近代四川人口地理的资料。处于这红壤盆地心脏地带的新繁县的志书，特意指出该县的人口是由湖北、江苏、福建、广东和陕西移民组成的[3]。犍为（位于盆地西南缘的岷江之滨）的县志尤其注意分析它的人口成分，并刊出所有由移民们按地域建立的会馆。湖广会馆人数最多，其次是湖南的宝庆和长沙府、江西、广东、福建、贵州和广西。因移民数量大大超过了本籍人，故在太平天国时期，各籍自选人员负责为官府征收特捐、收集捐款。从清初至19世纪初，少数回民也从陕西和甘肃省迁来[4]。

有清一代，移民四川的行动持续了二百多年，这在近代各种方志中都有记载。如1932年安县（四川中北部）志书中记道：

> 川省明末遭献贼之乱，安县一带荒郊，十之七八招民开垦。楚与蜀连，县境各场占籍者以楚省人为最多，其次粤

---

1 《清朝文献通考》卷2，页4865。

2 同上书，卷2，页4868。

3 光绪三十三年《新繁县志》卷5，页2下。

4 民国二十六年《犍为县志·种族表》，页6上—下、页51上—52上。

省，其次秦省，其次闽省、赣省。……前清时县属民皆由各
省客民占籍，声音多从其本俗，同一意义之俗语，各处发音
不同。有所谓广东腔者，有所谓陕西腔者，有所谓湖广宝庆
腔者、永州腔者，音皆多浊。近数十年交通便利，声音皆入
于清，而各省之人腔调渐归一致，音皆多清，而浊者少矣。[1]

当然还有不少县份，清代以前的本籍人在当地人口中仍占有
相当比例，位于成都和重庆之间的资中县就是如此：

资无六百年以上土著，明洪武时由楚来居者十之六七，闽、
赣、粤籍大都清代迁来。明初来者今谓川省人，余则各以其籍
相称。土音不尽随山川而变，要以官话（即川省话）为主。[2]

一位近代地理学家在综述四川人口地理结构时说：虽然清代
以前的本地人的后裔还能在若干地方找到，但他们相对说来数量
很少，并且绝大部分集中在该省最西南部和西部少数地点。四川
东部、西部和南部以湖广籍为主，河南、安徽和江苏籍人，主要
在南部各县，相当多的陕西、甘肃籍人在北部和西部一些县份，
广东、福建、江苏和浙江一些家族主要住在成都、重庆等大城
市，回民则散处于北部和西北部的城市，而满人驻军的后裔集中
在成都地区[3]。这一综述以及方志中详细得多，但不能一一列举的

1　民国二十一年《安县志》卷 56，页 1 上—2 下。
2　民国十七年《资中县续修资中志》卷 8 方言。
3　楼云林《四川》（1941 年上海版）第二章。

史证，足可说明清代向四川移民的来源很广。

尽管近代四川的方志证明，四川的移民浪潮始于 17 世纪中叶，但很少注意到这一大规模移民结束的大致时间。有理由相信，从顺治初到道光末整整二百年间，四川是最大的移民省份，但在太平天国起义以后，这一主要地位已让给其他地区。这是由于：第一，湖北在清代向四川的移民可能比其他任何省为多，但从湖北近代方志中辑录的有关移民入川的官方记载、诗歌、民谣，毫无例外都是关于道光三十年（1850）以前的时期[1]。第二，在 19 世纪后半期，四川一些州县，尤其是处于北部山区的州县，已成为移民输出地，将贫苦农民输往陕西。第三，导致移民潮流根本改变的主要因素，是由于 14 年的太平天国战争引起的长江下游地区的人口锐减。从同治三年（1864）开始，苏南浙西充分灌溉的平原已能为无地农民提供比四川更好的机会。

但四川在清代的开发并未反映在官方的土地统计数上。顺治十六年（1659）该省呈报的纳税土地仅 1,888,350 亩，大致只相当于长江下游地区一个大县的平均数[2]。康熙三十九年（1700）以后，移民的数量必定已在人口中达到很大的比例，但与持续涌入的移民相反，该省在雍正十二年（1734）呈报的纳税土地数，只是 21,445,616 亩这个十分可笑的低数字[3]。从雍正八年（1730）

---

1 例如同治三年《蒲圻县志》卷 1 页 1 下—2 上保存了两首诗，描述了当地人口中相当大部分在四川谋生的情况和长期离乡背井的悲哀心情，作者是一位乾隆十二年（1747）举人和一位嘉庆二十年（1815）贡生。光绪十一年《武昌县志》补遗卷 2 页 19 上也保存了一首作于 19 世纪初的同样内容的歌谣。

2 《清朝文献通考》卷 1，页 4860。

3 同上书，卷 3，页 4873。

以后在四川进行的所谓土地清丈，只是地税的微小调整，直到清末，四川呈报的地亩数与实际耕地之间的差异，仍是全国最大的地区之一[1]。四川省自乾隆四十一年（1776）至道光三十年（1850）的人口统计数字，是估计四川吸引长江中游以及南方诸省迅速增加的人口的惟一指标。四川的登记人口从乾隆五十一年（1786）的 8,429,000 增加到道光三十年的 44,164,000[2]。这些数字说明，虽然在两个世纪中移民不断涌入，但四川人口的大多数是在 18 世纪末和 19 世纪前半期获得的。

限于篇幅，我们不可能对四川在清代最初的二百年间的农业开发，作详细的讨论。嘉庆十九年（1814）《三台县志》有一段总的描述：

> 土不瘠，民不惰，流寓之众又各携方物以为艺植，故昔之所无，或为今之所有，而洋洋发育之象，视古加隆。[3]

详尽的地方资料可以断定，在降水充沛的平原、盆地甚至在倾斜的坡地上，广泛栽种了稻米。北方旱地生长的作物，在四川都能发现，而该省肥沃的红壤尤其适宜玉米和甘薯的生长。四川当时已是，现在仍是全国主要的玉米、甘薯产地。花生的质量虽非上乘，但可大量种植于无数沿河的沙地之上，甚至土豆（马铃

1　关于四川 18 世纪 30 年代的土地清丈，见《清朝文献通考》卷 3 页 4776—4777 及《雍正朱批谕旨》（晚清刊本）34 册。

2　严中平等编《中国近代经济史统计资料选辑》附录。

3　嘉庆十九年《三台县志》卷 8，页 1 上。

薯）在道光三十年（1850）前也已在缘边高峻的山岭间，栽种得相当普遍。到道光三十年，四川的土地利用已经形成了现代的格局，该省已跻身于农业全面开发的前列。19 世纪 70 年代，著名的德国地质学家和旅行家李希霍芬男爵观察到"在正常情况下，四川显得处处存在着对生活物资充裕的满足和幸福，这在中国其他省份是不常见的"[1]。

简言之，就数量和时间而言，清开国后二百年间四川对中国人口的增长，比 20 世纪的东北所起的作用更大。

二 长江流域丘陵地带的开发

19 世纪著名的历史学家和地理学家魏源将清朝中国的主要移民趋势归纳为江西填湖广，湖广填四川[2]。他的观点获得了一位当代移民史和历史地理专家谭其骧的响应。谭先生以湖南为例的引人入胜的研究中，结论是该省在清代由移民的吸收者变成了移民的输出者[3]。这个概括性的结论似乎需要数量分析。由于谭先生对湖南的研究是同类研究中最详尽、最有价值的，我们有必要对他的资料来源和方法作一简要的评价。这项评论工作将有助于我们对有清一代广阔的长江中游省际移民的体会和理解。

谭先生研究的基本资料，来自一些 19 世纪湖南方志中有关氏族的章节，这些以家谱为依据的章节，提供了若干大族迁移以及原籍的确切资料。家谱的资料虽然很确切，但现代的研究者却

1　《李希霍芬男爵书信集 1870—1872 年》（上海 1903 年第二版），页 177—178。

2　魏源《古微堂外集》（光绪四年刊本）卷 6，页 5 上—6 下。

3　谭其骧《中国内地移民史·湖南篇》。

极易受它们的愚弄。这是由于：首先，一个移民家族要在新地方
发达起来，通常需要相当长的时间。在清代，尤其是在 18 世纪
后期和 19 世纪初期移入湖南的绝大多数家族，还未必能变得显
要到载入清代的方志的地位。其次，这些氏族志的抽样显示，这
些大族中差不多有一半是文武官员及有功名之人的后代。贫苦农
民的移民家族能在短短的三四代间就在新地方发迹的百分比必定
是很少的，但移民的主体正是由这样的农民构成的。由于资料内
存在着这种遗漏，这些湖南的家族数据的比例，事实上并不能准
确地反映人口的移入和移出。

　　尽管方志的编者受当时历史的局限，对移民不免有偏见，可
是湖南方志之中还是记载了不少跻身于望族的清代移民家族。这
一事实似乎可以说明，在清代湖南还远非一个净输出人口的省
份[1]。这可以从其他一些湖南方志得到证明。这些方志虽然没有氏
族志，却含有移民的明确资料。例如，湘西南的鄘县在同治十
年（1871）共有 91,160 移民，而本地人才 27,221 人[2]。位于洞庭
湖西的常德府治武陵县在太平天国时期吸收了 1 万多户移民家
庭，该县人口的地理构成从县内的公共墓地即可窥见一斑，人们
来自不同的地区：福建、山西、陕西、江西、江苏的苏州和安徽
的泾县[3]。靠近江西的攸县的志书，证明咸丰、同治年间（1851—

1　例如：宝庆府首县邵阳在清代是出名的移民输出地，但在清代移入的大族有 8
　　家；湘东南汝城县列出的清代移入的大族不下 43 家；见光绪三十三年《邵阳县
　　乡土志》卷 2 及民国二十一年《汝城县志》卷 29。
2　同治十二年《鄘县志》卷 7，页 2 上—3 上。
3　同治三年《武陵县志》卷 16，页 45 上及同治六年刊本卷 29。

1874）来自福建和广东的移民陆续涌入该县及毗邻地区[1]。在与广东、江西接壤的、最东南的汝城县，由于本地人无法开发可耕地，在太平天国后期千方百计吸引移民[2]。在湘西南与广西接界的道州，晚至 19 世纪 70 年代移民还占总人口的一半以上[3]。湖南一位现代地理学家提供的证据表明，实际上直到 20 世纪移民还未完全停止[4]。

直到 18 世纪初，南岭山脉的大部分丘陵和山岭还覆盖着森林，农业较少开发。东南沿海各省日益增加的人口压力，最终迫使东南的贫苦农民，开垦长江流域内地省份的丘陵和山区，这一过程可能一直继续到太平天国时期。长江流域内地高地开发的最早证据，是在施闰章的著作中出现的，施氏是顺治六年（1649）进士，著名文学家，他曾在一首诗中描述了福建的棚民在江西中西部山区种植黄麻获得的利益，以及移民与本地人之间的冲突[5]。黄麻和靛青是有利可图的作物，但移民主要以玉米和甘薯维持生活，这两种作物都是 16 世纪传入中国的，结果这两种比较新的作物变成了使长江流域高地得到系统开发的主要手段[6]。

这些垦荒农民住在临时搭起的棚屋中，被称为"棚民"。他们的数量必定增加得很快，因为在雍正元年至四年（1723—

---

1 同治十年《攸县志》卷 7，页 6 上—下。

2 民国二十二年《汝城县志》卷 18，页 4 下—5 上。

3 光绪三年《道州志》卷 3，页 5 上。

4 傅角今《湖南地理志》（长沙 1933 年版），页 207—212、586—587、342—351、641。

5 同治十三年《沅州府志》9 第 7，页 73 下引。

6 关于玉米和甘薯的更详细的论述，见拙著《美洲粮食作物在中国的传播》，《美国人类学家》1955 年 4 月和《中国的美洲粮食作物》，《栽培科学通报》1956 年 1 月。

1726）间颁发了一连串上谕，命令将江西、福建和浙江山区的棚民，编入保甲机构[1]。江西、湖南丘陵和山岭的红色表土，那时还覆盖着植被，在刚变为玉米、甘薯地时相当肥沃。棚民在长江中下游的省份和福建到处可见，但尤其集中在江西、湖南山区。到18 世纪中叶又出现了一种新的土地利用方式，我们可根据乾隆二十五年（1760）《袁州府志》的简要描述来判断（袁州位于江西中南部，与湖南接壤）：

> 昔多旷土，嗣以生齿渐繁，开垦日广，要止耕平地。自闽广人纷至，男妇并耕高冈峭壁，皆视土所宜，漆、麻、姜、芋之利日益滋饶。土人效其力作，树艺更多。[2]

另一种江西方志解释道："大抵山之阳宜于苞粟，山之阴宜于番薯，……可食至次年三月，洵山家厚实也。"[3]

开垦原始的丘陵和山岭的行动虽然首先是由福建、广东的农民开始，但并非长江流域内地开垦玉米、甘薯地的农民都是这二省的移民。在江西部分地区，特别是在赣省西北与湖北相邻的县份中，主要的移民来自湖北平原。仅武宁一县，到18 世纪中叶时就有湖北移民 10 万户以上[4]。由于玉米和甘薯在经济上的好处越来越明显，连本地的贫苦农民也向山区迁移。到 18 世纪初期，

1　《清朝文献通考》卷 19，页 5027。
2　乾隆四十九年《萍乡县志》卷 2，页 66 下引。
3　同治十二年《玉山县志》卷 1 下，页 24 下。
4　同治九年《武宁县志》卷 9，页 3 上—4 下。

长江流域内地的山地已开垦得如此之多，以致外来移民和本地汉人侵占了苗族人的家园——湘西山区。地方官对苗民的怨恨一般甚少留意，结果引起了 18 世纪后半期苗人的叛乱。他们遭到官兵的残酷镇压，对苗人持续的大规模屠杀一直延续到 19 世纪初[1]。但在农业上，在嘉庆五年（1800）以前，大部分湖南山地获得了有效的利用[2]。

毁林并不限于江西、湖南，18 世纪中叶之前，浙江西北的山区就成了移民们兴旺的农业垦区，这些移民来自浙南沿海粮食紧缺的温州府，他们开辟了大片种植玉米、甘薯和花生等经济作物的山地[3]。皖南山区在 18 世纪中也同样变为玉米生产地[4]。

像云南这样的边远地区，玉米是在 16 世纪传入的，以种植玉米为主、开垦陡峻山岭的过程，一直持续到 19 世纪中叶。最南部的开化、广南和普洱三府中，曾以疟疾流行闻名的原始森林，在道光三十年（1850）前已被湖南、湖北、四川和贵州的移民砍伐殆尽[5]。甚至在云南最西部与缅甸接壤的地区（玉米正是首

1　但湘良《湖南苗防屯政考》（光绪八年刊本）3—4。

2　关于湖南开发更系统的记述见乾隆二十二年《湖南通志》卷 50，页 1 下，乾隆十二年《长沙府志》卷 36，页 1 下—2 下，乾隆二十八年《岳州府志》卷 15，页 5 上一下，乾隆二十三年《凤凰厅志》卷 12，页 1 下，嘉庆二十三年《龙山县志》卷 8，页 5 下—6 上，道光五年《永州府志》（同治五年重刊本）卷 5 上，页 12 下—13 上，道光二十九年《宝庆府志》附考卷 2，页 4 上，道光十七年《靖州志》卷 11，页 28 上一30 上，乾隆五十五年《沅州府志》卷 20，页 2 下。

3　同治十三年《湖州府志》卷 32，页 3 下、10 上、14 下引乾隆五十五年《安吉县志》及乾隆十三年、道光九年《武康县志》。

4　道光七年《徽州府志》卷 4 下，页 34 上。

5　道光十九年《威远厅志》卷 3，页 50 上一下引道光六年上谕，该上谕命令山区农民编入保甲。

先从缅甸传入中国的），直到 19 世纪前半期还在吸收来自长江中游种植玉米的移民[1]。在 19 世纪，广西北部主要由少数民族居住的地区，也有许多山地被来自湖北、湖南、广东和福建的移民垦殖[2]。玉米对贵州全省土地利用的贡献是如此之大，以至于成为 19 世纪贵州一位著名诗人一首长篇颂歌的主题[3]。

所有这些地区性的例证都说明了 18 世纪及 19 世纪初所进行的土地利用的重大革命的地理范围。由于广大长江流域大多是丘陵山地，也由于种植玉米、甘薯的土地利用实际上扩展到了整个长江流域，由此而新增加的农田总数是相当可观的。

但长江流域高地的开发并非毫无代价。由于农作移民是耕种土地而没有长远利益的佃农，自然只希望在短时期内获得最大的利益。由于缺乏在山地耕作的经验（汉人是传统的平原、河谷民族），他们采用深耕、条播的方法种玉米，起初几年获得了丰收，但大雨很快冲走了表土。农民可以从这里移到那里，但被冲蚀的土地却变得一无所用，只能长期废弃，或者只能经过艰巨的垦复才能恢复地力。到乾隆前期、中期，土壤冲蚀已成为江西部分地区的严重问题。乾隆十年（乙丑，1745）进士、武宁籍的俞腾蛟证实：

> 棚民垦山，深者至五六尺，土疏而种植十倍。然大雨时行，溪流堙淤，十余年后，沃土无存，地力亦竭。今太平

1　林则徐《林文忠公政书》（光绪五年刊本）三集，页 18 上—22 上。

2　道光八年《庆远府志》卷 8，页 14 上。

3　道光二十一年《遵义府志》卷 16、光绪十八年《黎平府志》卷 30 引。

山、大源洞、果子洞等处，山形骨立，非数十年休息不能
下种。[1]

在几十年间，土壤冲蚀成了中国稻米带东半部高地的主要威
胁，使江河湖泊淤塞，洪涝频繁[2]。从嘉庆十二年（1807）开始，
皖南、浙西的乡绅就吁请省府禁止在山地广种玉米，随后发布的
一系列法令规定，在长江下游各省对种植玉米的棚民的契约不再
予以更新，山坡地应种茶树或杉树[3]。从此以后，晚清长江下游的
方志一般不再提到玉米，而在过去的一世纪中，山区栽种玉米是
极其普遍的。

大约在嘉庆二十五年（1820）后，中国稻米带东半部长期废
弃或改种茶树或杉树的山地的总面积，肯定是相当大的，今天江
西、湖南有许多因矿物质被冲掉而很少农业价值的红壤土地，可
能应归咎于 18 世纪种植玉米的农民对山地的无情榨取。还有理
由相信，19 世纪初期江西、安徽和浙江的耕地，在一定程度上比
20 世纪还多。说这些省份在 19 世纪初生产的粮食比现在多，不
仅可以根据土地利用纪录，也可以根据道光三十年（1850）前的

1　同治九年《武宁县志》卷 8，页 3 上一下、卷 27，页 17 上、卷 22，页 20 上。

2　关于土壤冲蚀的情况见道光七年《徽州府志》卷 4 下，页 42 上—43 下，道光
　　二年《昌化县志》卷 3，页 6 上一下。关于江湖淤塞、洪涝频繁的情况见王凤
　　生《浙西水利备考》（道光三年刊本光绪四年重刊本）卷 1，页 11 下—12 上、28
　　下—29 下、卷 4，页 4 上。

3　陶澍《陶文毅公全集》（晚清刊本）卷 26，页 1 上—3 下、7 上—8 上。贵州的少
　　数民族与汉族山农十分明智地在杉树幼苗间种上玉米以避免土壤冲蚀，西南山区
　　农民在山地耕作方面似比东部山区的佃农更有经验。对贵州栽种玉米的独特方法
　　的记述见道光二十五年《黎平府志》卷 12，页 3 上。

人口纪录比目前多的事实来推测[1]。

三　汉水流域的开发

就地理而言，汉水流域是由甘肃南端、整个陕西、鄂西高原北部的三分之二和豫西南构成的。鄂西高原南部的三分之一，即清代的宜昌、施南二府，虽然已在汉水流域之外，但由于与汉水流域相近的地位和经济、历史上的紧密联系，这里也一并加以讨论。就历史而言，这一地区与川东北是密不可分的。据方志记载，这片以秦岭为主干的广大山区，直到康熙三十九年（1700）为止，除了少数几个有历史地位或战略意义的市镇开发较早外，依然人烟稀少，大多为原始森林所覆盖。鄂西南尤其落后，甚至到 18 世纪 20 年代中至 50 年代，仍由土司治理。

该地区的系统开发如此长期迟缓的原因，或许在于缺乏适宜于高山地形的作物。同治三年（1864）《宜昌府志》对开发的第一步有很好的叙述："玉蜀粟，释名玉高粱，土名包谷。旧惟蜀中种此，自彝陵改府后，土人多开山种植，今所在皆有。"[2] 虽然这一说法并不排除康熙三十九年前玉米传入鄂西的可能性，但至少得以确定这一地区有系统地利用山地始于何时。据说在与陕西接界的鄂西北高原，"玉麦（玉米）自乾隆十七年（1752）大收数岁，山农恃以为命，家家种植"[3]。玉米的经济收益，尤其是在开垦初期的好处，的确是无法抗拒的，因为老林开后无需施肥，玉

1　见第 10 章第三节。

2　同治三年《宜昌府志》卷 11，页 24 下。

3　同治五年《房县志》卷 16，页 14 下。

米就能丰收[1]。

康熙三十九年前的一些陕西方志,对这一粮食作物已有所记载,但玉米从鄂西传入整个陕南,是在 18 世纪的前半期[2]。

可以这样说,至迟到嘉庆五年（1800）,整个秦岭山脉和汉水流域基本都已开发了,玉米已成为最主要的作物及山民的主食,甘薯则成为重要的补充。移民继续蜂涌而来,必须开垦新的土地,甚至那些连种玉米和甘薯都不适宜的过于陡峭、土层太薄的土地。嘉庆五年以后传入该地区的洋芋（马铃薯、土豆）满足了新的需要。嘉庆五年（1800）《房县志》记述了土地利用的一般方式:

> 洋芋产西南山中。房近城一带有稻田,浅山中多包谷,至深山处包谷不多得,惟烧洋芋为食。……亦间有积以致富者。[3]

在当时的技术条件下,对山地的利用可以说已达到最大程度。连续大量栽种玉米对山地的过度榨取到 19 世纪初期已经使许多地方受到报酬递减规律之害。一种陕南方志哀叹:"迩来民生日繁,地日浇薄,谷粮所出,渐见减少。嗟我斯民,困苦将何所底极也。"[4]

鄂西有些地区栽种玉米的农民甚至在 19 世纪初就已经"终

---

1 同治九年《长乐县志》卷 16,页 14 下。

2 雍正十三年《陕西通志》引康熙三十三年《山阳县志》。

3 同治五年《房县志》卷 11,页 11 上。

4 道光二十三年《紫阳县志》卷 3,页 12 下—13 下。

岁所获无几"[1]。

与在长江下游省份的高地一样，最严重的威胁还是水土流失及洪水发生频繁。道光十七、十八年（1837—1838）在任的湖广总督林则徐观察到这样的情况：

> 襄河河底从前深皆数丈，自陕省南山一带及楚北之郧阳上游深山老林尽行开垦，栽种包谷，山土日松，遇有发水，沙泥随下，以至节年淤垫，自汉阳至襄阳，愈上而河愈浅。……是以道光元年（1821）至今，襄河竟无一年不报漫溃。[2]

整个汉水流域实际上都是如此。所以汉水流域的开发并非不付代价。正当土壤冲蚀和农业报酬递减规律加剧时，这一地区及川北部分地区成为嘉庆元年至九年（1796—1804）白莲教叛乱的中心，也许并非偶然的巧合。

尽管没有移民人口的确切数字，但汉水流域各种方志都提到了移民的主要来源。位于鄂西高原边缘的当阳县有河南、山西，陕西、甘肃和福建移民建的会馆，除福建会馆外，其余都是在乾隆年间（1736—1795），也就是对丘陵和山地的大力开垦时全面建立的。福建会馆建于数十年后，这一事实显示了福建移民不断向西，寻求新土地的长途跋涉。还有两个会馆是武昌地区的移民

1　同治三年《宜昌府志》卷 11，页 6 下及道光二年《鹤峰州志》卷 6，页 1 下。

2　林则徐《林文忠公政书》乙集卷 2。这一地区方志中关于土壤冲蚀和洪涝频繁的记载很多，不能一一列举。这种现象也出现在四川东南，见道光二十三年《石柱厅志》卷 6，页 4 下。

在道光年间（1821—1850）建立的，这反映了湖北平原人口对新土地的要求[1]。靠近河南的光化县有来自四川、河南、江西东北、福建、山西和陕西移民建立的会馆。来自豫北怀庆府的移民数量很大，因此他们有必要建立自己的会馆[2]。

竹溪县位于湖北最西北，道光九年（1829）该县志书中指出，当地人口中极大多数是移民，主要来自陕西和江西，也有的来自河南、直隶和山东。同治八年（1869）志书中补充说，此后的移民也来自四川、长江下游、山西、广东、湖南和湖北平原地区[3]。由于湖北处于地区间移民的最中心位置，所以能够吸引来的比输出的移民要多，越来越多的人口从湖北平原移往湖北高地[4]。总之，直到道光三十年（1850）为止，尽管有向四川的移民，湖北还是主要的人口净增省份之一，登记人口从乾隆五十一年（1786）的 18,556,000，增加到了道光三十年（1850）的 33,738,000。在两代人的时间内就创造了增加 81.8% 这样的纪录，这应该归功于湖北高地的全面开发。

道光二十九年（1849）《石泉县志》对移民进入陕南秦岭山脉作了更具体的叙述：

> 夫石邑地当冲途，鼎革之际七遭兵燹，仅存七百余户。
> 我朝休养生息，至乾隆初年生齿渐蕃。三十七八年间，川楚

1　同治六年《当阳县志》卷 4。

2　光绪八年《光化县志》卷 3。

3　同治八年《竹溪县志》引道光九年志及案语。

4　同治九年《长乐县志》卷 16，页 14。绝大多数移民并非来自外省，而是来自湖北平原地区。

歉收，穷民就食来陕，栖谷依岩度日。而河南、江西、安徽
等处贫民亦携带家室源源而来，于是户口骤增数倍。迄今安
居乐业，悉为土著矣。[1]

另一种陕南方志说来往的移民皆为了种植玉米[2]。《孝义厅志》
对陕南人口极其复杂的地理成份作了说明：

境内烟户土著者十之一，楚、皖、吴三省人十之五，
江、晋、豫、蜀、桂五省人十之三，幽、冀、齐、鲁、浙、
闽、秦、凉、滇、黔各省十之一。[3]

尽管这些比例对陕南其他地区来说不一定有代表性，但它
们说明了清代地区间人口迁移的地理幅度和范围。整个陕西的
人口数从乾隆五十一年（1786）的 839 万增加到了道光三十年
（1850）的 1,210.7 万。诚然，移民的输入并不限于陕南秦岭山
脉，但该省登记人口在 64 年间增加了 45.4%，这样大的比率不
能不归功于陕南山区的全面开发。

四　太平天国之后长江下游地区的人口输入

中国人民到了道光三十年（1850），依靠当时能够运用的技
术水平，对本部的土地利用可能已经接近极限了。即使在长江流

1　道光二十九年《石泉县志》卷 2，页 25 上—下。
2　同治九年《洵阳县志》卷 11，页 13 下—14 上。
3　光绪九年《孝义厅志》卷 3，页 2 上。

域内地和汉水流域这样新开发的山区，也已出现了农业报酬递减规律，这种基本史实也许足以证明我们的论断。历史学家虽然不会认为若干重大的历史事件是不可避免的，但他们在一定程度上会将日益增加的人口压力、有限的土地和技术资源，以及从嘉庆元年（1796）白莲教叛乱开始的一连串重大动乱与咸丰元年（1851）最终爆发的太平天国起义联系起来。

全国无疑都会感受到十四年太平天国战争的恶果，以前人烟稠密的长江下游地区更是如此。到 1953 年，江苏的工业已发展起来，上海已成为拥有 600 万人口的大都市。但该年 7 月，江苏、浙江、安徽和江西的人口合计要比道光三十年（1850）的合计还少 1,930 万[1]。诚然，20 世纪 30 年代前期的国共内战，对江西人口的减少可能比太平天国起义还严重，但是长江下游其他三省的人口下降，似乎更容易归咎于太平天国时期的事件。

向四川、长江流域内地山区和汉水流域移民的形势已因太平天国起义而发生逆转。由于四川实际上已经人满为患，长江及其支流的山区也已遭受农业报酬递减的影响，可以想象，长江下游地区的人口锐减给长江中游和华北的无地农民提供了何等优越的机会！因此，19 世纪后半期地区间移民的主流，已变成由山区和人口稠密区的佃农，移入全国灌溉条件最好的地区。

严州（位于浙江富春江河谷）一位知府对此作了这样解释：

浙省自兵燹后，田亩久荒，各市镇悉成焦土，远近乡村

---

1 见第 10 章第三节。

亦复人烟寥落，连阡累陌，一片荆榛。……余莅任后，查严
郡各属田地荒芜，人民稀少，较他郡情形，蹂躏更甚。……
今欲招垦，必须外来之户乐于耕种。……无如外来垦户，由
江西者则有衢之荒田可耕，由宁绍来者则有杭属之荒田可
耕，惟严郡居中，止有徽州一路。徽、严交界地方皆系荒
产，断不肯舍此适彼。惟查有棚民一项，向来以种山为业，
地方农民不与为伍。自咸丰十年后，粤匪滋扰，棚民僻处深
山，未受大害，较农民尚胜一筹。昔日无田可种，而不能不
种山；今日有田可种，而能改种山为种田，田之出息究胜于
山。各棚民非不愿种，实不敢种，须设法招之使种。[1]

　　根据地方史料推测，太平天国以后长江下游地区的移民，更
多贫苦农民，出于改善经济状况的愿望，而不是紧迫的经济需
要。在 19 世纪 60 年代，湖北低地的安陆县有 10 万农户离乡背
井，去长江下游寻找更好的致富机会，结果使有些村落完全荒
废，如整个德安府就是如此[2]。浙江腹地的金华和兰溪地区在太平
天国期间，受到相当严重的损失，本身需要移民[3]，但却有数以百
计的农户迁往浙江北部[4]。对移民最有吸引力的地区是苏南和浙西
杭州湾三角洲——原是全国灌溉最发达的地区。甚至在同治三
年（1864）战争平息之前，就已对苏南减免了地税，不久这一政

1　戴槃《定严属垦荒章程并招棚民开垦记》，《皇朝经世文统编》（上海光绪二十七
　　年刊本）卷 10，页 11 上—12 上。
2　同治十一年《安陆县志》下卷，页 64 上。
3　冯·李希霍芬男爵《浙江安徽省书信》（上海 1871 年版），页 12。
4　光绪三十二年《余杭县志稿》地税户口志。

策就扩大到长江下游其他省份[1]。地税的减免，加上乱后官府对幸存地主的财政资助，使苏南的地主能为迁来的佃农提供异常宽厚的条件，同治三年（1864）冬在南京设立了招垦局[2]，在长江下游其他许多地方也设立了同样的机构，首先，江苏、安徽两省千方百计从苏北招集移民，因为苏北基本未受太平天国战祸[3]。自从嘉庆五年（1800）以来，由于盐业衰落，苏北长期萧条，因而苏北农民格外踊跃，迁出的人口甚多，以至使苏北大片土地抛荒[4]。

苏南三分之二地区农业劳力奇缺，不能仅靠苏北迁来的佃农解决。为从更远的地方吸引移民，又进一步采取措施。河南受战祸影响相对较小；由于早婚习俗，人口激增[5]，因而提供了大多数移民。在太平天国战争后的半个世纪，仅河南光山一县就向苏南、浙西、安徽和江西近 60 个地方输送了 100 万以上的农民[6]。南京城太平天国以后的人口中有十分之七来自安徽和湖北[7]，除此之外的整个江苏西南地区，实际上是河南的农业殖民地。由于河南移民占主导地位，该地区的耕作方法、社会习俗和妇女服饰都已改变[8]。20 世纪一位学者在南京附近编成了一本豫南民歌选集[9]，

---

1 《江苏省减赋全案》（同治六年刊本），《清朝续文献通考》卷 3。
2 光绪三十年《句容县志》卷 4，页 8 上—下。
3 《皇朝道咸同光奏议》（光绪二十八年〔1902〕刊本）卷 29，页 20 上—下。
4 光绪十年《淮南府志》卷 2，页 4 下。
5 冯·李希霍芬男爵《湖南、湖北、河南和陕西报告书》（上海 1870 年版），页 23。
6 民国二十五年《光山县志》卷 1，页 1 上—下。
7 同治十三年《上江两县志》卷 7，页 7 下。
8 光绪三十年《句容县志》卷 6 下《风俗》。由河南移民传入的新颖机巧的方法或稻谷栽种的记载见民国九年《六合县续志稿》卷 14，页 2 上—3 上。
9 此说承胡适博士提供。

从这一事实可以看出，自太平天国时期以来，河南移民在南京周围落户之多。

安徽由于地位更居中心，战祸波及范围也特广，吸引了各省农民。在皖南丘陵区落户的移民来自湖广、河南、浙江中部和南部的县、若干淮北县[1]。安徽中东部战后仅 30%—40% 人幸存，主要依赖来自豫南和本省几县的移民[2]。河南的人口膨胀，加上光绪三年至四年（1877—1878）的华北大旱，又使河南、山西和陕西大批灾民加入新的移民洪流，移入安徽淮北各县[3]，对安徽少数几个受太平天国战争影响较小县份的农民来说，一度人烟稠密而今却一片荒芜的农田，在省内到处可见，唾手可得[4]。尽管有移民不断涌入，战后安徽的人口总的说来，比苏南和杭州湾三角洲少。农业的恢复也因频繁的天灾、盗匪以及本地人与移民之间经常发生的冲突而步履维艰。

战后整个浙江北部、特别是其中富庶的冲积地带，很快从人口早已饱和的绍兴、宁波二府吸引移民。其他沿海的各府如台州和温州的无地农民，很快加入了宁、绍农民的行列，先在三角洲的嘉兴府安家，尔后又迁入处于河谷和低山的杭州府和湖州府[5]。但劳力不足的情况依然严重，因而又从远省吸收移民。表 34 是光绪三十二年（1906）《余杭县志稿》中外来移民的分类统计表。

1　光绪七年《广德县志》卷 24，页 15 下。

2　光绪二十三年《滁州志》卷 2 上，页 1 上。

3　民国四年《蒙城县志》卷 12，页 4 下及光绪十五年《宿州志》卷 35，页 23 上。

4　光绪二十九年《盱眙县志》卷 16，页 68 下及民国九年《全椒县志》卷 4，页 1 下。

5　《杭州府志》（编纂于光绪五年至民国八年，民国十二年刊本）及光绪三十二年《嘉兴县志》。

余杭是处于丘陵地区的小县，因而并不能代表整个长江下游地区外来移民的范围，但外来移民如此多的地理来源，也可以说明太平天国战后地区间人口迁移的宽广幅度。

表 34　光绪二十四年（1898）余杭县外来移民的原籍

原籍	户数	口数
绍兴	309	14,336
宁波	203	4,321
温州	841	2,983
台州	330	1,324
衢州	4	14
嘉兴	4	13
湖州	16	69
处州	21	61
金华	254	954
外省		
江西	36	147
江苏（南）	341	1,391
江苏（北）	8	19
河南	423	1,691
湖南	11	23
湖北	15	31
福建	5	16
广东	1	5
四川	3	11
船民	40	147
合计	7,414	28,499

资料来源：光绪三十二年《余杭县志稿·户口》，页 3 下—14 上。

长江下游地区尽管有大量移民涌入，经济和农业的恢复还是非常缓慢。太平天国时期对生命财产造成的严重破坏，加上本地人与外来人利益上的冲突，发展到 19 世纪 80 年代，已经引起省府官员的严重关切，这些都推迟了全面复兴的实现。浙西的本地田主最多只能容忍本省其他地区的移民，所以与外省移民间的冲突尤其剧烈[1]、长江下游地区后期的地方志所作的抽样统计显示，直到 19 世纪末，还很少有地方已完全恢复，而很多名城如杭州、苏州、镇江、扬州、常州、嘉兴和湖州仍处在持久的衰退之中[2]。

回顾这段历史，太平天国时期长江下游地区的人口减少似祸而非祸，因为它给了中国一个喘息的机会，以便重新调整人口与土地资源。同治三年（1864）后"剩余人口"最大的吸收者，正是道光三十年（1850）前人口密度最高的地区，这不能不说是历史的一大嘲弄。对 19 世纪长江下游地区人口与土地关系的变化，近代浙江一种方志已经作了十分全面的评论："咸丰初年，……人满为灾，受祸最酷，势为之也。谷虚来风，客民麋至，生息渐多。"[3]

五　东北的垦殖

东北地区与上述地区间的人口迁移不同，垦殖发生在近代，并引起了广泛注意。尽管东北地区与中国接触联系的历史非常悠

1　详见第 10 章第三节。

2　在明清两代，苏州产生的文人和获得高等功名的人比其他任何府都多。苏州的持续衰退是潘光旦一篇当代力作《清代苏州的人才》（清华大学《社会科学》卷 1 第 1 期）的主题。

3　民国十一年《新登县志》卷 11，页 1 上。

久，但直到 19 世纪后期东北的人口依然十分稀少。在中国本部各省区间的边远地区已经开发，太平天国后对长江下游地区的移殖接近完成时，东北是惟一尚未开发的地区，而该地区肥沃的土壤和丰富的矿藏足以供养大量来自华北的过剩人口。

满洲人在征服中国之前，清楚知道他们人力有限。据说到崇祯十七年（1644，清顺治元年）为止，满洲人对风雨飘摇的明帝国进行的零星袭击中，已掳掠了 100 万以上的北方汉人[1]。在明代也有数量有限的汉人在满洲几个城市中定居。顺治元年后，由于满洲八旗完全移入中国本部，东北的一些战略要地附近迫切需要新的居民定居。在顺治十年（1653）至康熙六年（1667）之间，清政府尽了很大努力，将一些罪犯——其中很多是明朝遗民和学者——遣戍比较发达的地区，如辽阳、吉林和齐齐哈尔；并特别鼓励华北农民去辽阳地区定居。但由于汉人对异族征服者的怀疑，又不愿远离故土，志愿前往的垦殖者寥寥无几[2]。

康熙七年（1668），康熙皇帝彻底改变政策，对汉人完全关闭了满洲的大门。满人的发祥地满洲应成为他们自己的宝地，而汉人移民流入会影响当地满洲人有利可图的人参贸易。同时为了保持尚武的部族习俗，满洲将被作为一个辽阔的猎场。出于这些原因，在法律上满洲成了一个真空地区，并立"柳条边"将南满与北满、东满及内蒙古分开。

1　谢兴尧《清初流人开发东北史》（上海 1948 年版）附录。

2　刘选民的《清代东三省之移民与开垦》（《史学年报》卷 2 第 5 期，1938 年）是东北早期移殖史最好的研究论文之一，本书关于东北开拓的历史概述即以刘氏这篇论据充分的论文为基础。

随着汉人逐渐习惯于满人的统治，以及 17 世纪后期华北人口的增长，相当数量的华北农民不时偷偷进入东北禁区。"柳条边"无法阻止山东农民在辽东半岛登陆，而从山东北部港口前往辽东是轻而易举的。直隶和山西的农民可以绕过"柳条边"到达富饶的松花江平原。清朝政府在水旱严重时对北方灾民迁往满洲只能予以默许，康熙在五十一年（1712）一道上谕中指出，进入满洲的农民仅山东一省就远不止 10 万。从直隶、山西和其他北方省份移入满洲的农民数字不详。在乾隆十五年（1750）至嘉庆十一年（1806）之间曾颁布一系列的法令重申禁令，但从未严格执行。

现在还可以找到一些满洲早期官方的人丁数和地税数，但它们无疑都太低。奉天（今辽宁省）的丁数，顺治十五年（1658）为 5,557，康熙十四年（1675）增至 26,713，雍正十二年（1734）增至 46,084。到雍正十二年，奉天的纳税田地总数达 2,625,967 亩，这项数字可能是用一种十分宽大的比率对实际耕地数折算出来的。有大批汉人移民和大片耕地肯定完全逃避了官方的登记，因为不时有成千上万外来移民户被发现。而且由于清政府早期的排外政策宣告失败，也由于满族旗人已变得穷困无聊，从乾隆六年（1741）开始，颁布了一系列法令准许在京旗人返回满洲承垦。这些旗人长期受汉族文化的侈靡影响，大多只能依靠汉人佃农生产，这又将更多的汉族农民带入满洲。至乾隆四十四年（1779），奉天归旗人所有而实际由汉人耕种的土地统计数是 6,275,835 亩，吉林为 6,337,360 亩。进入 18 世纪以后，满族旗人日益增加的经济困难，使政府将他们越来越多地送回满洲，这更使原来的禁令成为一纸空文。实际上，满洲在整个 18 世纪很少将华北农民拒之门外了。

尼古拉·穆拉维耶夫伯爵（Count Nicholas Muraviev）对黑龙江和乌苏里地区的侵略野心和举动，成了向满洲有计划移殖的第一次有力推动。黑龙江将军在咸丰四年（1854）的奏折中就已提出，挫败俄国领土阴谋的惟一办法是充实满洲北部的巨大真空地带，这一真空是由于康熙皇帝缺乏远见所造成的。在咸丰十年（1860），黑龙江以北和乌苏里江以东近 35 万平方英里的领土割让给俄国，此后对满洲的移殖已成为一项极其重要的政策。因此，咸丰十年将满洲最肥沃的地区之一——哈尔滨以北富饶的呼兰河平原处女地向汉族移民开放，次年又开放了一个异常肥沃的地区——吉林西北的草原。到 19 世纪 70 年代，呼兰地区已聚居了 10 万户汉人，光绪三十年（1904）置为府。甲午中日战争和 1904—1905 年的日俄战争更使对满洲的移殖成为全国关注的紧迫事务，在光绪三十三年（1907）满洲建为东三省之前，对汉人移民的一切禁令均已取消。

光绪三十三年，徐世昌被任命为东三省总督，使东北进入了民政治理的新阶段。设立了省移民局，新县也不断增设。警察机构经费充足，得以在该年对三省人口作了初步统计，结果是总数略低于 1,500 万，其中半数以上居住在南部的奉天省[1]。光绪三十三年（1907）的这项人口统计数虽然比同期其他省份的数字较为可信，但仍是不充分的。若干新设县份的人口和奉天的

---

[1] 徐世昌《东三省政略》（宣统三年刊本）卷 6。

满族人口没有数字，朝鲜移民的数字也不完全。光绪二十年至
二十三年（1894—1897）和二十五年至二十六年（1899—1900）
期间，任英国驻牛庄领事的谢立山爵士（Sir Alexander Hosie）
估计，光绪三十年（1904）包括满族人在内的东北全部人口大
约有 1,700 万[1]，这可能比光绪三十三年官方的初步统计数更接近
事实。

　　东北的自然条件有利农业。虽然作物以高粱为主，但其他
粮食作物也生长得不错。旱地稻曾是清代著名的贡品，但随着朝
鲜移民的到来，水稻在东北南部和东部很多地方栽种成功。小
米、小麦、玉米，以及到 20 世纪，甘薯和土豆都已普遍种植[2]。
大豆生产迅速增长，成为主要产业，最引人注目。根据谢立三
的估计，光绪二十六年（1900）的产量是 60 万吨，到宣统元年
（1909）已增加到 200 万吨。中国海关于宣统二年（1910）的一份
特别调查报告指出："只是在最近三年，大豆才在洲际贸易中变得
重要起来，这一崛起的确已成为当前最重大的贸易事件之一。"[3]
报告中对大豆贸易光明前景的预言是正确的，因为在 20 世纪
20 年代和 30 年代初，东北完全垄断了世界的大豆和豆油出口。
1931—1937 年间的平均产量是 4,268,000 吨，而中国其他地区的
平均产量是 6,092,750 吨[4]，这一因素增强了对华北农民到满洲从

1　谢立山《满洲：人民、资源和近代史》（纽约 1904 年版），页 122。

2　关于东北自然条件的概述，见 E.E. 阿纳特《初期拓殖区满洲》，收入《初期拓殖
　　合作研究》（纽约 1932 年版）。关于作物，见民国二十二年《奉天通志》、光绪
　　十七年《吉林通志》和民国二十一年《黑龙江通志稿》中作物和物产的篇章。

3　《东北的大豆》（中国海关特别报告 31 号，1931 年）。

4　T.H. 沈（译音）《中国的农业资源》（依塞卡 1951 年版）第 27 章及附录表 2。

事农业垦殖的吸引力。铁路和工业的发展创造了更多就业机会。

在 20 世纪 20 年代，华北平原的省份由于人口、内战、苛捐杂税和饥荒的持续压力，而满洲的充裕、相对安宁和政治稳定与此适成对比，增加了向满洲移民的推动力。中国和日本的铁路和轮船公司为贫苦农民提供减价票，更便利了移民运动，移民的数量见表 35。

表 35　1923—1929 年满洲移入、移出及居留人口数

年份	移入人口数	移出人口数	居留数	居留数占移入人口百分比	净移入（以1923年为100%）
1923	342,038	240,565	101,473	30	100
1924	376,613	200,046	176,567	47	174
1925	491,948	239,433	252,512	51	249
1926	571,648	323,566	249,082	43	245
1927	1,016,723	338,082	678,641	67	669
1928	938,472	394,247	544,225	58	536
1929	1,046,291	621,897	424,394	41	418

　　资料来源：何廉《中国东北边区的人口移动》，《中国社会与政治科学评论》卷 15 第 3 期，1931 年 10 月。

内地通往满洲的主要陆线是北平—沈阳铁路，主要的离岸港口是青岛、芝罘、天津和龙口，也有数量较少的船是在苏北的海州起碇的。移民主要来自山东、河北和河南。开始时他们与故乡的感情联系还相当强烈，因而仅作季节性的迁移[1]。但由于满洲

1　关于山东的移民团体，见瓦尔特·杨《满洲的汉族移民及拓殖区》，《初期拓殖合作研究》。

优越的经济条件，越来越多的华北农民在那里定居 [1]。20 年代在华北有些地方，当地受过教育的人发起了等于是为东北作义务宣传的运动，本地人迁往东北后致富的成功事例，使这种宣传更加有力 [2]。正如表 35 所示，1925 年以后移民的特点已由季节性迁移，变为永久性的移殖。仅在 1923 年至 1929 年的 7 年间，就有总数达 250 万的人口在东北定居。咸丰十年（1860）至 1920 年间移入东北的人口数量不得而知，但似乎可以推测，数量不可能像 20 年代这样多，由于交通状况更加困难，无法为移民们每年的往返提供低廉的费用，所以居留的百分比可能比较高。

东北垦殖的状况只能作大约的估计，因为东北直到 1940 年才有比较可靠的人口普查，甚至直到日本占领结束时还很少有精确的土地统计数。南满铁路公司研究局估计：1930 年，即日本发动征服满洲战争的前一年，辽宁、吉林和黑龙江三省的总人口有 3,430 万。由于谢立山对 1904 年的估计数 1,700 万，可能比徐世昌 1907 年的初步统计数 1,500 万，更接近事实，也由于一般都认为 1940 年前满洲官方的人口数字都偏低 [3]，我们有理由推断，从 1904 年到 1930 年这四分之一世纪间，三省的总人口不止翻了一番。人口增长的主要原因是人口移入。1940 年首次人口普查的结果包括热河和关东租界在内的总人口为 4,450 万，1953 年普查获得的人口总数是近 4,700 万。

东北作为农业垦殖区的前景，从土地统计数可以窥其一

1　民国二十三年《清河县志》卷 3 对移民态度这一转变有很好的叙述。

2　民国二十年《长葛县志》序。

3　F. C. 琼斯《1931 年来的满洲》（伦敦 1949 年版），页 206—207。

斑。到 1945 年，东北一区包括热河在内的耕地面积可能已达到
4,200 万英亩。30 年代后期，满洲傀儡政权估计可耕而未耕的土
地达 4,300 万英亩，比已经利用的面积略大。但一位专家指出：
由于土壤状态较差、降雨量少以及土地使用方面的种种困难，未
来的农业开发将受到影响[1]。1949 年以后，土地所有权和使用权
已不成其问题，但东北是否像过去那样仍然能迅速吸收大批华北
农民值得怀疑。不过在中国这样一个人口拥挤的国家，在可以预
见的未来，东北依然是最重要的农业开垦区。

六 其他主要的人口迁移和向海外移民

台湾的开拓 明朝的孤臣郑成功—— 或称国姓爷—— 于
1662 年（康熙元年）驱逐了荷兰人后，台湾开始吸收从福建南部
和广东东部沿海地区迁去的大陆移民。明朝遗臣与清朝间的战争
延续到 1683 年（康熙二十二年），在此期间，中国大陆东南沿海
的居民撤往内地，严格禁止向台湾的移民，康熙二十二年后，东
南沿海开放，到台湾西海岸富饶的冲积平原落户，或作为季节
性农业劳力的人数与日俱增。兰鼎元（1680—1733）平定了康熙
六十年（1721）台湾暴动，曾作综述：

> 广东潮、惠人民在台种地佣工，谓之客子，所居庄曰客
> 庄，人众不下数十万，皆无妻孥，时闻强悍。然其志在力田
> 谋生，不敢稍萌异念。往年渡禁稍宽，皆于岁终卖谷还粤，

---

1 A.J. 格兰丹涅夫《成为拓殖区的满洲》，《太平洋事务》1946 年 3 月。

置产赡家，春初又复之台，岁以为常。[1]

我们从这里和他的其他奏折中可以了解到，去台湾的移民主要有两种：从广东东部去的季节性劳力和从福建南部沿海漳州、泉州府去的永久性移民[2]。

康熙六十年（1721）的暴动又导致对东南沿海向外移民新禁令，但由于官方只能防卫台湾西部的几个主要港口，而台湾的非法移民在整个 18 世纪仍是持续不断。人口的增加迫使广东中北部内地嘉应州的人们，也加入移殖海外的行列，成为台湾的拓殖者，由 18 世纪和 19 世纪初期的移民开垦的农田大多未作登记[3]。嘉庆十六年（1811）人口统计的结果，除台湾土著外共有 232,443 户，男女老幼 1,901,833 口[4]；这说明到 19 世纪对台湾移民的特点已经发生了根本变化，绝大多数广东移民已经定居。在嘉庆十六年的统计中，单身季节性农业雇工可能已被包括在地主的家庭成员之中，从而使每户的平均人口提高到略多于 8 口。但嘉庆十六年的户数和口数还是很能说明问题的，台湾人口中的绝大多数已成为定居者，这一点是毋庸置疑的。

19 世纪 70 年代台湾和琉球之争所显示出来的，明治日本对中国沿海的领土野心，使中国政府对移民台湾的政策发生了根本的改变。以前为法令所禁止的移民而今受到极大的鼓励。光绪十

1　蓝鼎元《鹿洲初集》（雍正十年刊本）卷 11，页 33 下—34 上。

2　《鹿洲奏疏》（雍正十年刊本）卷 1，页 5 下。

3　丁曰健《治台必告录》（同治六年刊本）卷 2，页 73 下、78 下。

4　道光九年《福建通志》（同治十年重刊本）卷 48。

年（1884），著名的刘铭传被任命为台湾巡抚，尽管当时台湾还只是福建省辖的一个府。三年后该岛改建为新的行省。从光绪十年到十七年（1891）7 月卸任，刘铭传给移民发放船资，并大大扩展了耕地面积[1]。在他强干有效的治理下，光绪十三年（1887）进行了人口统计，结果是除土著外总人口达 320 万[2]。这一数字看来是相当精确的，因为 1895 年（光绪二十一年）日本占有台湾后进行的第一次人口统计的结果是 2,697,845 名大陆籍"本地人"，据了解 1895 年后不久就有 20 万至 30 万中国人逃回大陆[3]。我们还可以断定，从 18 世纪后期已经减少的每年流入的大陆季节性农业雇工，至此已暂时中断。

据估计，在日本占领的第一年，台湾的大陆人口中来自福建南部泉州、漳州的福建人有 200 多万，原籍广东的客家人约 50 万，他们来自山区，从事艰苦的农业开垦和樟脑提炼[4]。还有少数人来自广州地区，主要是城市的批发、零售商；以及少数北方人。尽管我们无法了解在嘉庆十六年（1811）至光绪十三年（1887）期间增加的 130 万人中，自然增长和外来移民各占多少百分比，但光绪十三年 320 万的统计数表明在清代大多数时间内，台湾从福建南部和广东东部沿海和中北部吸收的过剩人口，达到了相当大的程度。但与大陆地区间的移民相比，台湾的移民只是小巫而已。

1　周荫棠《台湾郡县建置史》（重庆 1943 年版）。

2　连横《台湾通史》（上海 1947 年版），页 109。

3　詹姆斯·W. 戴维森《台湾岛的过去和现在》（纽约 1903 年版），页 398。

4　《台湾岛的过去和现在》，页 591。

广东西部和海南岛的客家移民 客家的先世是中国北方人，他们的第一次南迁在公元 4 世纪中国北方受到异族入侵之时。在过去 16 个世纪中，客家人曾有过 5 次大迁移，但只有最后两次发生在本书研究时期之内。他们于明代初年的第三次迁移之后，在粤北、赣南部分地区和闽之西南定居。确切的证据可证明，客家人在清代前半期加入了向长江流域内地山区的大迁移，特别是向四川的迁移[1]。

我们最关注他们的第五次，也是最近一次迁移，这次迁移发生在十八九世纪。人口的持续增加和南岭山脉所能提供的有限的生活资料迫使客家人在雍正初年开始向山下移动，迁入广东中部和平原地区，逐渐移到广东沿海并迁往广西和台湾。由于他们吃苦耐劳，生活节俭，财产稳步增加，随后就与广东本地人发生了严重冲突。这种斗争至咸丰六年（1856）达到高潮，在广州西南珠江口几个县中发生了严重的流血事件。尽管由于巡抚亲自干预和仲裁，使这一历史性冲突在同治六年（1867）获致最终解决，但客家人发现还是离开人烟稠密的平原地区为好。他们因而投入了以往人口稀少的广东西部地区包括雷州半岛和海南岛西部的开发。我们无法了解估计总数达 1,600 万的客家人中，有多少人参加了这最后一次迁移，但说这次迁移与对台湾的垦殖一样具有地区性的意义，应该是毫无问题的。

饥荒、战争和人口迁移 这些重大的地区间迁移的同时，尚有由于地区性的饥荒和战争而引起的人口迁移，也涉及大量人

1　关于客家这一节均据罗香林《客家研究导论》（广东兴宁 1933 年版）。

口，光绪三年至四年（1877—1878）波及整个西北各省，尤其是陕西中北部的大旱引起了新的迁移浪潮[1]。陕西很多县因而人口锐减，使留下来的地主、地方和省政府，试图首先从邻省湖北、四川，然后从遥远的省份如湖南、安徽、江西和山东，吸收移民[2]。这次向陕西中、北部的移民可能涉及数百万人之多。在 1928 年骇人听闻的大旱灾后，历史又重演了，但具体的地方资料至今未见披露。

据说 19 世纪 60 年代和 70 年代的"回乱"使陕西、甘肃的人口锐减，同样造成了许多无人区，由外省移民逐渐填补[3]。由地区性的饥荒和战争造成的人口迁移，多得不胜枚举。其意义虽不如地区间的主要人口迁移重要，但在近代的人口和土地资源的调整中，饥荒和战争也起了显著的作用。

对海外移民　虽然海外移民对中国的人口增长率几乎不发生作用，但已经成为多种论著的研究对象[4]。早在十五六世纪闽南沿海的华人已去东南亚的岛屿贸易和开拓，但对海外有系统的移民只能追溯到 19 世纪 40 年代中国门户开放之后。在很多地方，来自广东和福建的移民只是到 19 世纪较晚的时候才开始具有显著的比率[5]。在拉丁美洲和加勒比国家、北美、马来亚、荷属东印

1　关于光绪三年至四年的大旱涝，见第十章第二节。

2　民国二十三年《陕西通志稿》卷 31。

3　见第 10 章第三节。

4　陈达《华人移民及其劳动状况》（华盛顿特区 1923 年版）；H.F. 麦克耐尔《海外华人》（纽约 1933 年版）；维克多·帕塞尔《东南亚的华人》（伦敦 1951 年版）。

5　光绪二十二年《四会县志》一《风俗》；光绪二十四年《嘉应州志》卷 8，页 54上—55 下；民国二十二年《开平县志》卷 1，页 20 上—21 下；民国二十二年《恩平县志》卷 4，页 4 下—5 上。

度，暹罗、菲律宾以及其他东南亚岛屿和国家的中国移民的经历和华侨社区的背景已经尽人皆知了，但至今还没有一个全部海外华人的确切数字。H.F. 麦克耐尔在 1921 年作的 860 万的估计数是得到广泛接受的，最新的估计数在 1,000 万至 1,300 万之间。虽然这些估计总数没有试图将移民的净总数与海外较早建立的华人社区的自然增长区分开来，但还是说明了这些移民对减轻广东和福建的人口压力，具有意义。

从人口统计学的意义看，海外移民的作用仅限于东南沿海地区，但它的经济意义要大得多。F.C. 雷默估计 1914—1930 年期间平均每年的华侨汇款大约有 2 亿元[1]。以后更具体的研究说明他的估汁还是相当保守的。1937 年一年间，仅广东获得的侨汇就达 1.8 亿美元[2]，1931—1935 这五年间的侨汇为 13 亿元[3]。直到 20 世纪 30 年代，当中国的进口飞速增长时，侨汇经常起着帮助中国平衡国际支付的作用。所以海外移民经济上的重要性已经远远超出了人口统计上的作用。

从广义上说，人口与土地关系的历史变迁可以从各地区间人口迁移的记载加以探求。我们可以假定，到嘉庆五年（1800）前后土地的供给可能还不是一个严重的问题。对四川的移民和长江流域高地、汉水流域的开发大概正是对 17 世纪晚期和整个 18 世纪人口增加的反应。到 19 世纪前半期，中国内地似乎到处都面

1　F.C. 雷默《外国在华投资》（纽约 1933 年版）第十章。

2　元姚曾荫《广东省的华侨汇款》（社会科学研究所，重庆 1943 年版）。

3　吴承禧《厦门的华侨汇款与金融组织》，《社会科学杂志》卷 8 第二期，1937 年 6 月。

临人口对土地资源日益增长的压力，但长江流域最为严重。只有长江下游地区的人口急剧减少才能给中国一次暂时的喘息，以便调整她的人口与土地资源的关系的机会。从 19 世纪后期开始，东北开始吸收百万的华北农民，东南亚和新大陆为东南沿海地区的过量人口提供了新的出路。尽管从长远来看，这些迁移都有利于中国安置她日益增加的人口，但中国的人口—土地比率似乎每十年就变得更加不利，仅太平天国后的长江下游地区例外。随着对外移民已实际停止，东北已基本充实，与日俱增的中国人口将主要依靠工业化和提高农业的技术水平来维持了。

第 8 章
土地利用与粮食生产

　　明、清和近代土地利用的不断改进是人口增长的一个有利因素。耕地面积的扩大和单位面积产量的提高，多少由于农业劳动密集度的增加，但更主要由于多种农作物的稳步改善。有人根据某些地区中国农民几世纪来一直使用同样的农具，说中国的农业在几个世纪中没有出现技术革命[1]。这话部分是正确的，但是这样一种概括并不能无限制适用。明代对农具有过重大改进，尤其是各种水车。畜力，特别是公牛和水牛的增加和东南地区灌溉工程的建设，都需要作进一步的研究[2]。无论如何，并不是每一项生产技术的重要变革都必须与新器具和新机器的引进相联系的。举个突出的例子：近代西方钢铁工业的第一次重大革命是由新燃料的使用引起的，而不是靠机器。中国农业的核心是作物制度。在缺乏重大的技术发明的情况下，作物的性能足以使农业的前沿地带越来越离开低地、盆地和谷地而进入较干旱的丘陵和山区，因而对全国粮食增产在近三百年中起了重要的作用。

1　陈达《近代中国人口》，《美国社会学学报》1946 年 7 月号第二部分特稿。

2　关于明代农业改良的概述，见梁方仲《明代一条鞭法年表》，页 41。

一

过去一千年间，中国土地利用和粮食生产的第一次长期的革命是 11 世纪初开始广泛传播的早熟稻所引起的。农业和语源方面的证据说明，尽管古代和中世纪的中国就已经有了少数的土生早熟稻品种，但它们的重要性远不如需要灌溉良好的低地和肥沃的粘性土壤的高产量晚稻和中稻。6 世纪前半期编成的、现存最早的系统的中国农业专著《齐民要术》记载了水稻从秧田移入稻田后的成熟期一般需要 150 天[1]。由于稻种在秧田中要生长 4 至 6 周，这说明，在古代和中世纪水稻全部生长期至少要 180 天，这样长的生成期使收获后在同一块田中，种二茬庄稼非常困难。而且在中国适合于栽种晚稻、中稻而给水充分的低地相当有限，这是普通的地理常识。正因为如此，直到公元后 1000 年末，水稻栽种区实际上仅限于长江流域的三角洲、盆地和河谷[2]。

唐（618—907）和五代（908—960）时期水稻地区人口的增长使中国经济和人口的重心由西北转到东南，使宋初的皇帝必须扩大水稻栽种区。宋真宗（998—1022 年在位）对粮食的供应深为关注，福建从印度支那中部占城国引入一种早熟而较耐旱的水稻。大中祥符五年（1012），长江下游和淮河流域大旱，从福建装运了 3 万石占城稻种分往旱区。为使江淮农民熟悉这一有价值的品种，官府散发了讲解耕作方法的小册子。大中祥符五年占城

1　《齐民要术》（《四部备要》本）卷 2，页 9 下。

2　全部史料及详细论述见拙著《中国历史上的早熟稻》，《经济史评论》1956 年 12 月。本节中大部分说法不再引证。

稻的推广导致东南各省的普遍栽种，而且引起了中国农民对发展适宜较贫瘠土地栽种的、更早熟品种的重要性的注意。

据宋代浙江和苏南的方志记载，原来的占城稻从移栽后的成熟期是 100 天。这正适合供水较好的山地，而这些山地是不适宜中、晚稻的。到 12 世纪，聪明的中国农民已培育成功不少新的品种，移栽后 60 天就能成熟。占城稻的引进和早熟品种的进一步发展，影响是多方面的：首先，早熟品种大大保证了两熟制的成功，使中国农业，特别是水稻地区的农业著称于世界。由于在长江流域水稻一般是夏熟作物，较短的生长期就使同一块地在水稻收割之后，可能种上小麦、油菜或其他越冬作物。而中国古代和中世纪的晚熟稻就会使这一循环作物在中国很多地方，即使不是完全不可能，也是相当困难。其次，在越冬作物的收获和水稻的收获之间有很长的间隔，很多世纪以来农民一直为青黄不接而担忧。早熟稻便成了很好的补缺作物，其口味和食物价值远远胜过其他杂粮。再则由于早熟稻用水比其他品种少，使只能利用泉水和雨水浇灌的高地和坡地便有可能种植。以获得供水较好的山地为基础，土地利用和粮食生产的每一次长期革命就这样开始进行了。

早熟稻的传播像其他粮食作物的传播一样，需要一个缓慢的过程。直到南宋（1127—1279）时，早熟品种的传播范围大概还只限于浙江、苏南、福建和江西。近代中国的粮仓——皖南低地和湖北、湖南的大部分地区当时还缺乏早熟品种，因而农业并不发达。作为稻米产地的南方和小麦产区的北方分界线的淮河平原，曾经是根据大中祥符五年（1012）诏书引入占城稻的地区，但北宋于靖康元年（1126）覆灭之后，遭受了长期的经济衰退，以后又沦为与征服北方的女真人之间的主要战场，直到十二三世纪还是一片荒芜。这些战争和汉族人口普遍南迁使该地区在 11世纪已经取得的农业成果荡然无存。湖北的情况亦复如此。

宋代占城稻的传播虽主要限于三四个省，但被引入的一个世纪内粮食生产和人口增长的效果即已显著，因为在崇宁元年（1102）和大观四年（1110）官方登记的全国户数已经超过 2,000万。一些重要的日本历史学者既已指出宋代官方户数登记绝不如熟知的漏报"总人数"而较为正确 [1]，因此似乎有理由相信：到 12世纪开始时，中国的实际人口在历史上已首次突破 1 亿大关 [*]。

占城稻种此后一直不断地在稻作区域传播。根据现存的明代史料和方志记载，在宋代主要限于长江下游地区的"六十日"品种已经远达广东，在全部稻作区内已经相当普遍。在嘉靖十年（1531）《广西通志》编成之前，"白占城"、"红占城"以及其他早熟品种已在广西扎根。万历二年（1574）《云南通志》将早熟稻置于蒙化府作物的首位。位于四川盆地心脏地带的成都府，在天启元年（1621）的府志中虽然没有列举水稻品种的名称，却特意指出"白占城"已用于制伏旱田。甚至在河南，到 16 世纪时早熟品种也已很普遍。

早熟品种的大多数俗名由于过于怪诞，对我们的研究用处很

---

[1] 日本学者对宋代人口研究的优秀成果颇多，其中加藤繁的三篇论文立论更公允，均已收入其遗著《支那经济史考证》（1953 年东洋文库）中，见卷 2，页 317—403。

[*] 译者注：关于宋代人口总数，作者另著有《宋金时中国人口总数的估计》，见本书附录五。

少。但是那些显示原产地的品种名称却清楚地说明了早熟品种的持续传播，如皖南低地在宋代曾经是农业不发达地区，在 15 世纪却出现了"白六十"、"红六十日"之类品种，还出现了带地名的品种如"江西早"、"湖广早"和"广东早"。芜湖周围的低地从此成为早熟稻的中心产区。到 17 世纪初，可能更早，在福建南部沿海的泉州偏南的地方也出现了称为"苏州红"、"河南早"的早熟品种。18 世纪时又增添了另一个名为"山东籽"的北方良种。湖北、湖南二省在明代跃居主要粮食输出区的地位，必与当时引进并发展了许多新稻品种有关，可惜这两省有限的明代方志和康熙二十三年（1684）《湖广通志》都没有任何系统的作物资料。但在嘉庆二十五年（1820）湖南编成的本省第一部通志中，不仅有一些完全可以肯定的早熟品种名称，如"五十日"和"四十日"的占城品种，而且有十多个品种从其名称就能判定原产地，如苏州、南京、梁山（四川西南）、贵阳和思南（贵州）、江西、广东、云南和交趾。

自占城稻引入几世纪以后，最快的早熟品种从移栽后需要60 天。相当多的从 120 天至 60 天的早熟品种也有助于解决水稻地区的作物循环问题，但在水稻区的边缘地带需要成熟期更短的品种，以及适应异常不利的自然条件的特殊品种。苏北沼泽平原每年遭受夏涝，随后大半年是一片泽国，就是这样一个令人沮丧的地区。正因为如此，处于江苏平原心脏地带的高邮和泰州实际就成了成熟极早品种的试验农场。为了对付每年的夏涝，高邮的农民在 16 世纪就育成了 50 天的品种。浙西南一些内陆地区和江西滨湖地区可能也各自育成了这种 50 天品种。正是这种 50 天品

种才使高邮农民在康熙五十九年——六十年（1720—1721）特大
洪水时免于颗粒无收。在 18 世纪高邮和湘南的衡州可能各自育
成了 40 天的品种。当道光十四年——十五年（1834—1835）的
洪水使江苏遭受特别严重的损失时，据说在湖北育成的 30 天种
立即输入并发放给江苏平原的农民。水稻地区边缘地带农民育成
和传播这些极其早熟的品种，说明中国本部的稻米栽种差不多已
经达到了饱和点。30 天品种可能是见于纪录的世界史上成熟最
快的水稻。现代育稻专家们怀疑明清方志中"四十日"、"三十
日"等稻种的记载，恐怕事实上所谓的"四十日"和"三十日"
成熟所需的时间，连同培秧，应该还是百日左右。稻品俗名之中
的夸大成分毫无疑义是存在的。

　　有些地方也需要一种栽种得晚却也能快熟的品种，这是由于
当地良田有限，而本地的循环耕作制度又有此要求。至迟到明
代，若干占城品种已被育成耐寒品种，因而能于春季作物或早稻
完全收割后的盛夏栽种。由于它们是在晚秋或初冬收获的，所以
被称为"冷占城"或"冬占城"，这类名称在浙江、福建、江西
和湖南不少近代早期的方志中都有记载。这些品种造成了一种多
样的作物体系，也给了江西滨湖农民应付每年一度洪水的武器。
江西湖区一般在农历六月洪水开始退去时栽种一种特别的红稻。
万历三十六年（1608）浙江北部一县遭受异常严重的水灾，洪水
退后地方官将这种红稻引入栽种。尽管种得迟，却能很快成熟，
保证农民获得不错的收成，因此这种红稻声名大噪。江苏平原的
泰州同样以这种迟栽快熟的红稻著称。此后不少方志中都记载了
江西的主要港口九江的红稻和"泰州红"。到 18 世纪初，于洪

水退去后种植快熟迟栽稻种的做法在稻区已经日益普遍。

　　在历史上像农业这样进展缓慢的产业，的确很少有堪称革命的事件，更不必说中国大体上自给自足的农业。但占城稻的引进和随后各种本地和外来的早熟品种的传播，最终产生的效果已经超出了宋初几位皇帝的梦想。在占城稻引进后的两个世纪中，中国东部稻米区的景观已经明显改观。到 13 世纪，长江下游地区和福建那些水源、气候和土壤条件适宜种早熟稻的丘陵地带大多已变成种稻的梯田。早熟稻不仅保证了两熟制的成功，而且延长了长江地区的经济霸权。这一霸权一个确凿的证据是：在整个宋、元、明时期，稻米区的人口增长比华北快得多。在元、明两代，早熟稻的栽种在西南各省和湖北、湖南也相当普遍，两湖从此成了中国的谷仓。到利玛窦时代（1553—1610），在珠江三角洲，双季稻、有时三季稻已很普通[1]。

　　在 19 世纪 30 年代，当主要水稻区的早熟稻生产已近饱和时，林则徐（以鸦片战争闻名，也是一位早熟稻权威）做过这样的估计：全国早熟稻的总产量大致与中稻、晚稻的产量相等[2]。这可能有夸张的成分，因为目前中国的早稻只占全部稻产的四分之一。但是大量有分量的证据证明中国农业体系正越来越成为劳动密集典型，由于明代和清初人口几乎在持续增长，同时由于大多数地方早熟稻的栽种推进了一种更为繁忙、更好的轮作制度，间接提高了本地的粮食产量，所以早熟稻对近代早期中国整个粮食供应的作用是非常重要的。早熟稻种对丘陵区梯田的发展，显然

1　利玛窦《十六世纪的中国》，《利玛窦笔记 1583—1610 年》，纽约 1953 年版，页 12。
2　林则徐《李彦章〈江南催耕课稻编〉序》（序作于道光十四年，书刊于光绪十四年）。

发生了长期间枢纽作用。

回顾起来，我们可以提出这样的看法：在过去一千年的大部分时间内，中国的粮食状况完全可能比欧洲的好；因为早熟稻给土地利用和粮食生产带来了一场重大的长期的革命，而在欧洲，直到 18 世纪农业才发生重大变革。如果这种看法正确的话，世界人口史学家应该了解，就粮食供应的观点而言，从公元 1000年开始，中国人口就有条件开始持续性的增长。

二

早熟稻在增加粮食供应方面的作用是相当明显的，但由于没有大批的史料，来自华北的旱地作物在水稻区的传播就很难作系统的追述。可是北方的各种作物在华中和华南传播的总效果并不是无足轻重的，因为中国农业史的大部分是由适当的作物征服低劣的土地写成的。在近代早期和近代，随着人口的增加，利用新土地的需要越来越迫切。尽管现有的资料零散不全，我们还应尽量弄清中国，特别是其稻米区利用边缘土地的主要经过。在缺少重大的技术革新的情况下，中国农民与新土地斗争的主要武器是作物；所以我们以下的讨论就集中在作物上。

高粱是在蒙古人的征服之后开始广泛传播的 [1]，玉米、甘薯、马铃薯和花生是在哥伦布时代后引入中国的，而其他旱地作物如小麦、大麦和小米则是古已有之的 [2]。现有的古代史料中至多只有

---

[1] 迈埃科·海格蒂《评有关中国高粱的论著》，《哈佛亚洲研究学报》1940 年。

[2] 只有小米是中国原产，见 N. I. 伐维洛夫《N. I. 伐维洛夫选集》，K.S. 切斯特译，《植物学编年史》卷 13，1—6 期，1949—1950 年。

某地区主要作物非常概略的资料，经常难于了解古代这类旱地作物在华中和华南是否已经栽种得相当普遍[1]。但可以肯定，古代长江地区总的来说农业还相当原始，以稻子为主要粮食作物。西南地区，特别是四川省，由于具有副热带的夏季，生长期长，土壤肥沃，似乎比南方其他农业区拥有更多种的作物[2]。由于要系统论述作物的迁移离不开大量的方志，而明代前的方志数量很少，因此北方旱地作物在水稻地区传播的主要阶段基本只能从官方诏令中加以推断。

　　目前所知最早的由政府全力鼓励在水稻区种植小麦、大麦是在公元 318 年（晋元帝太兴元年）。当时北方已陷于胡人，晋元帝在南京称帝。流亡政府对粮食需求很大，为保证供应，所以下了这样的诏书："徐、扬二州土宜三麦，可督令燡地，投秋下种，至夏而熟，继新故之交，于以周济，所益甚大。"[3] 可以想见，在 4 世纪估计达 100 万的南迁移民中必定有些人带来了种麦的常

1　主要地区性作物仅在这些著作中略有提及：《禹贡》（最早的地理著作之一，可能成书于公元前 4 或前 3 世纪）、《周礼》（儒家关于礼制的经典，可能成书于西汉初）、《史记·货殖列传》、《汉书·地理志》。两种早期的地区性地理著作中有更专门的记载，但同样不完整。《越绝书》（《四部备要》本）卷 4 页 3 下，这是现存关于浙江的最早著作，大约由袁康于 1 世纪初编成，保留了公元前 5 世纪一些有价值的资料，据说在今天的绍兴地区当时已生长小麦、大麦和小米。常璩《华阳国志》（《四部备要》本）卷 3 页 9 下、页 11 上，卷 4 页 7 上。这是一部在 3 世纪后期编成的全面的四川地理著作，提到五种主要谷物在四川都有。

2　宋代在大部分水稻地区双季稻还不普遍，但四川据说每年可种三四种作物，见《宋史》（《四部备要》本）卷 89，页 12 下。

3　《晋书》卷 26《食货志》。徐州大致即苏北和皖北的淮河地区，扬州大致即江苏的大部分和皖南。

识、经验与技术[1]。地方循吏不时地劝谕也有助于小麦和其他旱地作物在南方的传播[2]。有关小麦的这些零星资料尽管证明了在中世纪早期某些长江流域地区已栽种小麦，但还绝不能说明小麦在水稻地区的农业体系中已经获得了重要地位。

水稻区扩种麦类的重大进展始于宋代（960—1279）。在 10 世纪后期，"言者谓江北之民杂植诸谷，江南专种粳稻，虽土风各有所宜，至于参植以防水旱，亦古之制。于是诏江南、两浙、荆湖、岭南、福建诸州长吏，劝民益种诸谷，民乏粟、麦、黍、豆种者，于淮北州郡给之；江北诸州，亦令就水广种粳稻，并免其租。"[3] 靖康元年（1126）北方为女真人所占后，宋朝还颁布过一系列类似的诏令[4]。

宋朝皇帝在一定意义上可以被视为重农主义者，他们的反复劝谕在很大程度上取得了持续的成效。从宋代开始盛行的方志中，尤其是长江下游地区的方志中，一般都有关于小麦的简要记载。丘浚于成化二十三年（1487）进呈皇帝著名的《大学衍义补》中，对宋太宗和宋真宗给予高度评价："今世江南之民皆杂莳诸谷，江北民亦兼种粳稻。昔之粳稻惟秋一收，今又有早禾

1　例如：郭文，原籍河内轵县，洛阳陷后，在浙江北部一丘陵地区隐居，种植豆麦，以余粮周济穷匮。见吕思勉《两晋南北朝史》（上海 1948 年版），1076 页。

2　例如：嘉泰元年（1201）《吴兴志》（1914 年重印本）卷 20 页 3 下："梁吴兴太守周敏劝人种麦。"

3　《宋史》卷 173，页 3 上，未载该诏确切年份，仅系此事于开宝六年（973）至太平兴国八年（983）间。

4　同上，卷 173，页 12 上—下，颁诏的年份是乾道七年（1171）、淳熙六年（1179）及嘉定八年（1215）。

焉，二帝之功利及民远矣！"[1] 从宋代以来小麦和其他越冬旱地作物在长江下游地区已栽种得相当普遍的又一个证据是：在长江下游大部分地区佃户仅根据秋收交租，而麦收免交租米，从此成为惯例[2]。种植小麦的好处已变得如此之大，以至到 19 世纪前半期，江苏的佃农因为小麦占地待熟而不愿种早熟稻[3]。

　　但宋朝皇帝的再三劝谕却无法克服气候和地形因素，也不能迫使长江流域内地地区的大多数种稻农民在土地供应还相当充裕的情况下，采用劳动更密集的两熟制。就历史土地利用资料所知，宋朝有关作物的诏令可能基本上只在江苏和浙江取得持久的成效。例如在湖南，淳熙六年（1179）的一份奏章证明，尽管皇上劝谕，仅二三州种植小麦[4]。由于气候湿热，加上其他作物的竞争，迟至 18 世纪初期，湖南的小麦栽种还非常有限[5]。甚至在今天长江流域主要的小麦生产省份之一的湖北，直到 18 世纪 30 年代之后，小麦还未在低地普遍种植[6]。在明代，福建的大部分都栽种小麦、小米、大麦、高粱，但都不是当地的主要作物[7]。9 世纪末一位广州司马证实，由于当地的热带气候，小麦常常不能成熟[8]。但在近代，即使在广东省的最南部，尽管自然条件限制了所

1　丘浚《大学衍义补》（1931 年印本）卷 24，页 9 下。

2　见苏南、浙江各方志；并见《中国经济年鉴》（商务印书馆 1935 年版）第七部分。

3　李彦章《江南催耕课编》林则徐序。

4　《宋史》卷 173，页 12 下。

5　雍正《朱批谕旨》54 册，页 75 下。

6　同上。

7　《八闽通志》（弘治三年刻本）卷 25。

8　刘恂《岭表录异》（《丛书集成》本）卷中，页 9。

有这些旱地作物的栽种范围，但它们还是相当普通的辅助作物。

详细论述北方旱地作物的南移虽然是不可能的，但关于它们在明清二代向边远农业区及次边远农业区传播的有价值的资料还是存在的。著名的天主教徒、大学士徐光启（1562—1633）敦促官员和农民注意在全年大部分时间受淹的土地上种植小麦的好处，在他那部著名的农业百科全书中有如下的解释：

> 北土最下，地极苦涝，土人多种薥秫，数岁而一收，因之困敝。余教之多蓺麦，当不惧涝。涝必于伏秋间，弗及麦也。涝后能疏水，及秋而涸，则蓺秋麦；不能疏水，及冬而涸，则蓺春麦；……此法可令十岁九稔。[1]

这并非单纯的理论，而是他在天津附近病休时多次亲自实验所取得的经验的总结[2]。

徐光启的名望和他的正确的常识使他的方法在 18 世纪为一些省级官员所采用，因为这时期中国的人口增加得非常之快。雍正五年至十一年（1727—1733）任湖广总督的迈柱在一份奏折中提到，湖北除北部二府外，小麦尚未广泛种植；但在雍正五年的大水之后，在省府的劝导下，湖北低地的农民开始普遍种植小麦了。小麦的收成早于夏汛的来临，所以此后种麦的好处越来越受到当地人们的赞赏[3]。从此湖北逐渐变成了近代中国五个主要的

---

1 徐光启《农政全书》（道光二十三年刊本）卷 25，页 15 下。

2 徐光启《徐文定公集》（上海 1933 年版），页 3—5。

3 雍正《朱批谕旨》54 册，页 75 下。

产麦省份之一[1]。自乾隆十四年至三十三年（1749—1768），除一短期间隔，一直任直隶总督的方观承致力于将直鲁交界地区和直隶（河北）中部沿子牙河的沼泽排干，并劝谕农民在已部分排干的土地上种麦。这一劝谕相当地成功，因为在这些本来免税的抛荒沼泽地区的农民，因种麦的收益而竟乐于纳税[2]。通过同样的办法，苏北一些沼泽地也部分得到了利用，这应归功于 18 世纪另一个著名的封疆大吏陈洪谋（1696—1771 年）的劝谕[3]。认识小麦成为应付每年一度洪水的有效武器，确已流行很广，因为 18 世纪初期云南某些沼泽地区的农民已经放弃种稻而主要依靠小麦和荞麦为生了[4]。在一些受涝后排水缓慢而困难的低地，需要一种迟栽早熟的小麦。由于这一原因，从乾隆五年（1740）开始春小麦被引入河南中东部的陈州府，而在这以前该府一直是冬小麦地区的中心[5]。在河南一些最差的沼泽地区每年仅能生长一种作物，而这种作物几乎都是小麦[6]。

在某些地区，大麦与小麦一样用于应付每年一度的洪水。在苏南的镇江有一种特别的大麦品种在农历十月至一月间任何时候栽种都可以，至迟在 17 世纪后期，这一品种对滨河低地的利用已

1　20 世纪 30 年代，湖北居山东、河南、江苏和河北之后，见 1935 年《中国经济年鉴》第五部分，页 53—54。

2　方观承《方恪敏公奏议》（咸丰元年刊本）卷 1，页 18 上—19 上；卷 5，页 42 下—44 上。

3　陈洪谋《培远堂偶存稿》（18 世纪晚期刊本）卷 40，页 1 上—2 上、30 上—31 下；卷 41，页 3 上—4 上；卷 46，页 24 上—25 下。

4　雍正《朱批谕旨》25 册，页 64 上。

5　乾隆十一年《陈州府志》卷 11，页 5 上。

6　道光十四年《舞阳县志》卷 6，页 8 上。

经起了很大的作用。在 19 世纪前半期，由于河床升高引起更频繁的洪水，使河边低地直到农历一月才能耕种，因而这种大麦的种植更加广泛。年复一年，这一特殊的品种给嗷嗷待哺的农民予方便的粮食，并从而使江苏中南部成为中国主要的大麦产区之一[1]。

尽管受制于季节性洪涝，小麦成为低地区最普通的作物，但从 7 世纪早期以后，湘北洞庭湖周围的平原意外地成了重要的粟产区。唐太宗（627—649 年在位）的兄弟李元则在任湘北的澧州刺史期间，坚持要农民在纳税时交一部分粟米秆，用为战马的饲料。由于粟是北方的作物，农民们不得不到湖北北部去运来粟米秆。为了节省运输费用和劳力，他们开始就地种植粟。这种作物的卓越适应性以及在农历五月上旬，即湖水上涨前就能收获的特点，使其成为该地区的大宗农产品，并因之闻名全国[2]。在此期间，湘北农民育成了若干特殊粟品种，能够在洪水退后的秋天种植并很快在初冬成熟[3]。作这样的假定大概是合理的：粟从湘北传入赣北鄱阳湖周围的平原，所以在赣北的方志中粟有相当广泛的记载[4]。

元明时期高粱在全国的传播比古代旱地作物的南移更难搞清。一位美国植物学和汉学家虽在一篇论据丰富思考缜密的论文

1　康熙二十四年《镇江府志》卷 42，页 2 上；光绪五年《丹徒县志》卷 17，页 2 上。

2　粟引入湖南滨湖地区一事首次是由宋人记载的，见张舜民《画墁录》（《稗海》本）卷 1，页 28 上；近代因吴其浚《植物名实图考》（商务印书馆重印本，页 16—17）一书而更为人所知。

3　嘉靖三十二年《湘潭县志》上卷，页 14 下；嘉庆十八年《常德府志》卷 18，页 13 下。

4　乾隆四十八年《广信府志》卷 2，页 67 上；同治十年《星子县志》卷 1，页 15 上；乾隆十四年《鄱阳县志》卷 7，页 20 下；道光三年《余干县志》卷 7，页 7 上。

中，做出了粟是在蒙古征服时期由西亚引入中国的结论，但他并不排除粟是在 13 世纪以前就已传入中国西南、尤其是四川的说法显得更为合理[1]。我主张粟更早传入之说，论据是根据以下的理由：首先，托名 3 世纪后期著名学者张华所著的早期自然史著作之一——《博物志》，明确提到粟，称为蜀粟，即"蜀地（四川）的粟"。《博物志》云："地三年种蜀粟，其后七年多蛇。"一般认为此书并非张华所著，但在中国古代将一部著作托名于某一著名学者是相当普遍的，这并不意味着该书的内容就不可信。高粱最早而依然非常通用的名称应与四川有关，这一点非常有意义。同时，关于高粱的记载也符合以后的种植方法，因为明代的方志和徐光启的《农政全书》证明高粱对潮湿的土壤有相当大的适应性，尽管也有些现代品种以抗旱能力著称。其次，《博物志》虽不必是张华所著，但却已被 6 世纪重要的农业论著《齐民要术》所引用；而在《齐民要术》中，有关高粱的段落见于"域外"作物一章中[2]。成书于 3 世纪后期的四川最早的系统地理志《华阳国志》提到四川的粮食作物种类比大多数其他地区为多，并记载了四川与西南徼外蛮夷的接触。出使大夏的著名使者张骞于公元前 2 世纪后期在中亚发现了蜀布和邛杖，据说是从四川经印度输入的。这一事实使我们可以相信四川自古即与境外的国家有相当多的接触[3]。我们肯定知道美洲的粮食作物是从海路和印度——缅

1　海格蒂《中国的高粱》。

2　《齐民要术》最后一章。

3　近年考古资料证明，中国是最早栽培水稻的国家，所以稻米并非由印、缅传入西南和华南。

甸——云南陆路传入中国的[1]，那么为什么原产于非洲的高粱要迟至蒙古人征服时才传入中国呢[2]？最后，由著名自然史家罗愿所撰，皖南山区徽州淳熙二年（1175）的志书中明确地描述了粘性的和不粘的红高粱、黑高粱，当地的名称是"芦穄"[3]。无可置疑地证明了早在蒙古人征服之前，高粱已经传入中国。

部分由于元代的宣传推广，高粱开始广泛传播。由于明代各省方志，无论南北，对高粱的记载一般均极简略，对其地理传播的主要阶段难于追溯。万历二年（1574）《云南通志》给人这样一种印象：尽管高粱不是主要作物，但已在全省范围内传播；这是高粱在西南出现的最早证据。开始时高粱大多种在北方的平原，甚至在一些部分被淹的土地上，但也适宜于南方某些地方的高原。在美洲的粮食作物传入中国之前，高粱是一种重要的、比较新的作物，中国农民把它播在其他祖传的旱地作物不适应的土地上；这一点是值得引起我们注意的。

质言之，在宋朝皇帝多次劝谕之后，北方旱地作物开始在长江下游的省份和淮河以南的地区种植，此后它们在水稻地区的传播继续扩大。16 世纪以来，它们受到了玉米、甘薯和土豆的竞争。尽管这些北方旱地作物在水稻区始终处于次要的地位，但它们在几个世纪中的持续扩散，最终对改良土地利用和全国粮食增产做了不小的贡献。撇开方志中有关小麦、大麦的流水账，晚明

1　拙著《美洲粮食作物在中国的传播》，《美国人类学家》1955 年 4 月号。

2　印度——缅甸——云南路线在世界文化史中的重要性已引起学人的重视，对此问题的一次有意义的讨论见 J. 兰勃杜特和 W.J. 雷恩等编的《我国生活中的公路》（普林斯顿大学出版社 1950 年版）中《去中国的贸易路线》一章。

3　罗愿《新安志》（淳熙二年刻本，光绪十四年重刊本）第二。

和清初关于小麦、大麦的特别记载都与边缘土地的利用有关，这反映了这样一个事实：中国的人口已经远远超过了中国编年史学家所谓 6,000 万的大限。

三

我曾经作过这样的论证：1850 年左右中国本部的稻米栽种似乎已经达到饱和点。当然饱和点是就当时农业技术水准而言的。但在进行这场土地利用和粮食生产的漫长革命的三个世纪之前，另一场同样的革命已经开始，并且至今还在继续。这第二场农业革命的主要媒介是美洲的粮食作物，如玉米、甘薯、花生和马铃薯[1]。在哥伦布发现新大陆后的三十年间，花生已在江南上海附近肥沃的沙土中生长了。在该世纪的前半期，玉米已在中国西南相当广泛地种植，甚至在河南某地也已种植。在 16 世纪 60 年代，甘薯已经受到云南人民的较广泛的欢迎，到该世纪末已成为福建穷人的主食。我们有充分的证据表明，花生是从海上传入中国的，玉米和甘薯是通过海路和横越印度——缅甸——云南的陆路双轨传入的。

早熟稻有利于征服灌溉条件较好的丘陵，美洲粮食作物则使作为传统的平原和河谷民族的中国人得以利用干旱的丘陵、山区以及对稻米和其他本地谷物说来过于瘠薄的沙地。大量证据表明，直到康熙三十九年（1700）前后，长江流域和北方的干旱丘陵、山区还大多未加开垦。从这以后，它们逐渐被辟为玉米、甘

1　见拙著《美洲粮食作物在中国的传播》和《中国的美洲粮食作物》，《作物科学学报》（美国植物学会主办）1956 年 1 月号。

薯农地。实际上，在过去的两个世纪中，当稻米栽种逐渐接近极限并受到报酬递减规律影响时，来自美洲的各种旱地粮食作物对全国粮食产量的增加以及人口的持续增长，都做出了很大的贡献。

美洲粮食作物在中国这样一个巨大而多样性的国家中的传播，需要的过程比先前一些学者所想象的要慢得多。幸而有卷帙浩繁而不断续修的中国方志，在美国东部也能看到三千多种，我们可以相当精确地追溯这些新粮食作物地理传播的主要阶段。

就文字史料记载可以断定，花生是最早传入中国的美洲粮食作物。花生是葡萄牙人带来的，他们在 1516 年（正德十一年）到达广州地区，随后在福建南部的港口和离上海一天航程的宁波贸易。到 16 世纪 30 年代，花生已在长江下游一些地方种植并引起了一些学绅的注意。不过，花生广泛传播到长江下游大江南北和东南沿海省份的沙地，却花了一个半世纪以上的时间。在康熙三十九年（1700）之前，尽管不少沿海地方已以生产花生和花生油著称，有时还输往中国其他地区，但在东南花生还是不很普通、廉价的食物，而被当作一种美食，用于正式筵席。

在 18 世纪和 19 世纪初期，花生全面传入经济比较落后的粤西，包括雷州半岛和海南岛北岸，这些地区都成了花生的重要输出地。广西、云南很多以前落后的地区由于这种新作物而变成繁荣的专门产地[1]。在四川无数江河傍的沙滩上花生质量虽不甚佳，

---

[1] 方志中资料不胜枚举，关于 18 世纪后期广西和云南的花生情况极好的记述见檀萃《滇海虞衡志》（序作于嘉庆九年，《丛书集成》本）。

但种植尤其普遍，在长江中游一些省份，如湖南和江西已有花生种植。江西西南一角历来贫穷的山区南康府，由于专门种植花生而获得繁荣。

但在中国北方，乾隆十五年（1750）之前纂修的一些方志中已经提到了花生，但直到 18 世纪后期花生还是比较稀见[1]。山东学者郝懿行在乾隆五十二年（1787）到北京时，对京师正式筵席必备"长生果"（花生最普遍的俗称之一）印象颇深[2]。而今天在中国北方，花生即使对穷人来说也已是一种普通食物。河北是中国 20 世纪第二个最大的花生产地，该省的各种方志特意解释，为了商业目的而广泛种植花生是从 19 世纪后半期开始的。到 20 世纪初，神圣的泰山脚下的泰安地区和黄河下游冲积层上的鲁西、豫东北不少地方成为国内主要的花生产地[3]。

在过去的三个世纪中，花生逐渐引起了沿长江下游、黄河下游、东南海岸，尤其是在福建和广东以及内地无数江河边利用沙地的一场革命。花生甚至在一些水稻地区众多的作物体系中，一般也在循环中占一席之地，因为农民虽然不了解花生作物根瘤的固氮作用，却凭经验懂得有利于保持肥力。在中国这样一个大国，花生与稻麦不同，只是一种副食；但不包括东北在内，中国在 1931—1937 年间的年产量也达 280 万吨，与印度一样是世界

1　北方方志中有关花生的资料最早见于陕西一县，康熙二十三年《华州志》卷 2，页 44 下。其他 18 世纪前期的资料见康熙五十年《永平府志》（雍正十年《畿辅通志》商务印书馆重印本卷 73，页 3085 引）及乾隆十四年《临清州志》卷 2，页 32 上。

2　李家瑞《北平风俗类征》（商务印书馆 1937 年版）卷 1，页 210 引。

3　民国十八年《泰安县志》卷 4 页 30 下有关于后期花生传播的很好的专门记载。

主要的花生生产国之一。

甘薯的最初记载则见于 16 世纪 60 年代和 70 年代一些云南方志，使人联想到甘薯是从印度和缅甸由陆路传入的，但甘薯也独自福建沿海传入，二三十年后，在万历二十二年（1594）的饥荒中受到巡抚的明令赞誉。来自闽南沿海、著名的《闽书》的编者何乔远和名闻遐迩的农学家徐光启对这一新作物极其热心，这两位学者全面列举了它的许多优点[1]，诸如：异常高的亩产，营养价值（卡路里量仅次于水稻），口味好，耐贮存，宜作副食，对蝗虫的相对抵抗力，比中国本地薯类强得多的抗旱力，容易适应较贫瘠的土地因而不与其他粮食作物争良田。

东南沿海的农民在没有种植试验之前显然没有接受甘薯。20世纪的一种福州方志中保存了一首晚明农谣，生动地描述了这种新闯入的作物和本地薯类间的争斗[2]，但这场争斗只经过短时间就以甘薯优势的确立而告终。上海北面不远的太仓县曾以口味甚佳的本地山药闻名全国，但在 17 世纪前期，那里的农民虽不无勉强，却不得不改种甘薯，因为甘薯产量高，更能对付饥荒，当地农民称它为"红山药"[3]。通过对现有方志的抽样，我们发现只有将其品质独特的中国山药作为每年传统贡品的河南怀庆府，仍墨守成规保持旧的品种，但这也许出于非经济原因。

---

1 《闽书》（崇祯二年刻本）卷 130，页 4 下—6 下；《农政全书》卷 27，页 29 下—30 上。

2 《闽县乡土志》（著年不详，约为光绪二十九年）册 4，页 323 上。

3 崇祯二年《太仓县志》卷 5，页 33 上—35 下。

米在东南沿海的省份，一直紧缺，人们长期习惯以中国薯类和芋头作辅助食粮，甘薯很适合渔人船夫的口味因而大受欢迎，很快成为穷人的主食。在雍正皇帝的朱批中可以发现，福建和粤东的官员每年都要估计地方的缺粮程度以及在稻谷和甘薯收成时需要输入的粮食数量。18 世纪，甘薯逐渐传播到长江流域内地各省，其中四川成为主要产地。

中国的人口于康熙三十九年（1700）后迅速增加，一系列的上谕和省府告示劝谕北方农民大规模种植甘薯，以便渡过饥荒。到嘉庆五年（1800）前后，无论东南还是北方，甘薯都已成了穷人的主食。在多山的山东沿海，甘薯常常是穷人近半年的食粮。在北方许多大城市，特别是在北京，卖烤甘薯和煮甘薯的店铺小贩随处可见；这给一位致力于在朝鲜促进甘薯栽种的当地官员留下深刻的印象[1]。中国甘薯在 1931—1937 年间，除东北外年平均产量达到 1,850 万公吨，稳居世界首位。今天甘薯仍是中国人仅次于水稻、小麦的最重要的粮食来源。

玉米同甘薯一样，是从 16 世纪中叶之前由海路和横越印度——缅甸的陆路传入中国的。陆路的传入可能比海路略早。云南多山的地形和比较落后的经济、农业状况使玉米在那里首先取得成功。万历二年（1574）《云南通志》将玉米列为六府、二县

---

[1]　徐有榘《种薯谱》（1834 年朝鲜刻本）。尽管他声称甘薯最早是在道光五年（1825）传入朝鲜南部的，但直到 19 世纪 30 年代才在朝鲜广泛传播。他的说法须作进一步考证，因为甘薯在这一属国的传播似乎不需要这样长的时间。在种植方法方面，何乔远和徐光启是他最信服的权威。

的物产。玉米逐渐由云南传入贵州和四川。从清初西南的方志所载较详细的本地作物看[1]，在 18 世纪前期和 19 世纪后期，或者更早，西南很多山区都以玉米为主要粮食作物。详尽的查阅 19 世纪四川方志证明，除了西北角的崇山峻岭外，实际上每县都种植玉米，而以这红壤盆地的周边地带最为集中。除了某些地方外，广西种植玉米不如西南其他三省那样普遍。

玉米在闽浙沿海出现虽早，但一直不大受人重视；人们宁愿种水稻和甘薯，更主要的是由于玉米同当地谷物争良地。因此直到康熙三十九年（1700），玉米大多仅种植于西南和东南沿海少数分散的地区。18 世纪，当长江流域低地人满为患时，数百万从人口过于稠密的东南迁入长江内地省份的移民发现，玉米是利用丘陵和山地的关键作物。移民的一支远及四川、云南，另一支在包括陕南、鄂西和豫西南的汉水流域安家。沿长江其他支流的丘陵和山岭也同样被辟为玉米地。在这些新垦山区，由于当地居民的饮食习惯和当地对谷物的需求不同，玉米同甘薯有时相辅相成，有时互相竞争。在整个汉水流域，尽管也种甘薯，但玉米仍占压倒优势，是中国主要的玉米产区之一。由于这些地区人口激增，康熙三十九年（1700）前就出现在福建的马铃薯，迟迟引入长江腹地，使利用那些对玉米和甘薯来说也过于陡峭、贫瘠的山地成为可能。到 19 世纪中叶，人口问题的一位重要观察者汪士铎证实，"今深山穷谷皆成通衢"。[2] 对原始森林的肆意破坏以及连

---

1 遗憾的是，很多清初四川方志仿《四川通志》例，对特产的记述不惜笔墨，而对粮食作物却完全忽略。

2 汪士铎《乙丙日记》（燕京大学出版社 1935 年版）卷 3，页 26 下—28 上。

续密集栽种玉米，种植时往往缺乏预见采用直行播种，导致严重的水土流失，使江湖淤浅，长江洪涝更加频繁。

玉米早就见于华北少数几个分散的地区。处于平原与丘陵相交处的河南巩县，在嘉靖三十四年（1555）的志书中已提到玉米。玉米在 17 世纪尽管已传到满洲南部[1]，但从方志中的简略资料判断，在华北的种植范围有限[2]。虽然未必不可能是 18 世纪的许多北方方志继续忽视这种较新的作物，但事实是直到 19 世纪相当晚时，玉米在华北平原仍未广泛种植。鉴于在 20 世纪河北、山东和河南玉米产量很大，可能在过去一百年间，玉米已经缓慢而稳定地取代了一些旧的谷类作物。

马铃薯最普通的俗称是土豆或洋芋，需要更漫长的时间才被人们接受，至 18 世纪才由福建慢慢传到长江流域内地若干有限的地点。在 19 世纪前半期，在一些高山区，特别是在四川盆地边缘和汉水流域，洋芋已成了重要作物。与甘薯不同的是，洋芋很少与玉米竞争，因为它能适应玉米和甘薯都不适合的气候和土壤条件。就像在东南沿海的甘薯那样，洋芋被鲜食或晒干后磨成

1　玉米在满洲第一部历史嘉靖四十五年《全辽志》中未有记载，但见于康熙二十三年《盛京通志》（康熙五十年刻本）卷 21，页 2 上。

2　除嘉靖二十四年《巩县志》外，北方方志中有关玉米的早期资料见于：万历二十三年《原武县志》上，页 24 下（河南）；康熙二十三年《鄢陵县志》，同治二年《鄢陵文献志》卷 10，页 1 上—下引（河南）；崇祯十三年《历城县志》卷 5，页 28 下（山东）；以及顺治十七年《招远县志》卷 5，页 1 下（山东）。未发现 17 世纪的河北方志提到玉米，但雍正十年《畿辅通志》提到热河种植玉米。当然同样可能不少清初的北方方志未能及时记载玉米，但 17 世纪北方方志中提到玉米的如此之少，说明在北方直到相当晚的时期玉米还未普遍种植。

粉食用，成为山区贫民的主食。19 世纪晚期和 20 世纪前期，洋芋在黄土高原更贫瘠的地区、甘肃、内蒙和东北普遍种植[1]。

这场通过美洲粮食作物的传播而实现的土地利用和粮食生产的革命，到今天在一定程度上仍在继续。玉米稳步取代其他旱地作物如大麦、粟和高粱。据 J. L. 卜凯教授估计：在 1904 年和 1933 年之间，中国本部谷物播种总面积中，玉米所占的百分比已从 11 提高到 17，而大麦、粟和高粱所占的百分比分别下降了 5、5 和 10[2]。1931 年日本占领后的东北农业，出现停滞甚至衰退的迹象，但玉米生产在 1936—1940 年期间年平均增长率为 10.3%，1940—1944 年期间为 7.3%[3]。卜凯的调查表明，在 20 世纪头三十年间花生生产也同样获得扩展。我们从以上大量的史料看来，可以肯定这个观点：在近代这些美洲粮食作物继续显示出对本地旱地作物的优势。

1937—1945 年的抗日战争进一步促进了玉米、甘薯和土豆的扩展。东南大部分平原的沦丧使许多西南省份不得不试图增加粮食生产。但水稻和小麦扩展的余地比较小，而玉米、甘薯和土豆亩产比旧的旱地作物高，适应了当时的紧迫需要。从 1938 年开始，广西省政府劝谕人们在桐树间空行种玉米。据估计，在

1　光绪十八年《山西通志》卷 100，页 18 下—19 上；宣统元年《甘肃通志》卷 12，页 2 上；民国二十四年《察哈尔省通志》卷 8，页 29 上；民国二十三年《奉天通志》卷 109，页 25 下。

2　J. L. 卜凯《中国的土地利用》卷 2，页 271。他的估计和田亩数为严中平等编《中国近代经济史资料选集》（北京 1955 年版）页 359 所采用。

3　周顺兴（译音）硕士论文《1900—1945 年满洲经济发展的资金筹措》，1956 年 9 月在哈佛大学举办的近代中国经济会议上宣读。

1938 年至 1942 年期间，甘薯的种植面积增加了 50 万亩以上；几年前在该省还不为人知的土豆也扩大了 7 万多亩[1]。1949 年 10 月中华人民共和国成立后，这一趋势似乎还在继续，北京在农业政策方面很多新说法涉及这些作物的传播，尤其是与安徽的粮食增产有关。安徽的农业体系是以北方旱地作物和南方水稻为基础的，在 1955 年推行了重大的农业试验。一种促进粮食生产的办法是，增加以玉米和甘薯为主的夏粮的播种面积。夏粮主要套种在其他作物间，这两种作物新扩大的面积达到 170 万亩。1954 年该省又获得了新的土豆良种，1955 年的播种面积扩大到 128 万亩[2]。从当前国家的需要和从土地利用的角度看，新政府对这些作物的依赖可能在增加，而不是减少。

崇祯十年（1637），据当时中国传统技术最杰出的权威宋应星估计：稻米大致占中国粮食产量的七成，小麦居其次[3]。有些近代学者可能认为，由于宋应星是盛产稻米的江西人，所以也许过高估计了稻米的重要性，特别是由于他的估计不符合我们的现代常识。但如果这些学者研究一下近代中国发轫时特有的历史环境—— 从 8 世纪后期后西北持续的经济衰退、北方频繁的战争动乱。适成对比的，是南方长期的和平和经济发展，经济、文化和人口重心的南移；适宜北方不能种小麦的贫瘠旱地的作物种类

---

1 1942 年广西省政府《广西省三十一年度粮食增产实施计划纲要》；并见饶云琛《粮食增产问题》（重庆 1942 年版）。

2 《新华半月刊》1956 年 2 期，页 74—75。有关政府增加全国玉米、甘薯种植面积的措施见华恕《我国第一个五年计划中的农业增产问题》（上海 1956 年版）及何畏《我国当前的粮食政策》（北京 1955 年版）。

3 宋应星《天工开物》（崇祯十年刻本，1919 年重印本）卷 1，页 1 下、页 6 上。

甚为有限，与北方的农业粗放适成对比的，是南方密集的稻米种植，从 11 世纪开始以来几乎持续不断的水利灌溉工程修建，以及在东南稻米文化区向边缘地带的扩展，宋应星的估计看来似乎并没有太大的夸张。

宋应星的说法是在中国的作物体系和土地利用的第二次革命性的变革刚开始时做出的。尽管直到他死后两个世纪中国本部的稻米栽种才接近饱和点，但从美洲引进的旱地作物已使中国人能开始利用干旱的丘陵、陡峻的山岭和较肥的沙地。在近代几个世纪中成百万亩高原地的开发，必然有助于纠正由于早熟稻的传播而造成旧农业的严重不平衡。由于南方几个世纪以来人口稠密，在清初统治者的仁政下，北方各省的人口可能增长得更快。据洪武二十六年（1393）的记载，相当于今天华北六省的地区的人口总数仅 1,500 万上下；相比之下，今天南方六省地区的人口总数是 3,500 万；到乾隆五十二年（1787 年）同样这两个地区的总人口数分别为 10,300 万和 13,600 万[1]。人口地理分布的这一明显的变化，主要发生在宋应星死后，这无疑是决定各种作物在全国粮食总产量中的百分比的一个重要因素。从 16 世纪以来，由于欧洲和日本白银的持续流入造成了更加多样化的国民经济[2]；这也形成了对工业和商品作物，如棉花、油菜、靛青、甘蔗、水果和烟草新的需求。并非所有这些商品作物都是与水稻争地的，但由于南方

1　北方六省是河北、山东、河南、山西、陕西和甘肃，南方六省是江苏、浙江、安徽、江西、湖北和湖南。

2　梁方仲《明代国际贸易与银的输出入》，《中国社会经济史集刊》卷 6 第 2 期，1939 年 12 月。

的经济和商业比较发达，专业种植的兴起会使水稻面积有所缩减。

　　稻米在全国粮食总产量中所占百分比可能已下降了近一半，即从 17 世纪前期的约 70% 到 1931—1937 年间的约 36%。在过去三百年间，各种新旧旱地作物在全国粮食总产量中的比率大约增加到了 64%，仅美洲粮食作物就达到 20% 左右[1]。但中国的作物体系很少固定不变，最近扩大全国灌溉面积的努力肯定会再次增加水稻栽种的面积。最近这一重大进展，加上现政府注重玉米、甘薯等高产杂粮，必然引起各种古老旱地作物面积的进一步减少。

　　像中国这样一个人口众多、情况各异的国家的粮食自给问题极其复杂，即使受过高度训练的专家也不能作出明确的结论，这里所能作出的无非是根据历史考证和现状观察得到的几点总的看法。粮食供应的正常状况从中国海关编制的长期粮食进口统计数中窥见一斑，这项数据见附录三。从这些数字我们不难看出，近代中国的粮食进口从未达到令人惊讶的地步。诚然，在 1923 年、1927 年和 1932 年，进口粮食超过了 2,000 万石，但它们还不及全国估计粮食总产量的 4%。而且，即使有这样一个小百分比的进口也并不意味着本国粮食不足，中国海关的报告权威性地解释了输入如此"异常"数量外国稻米的详情。1932 年进口稻米花费了中国 11,920 万银元，以后海关着重分析了这一问题：

　　　　（1932 年）进口粮食数为 2,250 万石，而以往每年仅

1　1931—1937 年间谷物产量数均引自 T.H. 沈（译音）《中国的农业资源》（康奈尔大学出版社 1951 年版）附录表 2。

1,070 万石，1930 年为 1,990 万石。尽管与其他进口货相比这项粮食进口金额甚巨，但与本国所产（该年达 87,300 万石）相较则微不足道。各年间进口量的差异何以如此之大并无显著原因。回顾可能使 1931 年进口减少的原因，尽管该年大水，但一些地区在洪水到来前已收了第一茬庄稼，上一年芜湖米市有大批余粮，一些地区未受洪水影响的山地作物获得好收成。在我们要探讨的这一年，整个水稻地带无疑收成极好，因而加倍进口粮食绝不是因为国内供应异常紧缺。进口的原因看来有以下几点：（1）由于对洪水灾区的农业前景难于预测，惟恐国内粮食短缺，引起大规模投机购买；（2）由于害怕水稻地区当地的消费不能满足，因此在丰产成定局前禁止粮食从这些地区外运；（3）在秋季这些禁运解除前，全国其他地区不得不购入外国米以满足需求，到本国供应上市时市场早已饱和；（4）外国米价廉；而本国货因地方捐税价格本来就高，加上因缺乏迅速的陆路运输，从购买地区运出迟缓，价格更高。[1]

中国当代一位地理学家，通过对海关数字的分析和详细的地理研究，得出结论：在正常情况下中国应能达到粮食自给[2]。

必须进一步指出：对相当大量的人来说，米麦还是比较奢侈的食品。我们可以回忆一下，直到工业革命开始时，英国的工人

---

[1] 《1932 年中国的对外贸易》（中国海关），页 48—49。注意其中 1930、1931 和 1932 年的大米进口数略高于该书上表所列。

[2] 吴传钧《中国粮食地理》（上海 1948 年版）。

阶级还不能吃到白的小麦粉做的面包；直到上世纪中叶，法国还流传着很多格言，提醒农民小麦面包是对老人的款待，而不是日常主食。如果刚开始工业化的中华民族完全依赖大米、小麦这两种谷物中的贵族，当然会出现粮食不足。但事实是中国人，尤其是华北和东北的农民，习惯于工业化前的低水准生活和各种粗粮。如果自给的定义不是按照当代西方世界那些较为幸运人们的标准，而是仅仅根据人类维持生存的要求，那么总的说来，中国就不存在什么粮食不足的问题。一个始终存在的事实是，中国近代一直大量出口多种副食品。

迄今对中国粮食供应问题最权威而总的来说又最合理、最有分寸的官方声明是 1956 年 6 月由粮食部长章乃器发表的。由于 1949 年以来集权国家的建立，中国新的统计数字无疑比旧时代的优越[1]。1955 年的中国粮食总产量据报告是 3,860 亿斤，或 18,400 万吨，这一数字包括豆类、薯类作物（以四斤折一斤粮），但不包括花生、油菜籽和芝麻一类油料作物[2]。人均占有量为 610 斤，或大致为 670 磅[3]。这一人均占有量比动物食物消费量高得多的工业化国家的人均谷物消费量要高。由于绝大多数中国人以谷物为主，同时这一人均占有量包括用于种子、饲料、酿造和其他杂用的粮食量，所以"余粮并不宽裕"。

粮食余额显然会继续减少。根据国家副主席刘少奇最近的解

1　对中共农业统计数的批评性研究见亚历山大·埃克斯坦及 Y.C. 尹供私人传阅的手稿《1952 年中国大陆的农产品》，哈佛大学俄国研究中心。

2　《中华人民共和国第一个五年计划的名词解释》（北京 1955 年版）。

3　《新华半月刊》1956 年 15 期，页 47—50。

释，为了供养全国人口和实行国家全面工业化这双重目的，目前采取的增加农业产量的措施有农业合作化，建设更多灌溉工程，选用良种，更有效地控制病虫害，鼓励密植，增加两熟和多熟作物面积，多积肥料和推广改良农具；而不是全力开辟新的土地。实际上，比较而言，对农业的注重实在太少了，因而尽管东北、西北和北部可供未来开发的土地总量相当可观，但到 1962 年第二个五年计划完成时全国耕地面积的增长率还不到 10%。对重工业过于优先，以致到 1962 年国家只能为每亩耕地提供 3 斤化肥[1]。

总之，根据对历史的考察和对最近的趋势的简要分析，表明中国已经取得了粮食自给。如果中国给予农业更大的重视，可望大大提高其粮食产量，因为当前它的平均亩产远低于日本，很有大幅度增加亩产的可能。如果广泛推广先进的农业技术，在未来有限的年份内，中国的粮食生产的增加甚至可能高于人口的增长率。但长期的前景必然会相当困难。首先，中国目前的人口已经非常庞大，即使是适度的持续增长也会是农业的沉重负担。其次，劳动更密集的耕作制和先进农业技术的推广，无法长期避免农业达到报酬递减点。

---

1 《新华半月刊》1956 年 20 期，页 11—12。对西方读者说来，更系统、通俗的叙述见孙敬之《粮食资源和人口增长》，《人民中国》1956 年 10 期，页 4—10。

第 9 章
其他经济和行政因素

　　本章与前面三章以对地方史料的广泛考证为基础不同，必须作一次简要的历史回顾和评论，因为每一个题目所包含的问题都需要作进一步深入的研究。本章将涉及近代早期和近代中国的若干经济和行政因素，如赋税制度和土地使用权等方面的一般特点。

一

　　晚明和清代不仅由大规模扩展和更加密集的农业所提供的谋生渠道有了增加，而且规模相当巨大的国内贸易、有限而利润极高的对外贸易，和一些新兴的工业、手工业所提供的就业机会也是相当多的。从 8 世纪后半期以来，货币的影响越来越明显，至少在长江流域是如此。长江地区由于拥有其他地区无法比拟的江、湖、运河系统，构成了一个巨大的商业区[1]。16 世纪前期以后，从欧洲和日本不断流入的白银，进一步刺激了长江地区经济

1　关于中国货币经济的兴起，见全汉昇《中国自然经济》，《中央研究院历史语言研究所集刊》第 10 本以及《唐宋政府岁入与货币经济的关系》，同上刊第 20 本。

的发展[1]。诚然，长江地区和东南沿海不能代表整个中国，但当东南沿海被纳入世界规模的商业革命时，其影响就远及于中国的内地。到万历二十八年（1600）就已遍及全国的以钱代役制度，就是货币影响增加的一个强有力的证明。虽然绝大多数的人，如同现今一样，从事于维持生存的农业生产。但很少有地方能不在一定程度上依赖邻区或远地的货物及产品。

无论行政方面及道德方面如何限制资本的成长，晚明时期已经出现了大商人和商业资本。万历三十年（1602）进士、后来任广西巡抚的谢肇淛，著名的《五杂俎》的作者，独具慧眼地作了如下的观察：

> 富室之称雄者，江南则推新安，江北则推山右。新安大贾，鱼盐为业，藏镪有至百万者，其他二三十万则中贾耳。山右或盐，或丝，或转贩，或窖粟，其富甚于新安。[2]

实际上，晚明时期很多地区都以拥有资财雄厚的商人而自豪。例如，在长江下游三角洲中心、太湖中人烟稠密的洞庭山，人们出于经济需要外出经商，遍及全国，其财富一度几乎可与徽商相埒。陕西中部地区的商人几乎在各地都积极经营的同时，还专门向长城沿线卫所贩运粮食，在淮河地区卖买食盐，

---

1 据当代一位谨严的经济史学家估计，1573—1644 年（万历元年—崇祯十七年）期间仅通过合法贸易墨西哥输入中国的银元即超过 1 亿；1601—1647（万历二十九年—顺治四年）期间日本对中国输出的白银多于 7,000 万两；见梁方仲《明代国际贸易与银的输出入》，《中国社会经济史集刊》卷 6 第 2 期。

2 谢肇淛《五杂俎》（1795 年日本刊本）卷 4，页 25 下。

在苏南做棉布生意以及在从青海至川藏边界缘边数千里间，与少数民族进行茶叶贸易[1]。掌握了 16 世纪中国与葡萄牙间大宗贸易的闽南海港泉州和漳州，可能已产生了一些极巨额的个人资产[2]。

由于各地区间经商的人越来越多，他们逐渐在商业中心建立了会馆。清初在北京设会馆的就有：浙江绍兴的钱庄，山西平遥的染料批发商，山西稷山、绛县和平遥的大烟草代理商，山西临襄和临汾的粮食和菜油商，南京的丝商，专营各种舶来品和亚热带产品的广州商人[3]。从 17 世纪晚期以来，方志中客商建立会馆的记载变得越来越普遍，这说明地区间的贸易在继续发展。

随着地区间贸易量的增加，个别商人及其总的资产量在扩大。据估计，18 世纪有些徽州盐商的个人资产超过 1,000 万两，大约三数百家扬州盐商在乾隆十五年至嘉庆五年（1750—1800）期间获得的利润在 25,000 万两上下[4]。19 世纪前期在广州的西方商界获知：在著名的"浩官"的领导和经营下，伍家通过外贸累积了 2,600 万墨西哥银元的资产[5]。自中国人与欧洲人首次接触以来，商业资本有了长足进展。

对徽州府方志中人物传记的抽样调查说明，虽然徽商的总部都设在沿长江下游的城市中，但他们与华北、华中各地、云南、

1　傅衣凌《明清时代商人及商业资本》（北京 1956 年版）第三章，页 5。

2　同上，第四章。

3　加藤繁《支那经济史考证》，（《东洋文库》1953 年）卷 2，页 557—584。

4　拙作《扬州盐商：18 世纪中国商业资本主义研究》，《哈佛亚洲研究学报》卷 17第 1、2 期，1954 年。

5　W.C. 亨特《缔约前广州的"番馆"，1825—1844》（上海 1911 年版），页 48。

贵州、四川，甚至印度支那遥远的地区进行贸易[1]。仅在京师一地，由徽州府歙县商人拥有和经营的茶叶店在乾隆五十四年至五十六年（1789—1791）期间就有 187 家之多，到嘉庆六年（1801）徽州茶商有 200 家[2]。徽商无处不有，以至当时有这样一句俗话："无徽不成市。"[3] 徽商和其他类似的商业团体贸易活动的幅射，是国民经济脉搏加速的迹象。商业活动同农业一样能广开一区一地谋生之路。明清两代以商业支持巨大人口的地区包括徽州、山西一些府县、陕西和甘肃的部分州县、长江下游的若干府县、浙江的宁波绍兴两府、闽南的漳州和泉州，以及广州地区。甚至在贫穷落后的鄂西高原，人们很大程度上依靠与四川的贸易为生[4]。

超省际和较小地方性的贸易包括多种大批日常用品的经常交换。经常交流的商品有各种谷物、盐、鱼、药材、木材、器皿、陶瓷器、布匹和一些专供统治阶级享用的奢侈品和工艺品。尽管用近代西方的标准来衡量，中国晚明和清初的内部贸易量并不算大，但肯定已给 17、18 世纪的耶稣会传教士们留下了广泛而深刻的印象。实际上，如将中国清初的国内贸易量与近代欧洲早期作一比较，当代学者很少能有比耶稣会士更好的观察机会，因为耶稣会士对欧洲和明末清初的中国同样的熟悉，并能用工业化以前欧洲的标准来衡量当时的中国经济。

杜赫德对中国出色的描述可以看作为 17 世纪和 18 世纪初在

1　道光七年《徽州府志》卷 9—12。

2　道光十四年重订《歙县会馆录》，页 12 上—15 上，北京歙县义冢捐款名单。

3　《典业须知录》序，清时某徽州籍人所著稿本，著年不详。

4　见 19 世纪鄂西各种方志。

中国工作的耶稣会士的集大成之作，他对中国的商业写道：

> 各省都有其独特的财富，由河流和运河所供给的商品交流的便利使帝国内部的贸易一直是十分的兴旺。……中国内地的贸易规模如此巨大，以至整个欧洲的商业都无法望其项背。各省就如许多王国，互相交流各自的物产，这促使各地区的人们融化为一，并促使一般城市都繁盛充裕。[1]

这一概括的描述可能只是就广大长江流域地区而言，但毕竟也能适用于中国的许多其他地区。督学王世懋对 16 世纪后期地处山区的福建的贸易有以下的叙述：

> 凡福之绸丝、漳之纱绢、泉之兰、福延之铁、福漳之橘、福兴之荔枝、泉漳之糖、顺昌之纸，无日不走分水岭及浦城小关，下吴越如流水。其航大海而去者，尤不可计。[2]

王世懋关于大量货物沿着闽北难越的山隘运送的描述，为以后耶稣会士的记叙所证实：在浦城分水岭有"八千或一万候船的挑夫，他们以不断往返穿越山岭的工作来维持生计"。[3] 王氏关于福建港口与长江下游地区大规模的沿海贸易也为其他资料所证实。由于远方的市场对福建的蔗糖的需求极大，以致到 16 世

1　P. J. B. 杜赫德《中华帝国与中国鞑靼概况》（伦敦 1738 年版）卷 1，页 333—334。

2　王世懋《闽部疏》（《丛书集成》本），页 12。

3　杜赫德《概述》卷 1，页 85。

晚期，泉州相当大面积的稻田已经改成甘蔗田[1]。在晚明和清初，每年有成千上万艘海舶在上海卸下蔗糖，又满载棉花驶回闽南港口，以备当地纺纱织布之用[2]。

即便在比较闭塞的华北内陆，地区间的贸易也很活跃。尽管许多地方缺乏廉价的水运，但日常用品和奢侈品还是用手推车、大车，骡子和驴子从远处运来。在华北有"异常多的人"和"多得令人惊讶的驴子骡子"在进行商品运输，这给在被康熙皇帝委托为皇家地图测绘员的耶稣会士们心目中留下很深的印象[3]。来自长江下游地区和浙江的各种丝绸和布匹以及各种奢侈品实际上在北方每一个省城，包括晚明时沿长城的军事重镇中都能找到。一般说来，技术先进的东南地区向长江流域内地和北方省份提供成品，而后者以粮、棉或其他原料支付[4]。甚至在最西边、与缅甸接界的云南，贵金属和普通金属、象牙、宝石和玉、丝绸布匹的贸易在晚明一直在进行[5]。中国地区间的贸易量如此之大，以致好几个世纪间一直引起欧洲人的注目。

不断滋长的内部贸易刺激了工业和手工业的发展，并且促进某些地区经济的商品化。晚明和清初具有地区性重要性的农村工业和手工业已多得不胜枚举，这里只能举几个突出的例子。由于官府对优质瓷器需求的增加和徽商对私人窑炉的投资，江西北部

1　陈懋仁《泉南杂志》（《丛书集成》本）上，页7。

2　褚渊《木棉谱》（《上海掌故丛书》本），页11上。

3　杜赫德《概述》卷1，页47—53。

4　藤井宏《新安商人研究》，《东洋学报》1953年6月。这系列论文中的首篇是对地区间贸易的总的研究，是迄今同类著作中最有用的一种。

5　谢肇淛《滇略》（晚明刻本）卷4，页15下。

景德镇的制瓷工业，在 16 世纪大为扩展[1]。到康熙年间（1662—1722），中国瓷器已"从物质上改变了"英国贵族的艺术鉴赏的偏好[2]，景德镇之内约五百座瓷窑，日以继夜地生产以满足国内外的需求。这座沿河散布一个半里格（约等于五华里）的城市入夜烟火冲天，就像"一座正在燃烧的大城市，或者像一座有无数排气孔的巨大熔炉"。由于所有的粮食和燃料都须由周围地区供应，因此这座工业城市中的生活费用很高。但用当时的耶稣会士及本地常住居民的话来说："这是无数贫穷家庭的庇护所，……因为未成年和体力弱的人也能被雇用，甚至连跛子、瞎子都可以研磨矿质颜色为生。"[3]

　　另一项突出的工业是松江地区的棉纺织业，上海就是该地区一个新兴的城市。由于起步早，气候湿润，松江成了近代中国早期的兰开夏。尽管本地植棉很多，在 17、18 世纪松江还要依赖远处北方的省份如河南及山东西部供应的原棉。据耶稣会教士估算，17 世纪后期仅在上海地区就有 20 万印花棉布的织工[4]。由于每个织工至少需要三个纺纱工人供线[5]，从事纺织的工人总数必定还要多几倍。棉布品种、花色繁多，以适应山西、陕西、京师、湖北、湖南、江西、广东和广西各种人的不同需要[6]。当时人称松江衣被天下，并不是夸张。苏州也是一个重要的纺织中心，成品

1　藤井宏《新安商人研究》，页 23—24。

2　G.M. 特兰维因《英国社会史》（纽约 1946 年版），页 216。

3　杜赫德《概述》卷 1，页 80—81。

4　同上，卷 1，页 73。

5　严中平《中国棉纺织史稿》（北京 1955 年版）第二章。

6　叶梦珠《阅世编》（《上海掌故丛书》本）卷 7，页 5 上—6 上。

供应鲁西大部分地区。

南京周围地区生产优质棉布，经广州出口西方，著名的南京布即因之得名。出口量不断增加，到 19 世纪前期每年已有一百万匹以上输往英国和美国。著名的中国海关史学家、新英格兰人 H.B. 莫尔斯说：

> 1905 年，棉制品占中国全部进口值（不包括鸦片）的 44%。但西方只有在采用了理查德·阿克赖特和埃利·惠特尼的发明取得飞速发展后才能与亚洲廉价的劳力匹敌，在 18 世纪和 19 世纪前期棉布的流动是自中国向西方，我们的祖父辈人们的内衣就是用南京布做的。[1]

松江从 16 世纪晚期开始受到了华北正在兴起的纺织中心日益增强的挑战。华北平原地区生产的棉花比人口稠密的长江下游地区成本低，数量大，原棉的增产又反过来刺激了纺纱织布，使之成为华北非常重要的农村工业。北直隶南部（今河北省）棉业的迅速发展引起了上海籍的天主教大学士徐光启的极大关注，他估计仅肃宁一县所产棉布即达到整个松江府的十分之一[2]。在 17 世纪，很多北方地区的棉制品已成为本地名产，尽管其技术和质量尚无法与松江相侔。到 17 世纪末，汉口地区已在西北和西南夺走了很多原来属于松江的市场[3]。

1　H.B. 莫尔斯《中国的行政制度和贸易》（纽约 1920 年版），页 309—310。
2　徐光启《农政全书》（道光二十三年刊本）卷 35，页 13 上—下。
3　藤井宏《新安商人研究》，页 15。

在明代已很普遍的棉花种植，在清初皇帝的多次劝谕下进一步扩大。直隶西部和北部、鲁西、河南、陕西渭河流域、山西汾河流域、湖北平原和四川中部的很多州县的主要收入都是从棉花获得的[1]。甚至在云南和贵州，纱线织布也已成为农村一种普通产业。很多的人都是部分或全部以种棉花或棉花纺织为生的。

种棉花并非惟一以农业获利的例子。由于经济的扩展和全国性的粮食贸易，许多地方都专门生产一种或几种已经找到现成市场的经济作物。江西西南角山区、四川涪江中游流域、雷州半岛和海南岛北部沿海地区、广西浔江和右江流域、云南弥勒地区，以及许多更加分散和比较落后的地区，它们的经济在 18 世纪都由一种单一作物花生引起了革命性的变化[2]。自晚明以来，在南方很多地区，尤其是在福建、广东和赣南，甘蔗和靛青起了改变落后经济的作用。四川许多县份也从普遍种植甘蔗获得巨利。雍正五年（1727）广西巡抚上奏抗议广东百姓大量购买广西大米，他把广东的缺粮归咎于广东相当大部分的良田已改种水果、甘蔗、烟草和靛青等经济作物[3]。

烟草是最有利可图的作物之一，是明代后期传入中国的，给

1　这一概括是据西嶋定生《明代木棉的普及》，《史学杂志》卷 57 第 4—5 期。

2　光绪六年《江西通志》卷 49；乾隆五十一年《潼川府志》卷 3，页 7 下；道光七年《高州府志》卷 3，页 63 上；乾隆二十一年《廉州府志》卷 7，页 1 下；嘉庆十六年《雷州府志》卷 2，页 49 下；檀萃《滇海虞衡志》（序作于嘉庆九年，《丛书集成》本）卷 10，页 73—74；卷 11，页 85；道光十二年《博白县志》卷 12，页 21 下；光绪十九年《贵县志》卷 1，页 2 下；乾隆三年《弥勒县志》卷 23，页 50 上。

3　藤井宏《新安商人研究》，奏折引文见页 44。

许多地方带来了财富，特别是甘肃的兰州、福建的浦城和龙岩、江西东北和东南部、山东的济宁以及直隶东北山海关附近地区[1]。在 18 世纪，很多稻田和良田改种烟草，使一些封疆大吏大为震惊。他们请来圣旨禁止种植烟草。但正如 19 世纪初一位满洲诗人所指出的：政府的反复禁止敌不过双倍利润的长期竞争，因此兰州地区仍然不断地将粮田改为烟草地[2]；世纪初一位福建官员估计，在福建的一些县烟草已占农田的六七成[3]。道光九年（1829）一位很有才干的学者和经济专家证明，在山东的济宁县，烟草由当地六个家族所垄断，他们雇工 4 千多人，每年收入约 200 万两[4]。

很多地方，诸如四川的成都平原、湖南的衡阳、陕南的汉中，它们的烟草生产即使不算全国闻名，也已在本地区出名了[5]。在江西东南丘陵地区的瑞金，百姓们说：尽管良田被烟草占去，但每年春天只要看到田里绿色的烟叶心就定了，因为烟草就是现钱，有了钱就很容易从江西北部买到大米和其他必需品。这个县提供了一个最好的例子，说明了很多地方自给自足的农业让位于专一经济作物的程度。到 19 世纪，也许更早些，那里的粮食作物已经无足轻重，而新的大宗作物都是像烟草、茶油、一种烤制

1　关于清代主要烟草产区的简要研究见王欣《清烟录》（嘉庆十年刊本）卷 8。

2　舒位《瓶水斋诗集》（《丛书集成》本）卷 8。

3　梁章钜《退庵随笔》（《清代笔记丛刊》本）卷 8，页 8 下—9 上。

4　包世臣《安吴四种》卷 6。

5　嘉庆二十年《成都府志》卷 6，页 38 上；嘉庆十六年《金堂县志》卷 3；黄本骥《湖南方物志》（道光二十五年刊本）卷 3，页 4 下—5 上；《皇朝经世文编》卷 36，页 22 上—下。

烟草必不可少的配料、花生和生姜这些经济作物[1]。

在 19 世纪 40 年代，一位游踪甚广的欧洲人对中国总的商业状况作过这样的评价：

> 中国人很少关心对外贸易的一种极妙的理由是他们的国内贸易规模非常巨大，……这种贸易主要是由各省间交换粮食、盐、金属和其他天然及人工产品。……中国是个如此广大、如此富裕、如此多样的国家，光是它的国内贸易就足以供养这个国家从事于商业活动的全部人口。所有的大城市中都有重要商业设施，就像水库蓄水一样，积蓄着来自各省的货物。来自帝国各地的人群聚集在这些巨大的商库之中，终日喧闹不绝。在欧洲大多数重要城市中很少能见到这样一种狂热的活动。[2]

从上述内容与较早的耶稣会教士的评述已很清楚：清代前期的经济，尽管可能在某种程度上不如欧洲的多样化，但也是比较复杂的，且能满足国民基本的以及比较高档的物资要求。

但是即使是在经济稳定增长的时期，中国的传统经济也呈现出其固有的弱点。无论从制度观念，还是技术观念来看，中国的经济都只能取得微小的增长，而不能取得突破式的革新。新制度

1　万历三十一年《瑞金县志》缺少有关这些作物的资料，对当地的经济状况也缺少有信心的笔调。经济作物对当地经济带来的变化见同治十一年县志卷 2，页 37 下—45 下所述。

2　古柏察《穿过中华帝国的旅行》（纽约 1855 年版）卷 2，页 129。

方面而言，尽管存在着庞大的商业资本（如扬州的盐商和广州的行商），但中国的传统经济无法发展到像欧洲 17、18 世纪那样真正的商业资本体系。各方面的原因很多。首先，最稳妥易行的致富办法是购办少数普遍需要的大宗商品如盐、茶的经销特权，这些商品都是由官府垄断的。广州商行的活动与其说是真正的私人企业，也还不如说是与包税制度具有同样性质。

第二，这些豪商们所获得的利润和财富并未再投资于新的商业或工业企业之中，而往往是转变为各种非经济的用途。对商业和工业的投资通常不如放贷及广义的包税那样有利可图。更有甚者，中国传统社会特有的文化和社会价值培植一种特别的经济模式。在一个主要以功名、官位、文采决定威望地位高下的社会中，富商们往往不愿致力于再投资，而宁愿捐购官衔，鼓励子弟中科入仕，供养骚人墨客，耗费巨资去附庸风雅，或者干脆摆阔，尽情挥霍。结果是在相当大程度上财富不仅不能用于取得更多的财富，而且几乎不能在同一个家族积聚二三代以上[1]。

第三，缺乏长子继承制以及家族分产制的作用是中国经济中很大的平抑因素。与自己直系和旁系亲属分享财富的行为和品德从 11、12 世纪以来就受到新起的理学家的高度赞扬，以至于在传统中国很少有富人能摆脱这条训导的影响[2]。商业经营说到底还是家庭的延伸，裙带风盛行，效能低劣，决不是理性的企业管理。这些巨商富贾非但不能发展资本主义体制，而且很少具有近

---

1 对传统中国无法发展资本体系以及其在资本积累方面的困难的更系统的解释见拙著《扬州盐商》最后部分。

2 《扬州盐商》及傅衣凌《明清商人》，页 171—173。

代西方资本家视利如渴的进取和竞争精神。

第四，儒家的文化和政治制度只奖励知识渊博和勤学苦读，技术发明被目为雕虫小技，不登大雅之堂。朱熹的哲学中尽管有科学精神的萌芽，但中国却未能发展实验科学体系，伦理哲学始终占据绝对优势的地位。重大的技术发明很少会偶然产生，必须建立在科学知识的基础上；因此传统中国不可能产生重大的技术革命，因为这既要依靠科学知识在实际产业问题中的运用，也有赖于各种经济和制度因素的协调。到 18 世纪最后的四分之一，种种迹象显示，根据当时总的技术水平来看，中国的经济已经不再能有效地支持日益增加的人口了。19 世纪前半期的经济已经极其窘迫，全国极大多数人的生活水准迅速下降，以致发生了一连串的动乱，最终导致太平天国起义。

最后一点，有清一代对经济最有力的控制是由国家通过官僚机器实施的。像食盐经销和对外贸易这一类关键企业，都是由官僚机构和少数资产雄厚足以承担国家要求的财政责任的个人共同承办的。直到晚清和民国初期，少数由华人开办的新工业企业几乎无不是由官僚资本家投资的。以棉纺织业为例，在 1890 年（光绪十六年）至 1913 年（民国二年）间开设的总共 26 家工厂中，9 家是由现职或退职的高官开的，9 家是官商合办而用官方名义的，7 家是由通商口岸新生的买办开的，实际上这些人与官方均有联系[1]。众所周知，1927 年国民政府建立后，获得蒋介石信任的少数高官通过四家主要的现代银行，对国民经济中的现代部门

---

[1] 严中平《中国近代经济史统计资料选辑》，页 152—155。

实行比以往更有力的控制。以私人企业为基础的真正的资本主义在近代中国从未有过成功的机会，它只能依违于官僚资本主义和官僚集体主义之间。

经过19世纪中叶的风暴，中国的经济开始与西方经济全面接触，西方科技应该是医治中国经济衰弱症候的良药，可是在传统儒家经典中已获得既得利益的官僚和士大夫却长期负隅顽抗，以致西方科技只能零散片断地引进和采用。从咸丰十年（1860）至光绪二十年（1894）间的经济改革所取得的最后效果微不足道。

19世纪40年代的条约对西方商业贸易开放了一些海港，咸丰八年至十年（1858—1860）的条约又开放了内地的港口，光绪二十一年（1895）中日条约将全国都对外国投资实行开放。因此在19世纪后半期逐渐形成了一种经济上的二重现象：沿海沿江商埠开始部分地西化，而广大内地的经济是依然故我无所改变。到1949年中国共产党取得政权时，中国经济中的工业成分还仅仅是由通商口岸和东北地区构成的。尽管是帝国主义的罪恶的渊薮，通商口岸却成了中国工业化的先驱和训练新型企业家的场所。同时，到1930年为止，外国人在中国的投资已经超过30亿美元[1]，这还没有加上1931年至1945年期间日本在东北的投资。

这一切并不意味着帝国主义没有妨碍中国经济的进步；相反地，88年的关税特惠条约使许多货物只能值百抽五，使中国的新旧产业对外国产业和在中国的外资产业处于不利的竞争地位。在

---

[1] F. C. 雷默《外国在华投资》（纽约1933年版）第二部分。

1860 年至 1890 年期间兰开夏将中国土布完全逐出了城市市场就是例证。除了在第一次世界大战期间，新建的中国棉纺织厂始终无法与装备管理优越的外资工厂匹敌[1]。

一位经济学家从数字统计方面对中国比较贫乏的工业基础和外国控制的程度作了归纳：

> 在 20 世纪 30 年代初期，中国约有 3,450 家现代制造厂，估计年产值约 54,700 万美元。在中国的外国工厂虽然数目仅 283 个，但单位较中国的大，所以产值占总产值的 31.8%。居于外国在华工业企业前列的是：棉纺织，城市中的电力、自来水和煤气，烟草和食品加工业。煤矿业中，外国投资的厂矿生产了中国总产量的 56.3%。在交通方面，在总吨位为 143.3 万吨的货船中，有 49.8% 是挂外国国旗的。外国独资或合资拥有全长 16,972 公里的中国铁路的 21.3%，而在剩下的里程中又有 45% 是由外国借款投资的，因而必然受到严重不利影响。[2]

1937 年 7 月抗日战争爆发以后，中国的现代经济受到损失最重、封锁和货币贬值的打击，只有完全在日本控制下的伪满加快了工业化的步伐。总之，尽管在过去的一个世纪中国的经济已经变得更加多样化，但工业化的步伐还跟不上人口的增长，农业总的说来还很少受到初期工业化的影响。地区间的人口迁移和东

1　严中平《中国棉纺织史稿》第 3—7 章。

2　Y. K. 程（译音）《中国的外贸和工业发展》（华盛顿特区 1956 年版），页 211。

北的垦殖有助于供养更多人口，但仅够糊口，而全国绝大多数人的生活水准更加降低了。

如果我们假设中国的经济，从清初稳定而缓慢地发展演变到近百年大体停滞而又未曾受到工业化充分刺激，那么这样的经济变化也反映于这三百年间人口增长率的变化。

二

清代早期有利的一般经济状况，对此后二百年间人口激速增长的作用远不如政治因素重要。长久妨碍人口增长的许多制度障碍都被清初政府扫除了。在 17、18 世纪一些耶稣会教士们，尤其是一些法国开明思想家们认为，当时的中国代表了极其优越的"开明专制"的信念，确有一定的真实。

清初几位皇帝改善国民福利与明末人民所遭受的苦难适成鲜明的对比。15 世纪前半期政府尽管节约开支，地税额有所削减，但百姓的劳役负担很快增加了。由于官员的俸禄极低，地方行政经费有限，地方官府在劳役原额之外另加征敛，而且渐成惯例。弘治十三年（1500）以后，在许多地方新加征敛的负担已使百姓无法承受。这些额外的征敛主要是为了增加地方官吏非法和半非法的收入。缙绅与地方官府吏胥勾结，施用种种诡计将赋役担子几乎完全转嫁到贫苦的、目不识丁的百姓头上，以致造成日益严重的农民逃亡。由于农民逃亡而使当地人口降至最低的现象并不少见。在某些地区，削减地税额的好处早已被过度的杂征所抵销。正是这种日益加重、越来越不公正的劳役负担，将许多天良未泯的地方和省级官员引向所谓的"一条鞭"赋税改革的方向。

　　朝廷和地方官府在整个 14 世纪晚期和 15 世纪，都主要依靠实物税粮，而户部的税银净收始终只略高于 200 万两银子。由于朝廷开支越来越大，正德九年（1514）首次对东南各省加派地税 100 万两，本拟作为临时加派，后不为例。嘉靖二十九年（1550）之后，朝廷的挥霍与对鞑靼、倭寇的战争有增无已，赋税制度中加派变为定制。16 世纪 50 年代，加派额在 300 万至 600 万两之间[1]。到 16 世纪末，对朝鲜的征伐、平定西南土司叛乱以及为对付正在崛起的满洲人而加强东北的防务，使加派数额大大增加。到崇祯十二年（1639 年）加派已高达 2,000 万两，几乎是朝廷原来岁入的十倍[2]。一般认为，与其说明朝亡于满清，还不如说是亡于不堪负担的加派。

　　繁重的加派只是国民的苦难之一。在明神宗万历（1573—1619）的后半期，政府采用了各种手段来增加国家的现金收入。万历皇帝可能是中国历史上最爱银子的皇帝。他可以委派信任的太监们为各地原有以及新设的税务监督及负责经营矿产的官员。他们为了疯狂掠取银子，采用了最无耻的勒索手段。各种或虚或实的税、捐和强征的矿税已变得无法忍受，以致各省爆发了反抗。虽然这些暴动大多毫无组织并限于局部地区，但显示了当时人民普遍的绝望情绪[3]。这些人民的暴动就是由张献忠和李自成领导的大规模的农民起义的先驱。前者在好几个省份，特别是四

1　梁方仲《明代十段锦法》，《中国社会经济史集刊》卷 7 第 1 期，页 132—133，1944 年 6 月。

2　《续文献通考》卷 2，页 2795。

3　谷应泰《明史纪事本末》卷 65。

川，实行了大屠杀，后者在 1644 年攻陷北京，使明朝灭亡。

满洲征服者尽管对明朝遗民的高压措施激起了汉人的愤慨，但为了博得汉人的好感，他们取消了明末一切加派。17 世纪 40 年代后期和 50 年代初，在重定地税丁额的同时，又豁免战乱地区大量税粮。在未受农民战争和征服战争影响的地区，税额也从未高于 16 世纪 70 年代（万历初年）的水平。每逢灾年，一般都有豁免。康熙二十二年（1683）后，天下太平，豁免税粮达到极大幅度。康熙皇帝曾自豪地指出：从他登位（1662）至康熙四十年（1701）豁免的税粮共 9,000 万两以上[1]。至康熙五十年（1711），免税的总额已超过一亿两[2]。

在皇帝本人榜样的鼓舞下，出现了不仅廉洁而且积极同情百姓的省级和地方官员。于成龙（1617—1684）以他的自我克制和正义感赢得了百姓的感激，被称为"于青天"；汤斌（1627—1687）以个人的俭朴和善良而深受江苏百姓的爱戴；陆陇其（1630—1693）的夫人亲自织布以偿付部分家庭伙食开支。这些不过是其中几个例子。实际上，在 17 世纪晚期和 18 世纪早期的地方官中，盛行的行政伦理观念是父母官应该尽力防止增加当地的税额。

著名作家蒲松龄（1640—1715）生动地描述了 17 世纪晚期全国家给人足、安居乐业的状况：

　　　　屋鱼鳞，人蚁迹。事不烦，境常寂。遍桑麻禾黍，临渊

1　《清圣祖实录》卷 233，页 4 下。

2　同上书，卷 245，页 20 下。

鲤鲫。胥吏追呼门不扰，老翁华发无徭役。听松涛鸟语，读书声，尽耕织。[1]

　　这种概括的描述当然过于理想化，但其中确有部分的真实。

　　随后又出现了对全国更大的恩典。康熙五十一年（1712），皇帝以五十年的丁额为基础，诏令此后滋生人丁，永不加赋。换言之，全国的总丁额就照 1711 年的额数永久冻结。19 世纪一位常常持批评态度的学者认为这是一扫"二千年之苛政"的盛举[2]。一种湖北方志感慨地指明："额外之户口受惠无穷。"[3]接着是雍正在位期间（1723—1735）几乎已在全国范围内实现了摊丁入地。这一改革使得"无粮之户口受惠愈无穷"[4]。从此，穷人及无地者就很少或完全不负担丁税了。

　　雍正皇帝为了进一步保证吏治清明，采用了一种政府审计系统，由他的能干而谨慎的异母弟怡贤亲王主持。一时吏治大为改善，此机构也最终撤销。他还意识到官员俸禄太低的错误，低俸是造成明朝贪污盛行的主因，于是对官员的俸禄制度作了修订，办法是将征收主要税粮时一般附加的"火耗"或"耗羡"合法化[5]。过去耗羡往往过高，现在规定了合理的最高额。从耗羡这项收入提出一小部分作为资助地方公共建筑工程和官员们薪俸的补

1　蒲松龄《醒世姻缘》24 回。

2　龚自珍《定庵文集》（《四部备要》本）续集卷 2，页 17 上。

3　同治五年《石首县志》卷 3，页 1 上—2 下。

4　同上。

5　火耗最初是元代为弥补官营金矿的损失而收的，见钱大昕《十驾斋养新录》（《四部备要》本）卷 19，页 7 下。

贴。薪俸中增加的部分称为"养廉"，因为希望以此来滋养官员的廉洁性。知县的养廉由 1 千两至 2 千两不等，巡抚、总督的养廉为 1 万或 2 万两。一位在中央和省级行政机构都有丰富经验的正直的高官孙嘉淦（1683—1753）在乾隆七年（1742）曾作过以下的案语：很难说哪位官员在雍正年间特别廉洁，因为每个官员都俸禄优厚，足以保持清白[1]。

清初最大的仁政也许是百姓无须亲自服劳役。即使在备受赞颂的汉文帝（公元前 179—前 157 年在位）和唐太宗（627—649年在位）当政时，强制性的劳役和兵役也是令人厌恨的。由于从 16 世纪开始丁役已以钱折算，清代的公共工程照例都是由官府雇劳力完成的。人民对强制劳役、兵役所受苦难的记忆已很淡薄，以致人们唱着孟姜女哭长城之类的古老民歌时却已经不能意识到，这种悲剧在过去若干世纪中正是千百万百姓生活中的悲惨现实。

西汉时对三岁以下的男女儿童征人头税时，贫民常常以杀死自己新生的男女婴儿来对付，结果起征年龄不得不提高到七岁[2]。仁慈的宋真宗（998—1022 年在位）将占城稻引入中国，并大幅度减少福建和浙江的人头税，希望能制止那里的杀婴的习俗[3]。由于明代地税和劳役负担特重，或由富户转嫁到穷人头上，不幸的农民只能逃离家园，有时一村一地完全废弃。清初的百姓与他们的祖辈相比，看来是幸运得多了。

---

1 《皇朝经世文编》卷 27，页 6 上—9 下引。

2 吕思勉《秦汉史》（上海 1947 年版），页 663。

3 《闽书》（崇祯二年刻本）卷 39，页 1 上一下。

康熙二十二年（1683）平定南方三藩和结束台湾明朝残余势
力战役，迎来了漫长国史上少有的持续和平和繁荣时期。更能使
国运康泰的是，政府采取有效措施广积公粮以备荒年。雍正皇帝
孜孜不倦地批阅督抚定期上报的气候、庄稼预报以及各省、州、
县的备荒措施。他这种勤政恤民的作风给《朱批谕旨》的读者们
留下深刻的印象。常平仓中储存的粮食总数每年必须上报皇帝，
由于他对公共粮仓极其重视，因而 18 世纪一位干练的巡抚曾详
细说明，当时各省大量收购粮食备荒是导致粮价不断上涨的一个
因素 [1]。洞庭湖畔重要的粮食输出港口沅州，粮价从每斗六分之一
两上涨到乾隆十三年（1748）的每斗半两，主要就是由于官府采
购的增加 [2]。

　　17 世纪晚期和 18 世纪时中国的物质条件可能不如同时期的
英国，英国那时几乎具有发展经济的无限机会，但中国的许多穷
人的境遇未必比斯宾哈姆兰特（Speen-hamland）前英国穷人的
境遇更糟。清代前期中国农民的一般状况完全可能比法国路易
十四和路易十六时代农民的一般状况更幸福，也必然比直到 19
世纪初期还只是"介与人兽之间"[3] 的普鲁士农民幸运得多。

　　一些当代的观察者总倾向于用 20 世纪中国的水准来判断中
国的过去。清初中国的物质和政治状况与他们的印象相反，似乎
比日本幕府时代人民的生活条件要好。日本商业资本主义尽管已
经兴起，但据说农民必须交纳的捐税之重，使他们上天无路，入

1　杨锡绂《四知堂文集》卷 10，页 1 上—9 上。

2　乾隆十三年《沅州府志》卷 12，页 5 上—下。

3　J.H. 克莱彭《1814—1914 年法国和德国的经济发展》（剑桥 1946 年版），页 41。

地无门[1]。总之，18世纪中国的史书无不对朝廷感恩戴德。在18世纪数十种方志中，乾隆四十四年（1779年）《河南府志》（该府治洛阳）堪称典型；尽管在歌颂圣朝时不免过于奉承，但自称表达了百姓的真实情感：

> 经我朝生养休息百数十年，固已家给人足，富庶之休，亘古未有。且屡下蠲租之诏，近复更定赋役全书，详分等则，凡稍有不便于民者尽为删汰。民生其间，亦何幸欤![2]

我们可以假定，清初的中国儿童一旦从照例死亡率较高的婴孩时代存活下来，长大成人的机会不会比18世纪初年的英国儿童少；因为即使是英国女王安（Anne），她有13个孩子，却没有一个不死在她之前。或者甚至也不比约翰逊博士（S.Johnson）和爱德华·吉朋（E.Gibbon）时代差。吉朋这位不朽的《罗马帝国衰亡史》的作者，在1792年出版的回忆录中追述："我的体质一向是虚弱的，生命是何等危险，以致每次给我兄弟受洗或者在我的长兄死去时，父亲总是惴惴不安地重复给我每一个兄弟同一个教名爱德华，希望这一名字能在家庭中不至绝传。"[3]

在中国，据当时各地给朝廷的年终汇报，长寿已不再是罕见的现象。在康熙二十五年（1686），当全国刚进入和平和繁荣时期，各省上报有169,830人年逾八十，9,996人年逾九十，21人

1　赫伯特·诺尔曼《日本作为现代国家的出现》（纽约1940年版），页21。

2　乾隆四十四年《河南府志》卷24，页1上。

3　T.S.爱希顿《1760—1830年工业革命》（牛津1948年版）页5引吉朋《自传》。

百岁以上，年过七十者已极普通因而已不劳各省上报朝廷了 [1]。满族大学士之子纳兰性德才华横溢，生动地描述了老人们应邀出席康熙皇帝的千叟宴的欢悦景象：

圣朝建都燕山，民物日富。八九十岁翁，敦茂龙颜，朝廷优之，徭役弗事，岁时得升殿上上皇帝寿。百官朝服鞠躬以进，视班次唯谨，毋敢越尺寸。而诸耆老高帻博褐，从容暇豫，以齿先后，门者不敢谁何。视百官退，乃陟峻陛，承清光。归而嬉戏阡陌，或骑或步，更过饮食，和气粹如。大驾出，则庞眉黄发，序钩陈环卫间。见者咸曰："乐哉太平之民也！" [2]

雍正四年（1726）时，七十岁至百岁或更老的人数达到1,421,652人。19世纪一位学人认为："可谓极古今太平之盛矣。" [3] 有理由相信这类地方官关于老人的报告远非完整。核查这些数字是毫无收获的，因为方志中的人瑞表照例都只有正式上报及已获"寿官"荣衔者的名单。未经上报的老人一定不少。观察异常敏锐以日记闻名的王闿运（1833—1916）在编纂同治七年（1868）《桂阳县志》时曾指出：有清一代当地有四百多位年满八十或八十以上的老人未被上报朝廷。 [4]

1　孔尚任《人瑞录》（《昭代丛书》本）二编，页13。
2　纳兰性德《渌水亭杂识》（《清代笔记丛刊》本）卷1，页3上—下。
3　俞正燮《癸巳类稿》（《安徽丛书》本）卷12，页22下。
4　同治七年《桂阳县志》卷18。

即使是这些不完整的老人数字也足以想见清代前期安宁富足的景象。（在 1953 年人口普查中，在 582,600,000 的总人口中，八十或八十岁以上的也仅 1,854,696 人，而这个总人口数可能是 18 世纪初期总人口数的四倍。）中国在清代前期健康老人相当普遍已为许多当时学者所证明[1]。在 18 世纪后半期，招待"千叟"的御宴几乎成了惯例。一位屡试不第的苏州学者赋了一首百韵长诗，歌颂他有幸地生于这旷古未有的太平盛世感到自慰[2]。

这种"仁政"不能维持太久，因为它的成功与否主要取决于统治者的能力和品质，而并非每位统治者都能具有康熙和雍正皇帝那样的本领。无论政府的专制性质如何，这两位皇帝的确是以民瘼为怀并励精图治。读过雍正朱批的人，对他的睿智、对官员的知人善任、对国家行政的广博知识无不有深刻印象。雍正更依靠法家严格执法的信条，而不是儒家的德化的空谈。雍正在一定

---

1 清代前期老人的普遍性在一定程度上可能得益于医学知识的传播。著名的药物学著作——李时珍经过三十年悉心研究，在万历六年（1578）完成的《本草纲目》，使中国已有的药物学知识系统化。此书经多次再版，至今还被看作是同类著作中最权威的一种。在明末清初，以此书为基础产生了越来越多的篇幅较小的医药学著作。另外，在各省通志和方志中著录的有关儿科、产科、妇科、天花和伤寒的著作名单非常引人注目。尽管对外行来说无法对这些著作的实际医疗效果作评价，特别是由于这些著作之中大多数只是地方性的、今天已早已散佚，但仅从它们的数量就可以说明在明代和清代初年医学知识的传播已相当普遍。17 世纪晚期和 18 世纪，流行病仍不时造成灾难，但很少蔓延到跨地区的规模。直到道光元年（1821），中国尚未发现过危害最大的流行病之一亚洲纯霍乱，这可由一位近代皇子明确证明。详见礼亲王昭梿《啸亭续录》（光绪六年刊本）卷 2 页 41 下。对这方面当代的讨论见 K.C. 翁（音译）和 L.T. 吴（译音）《中国医学史》（天津 1932 年英文版），页 106—108。19 世纪前半期的方志中常有骇人的流行病，大多是霍乱爆发的简要记叙。

2 徐锡麟《熙朝新语》（《清代笔记丛刊》本）卷 12，页 5 下—6 上。

程度上，会使人们联想到汉宣帝，在他在位时（公元前 73—前49）西汉的吏治达到最佳的效能。雍正和汉宣帝一样，认为法律与实际严重脱节必定会引起官员的腐化，而官员的腐化必然使国民中最无能力抵制官吏和土豪欺凌的人们遭殃。他在位期间，通过对各级官员的严密监察，清朝中央及省、州、县的行政效率达到了最高峰。

他的许多想法和做法必然会引起绝大多数信奉儒家学说的官员不悦，雍正十三年（1735）他一死之后，保守的官员间立刻就开始掀起了一场"翻案"运动[1]。他的继承人年轻的乾隆皇帝急于博取声望，对转向正统儒家的放任主义的暗中酝酿，采取了默许的态度，因此法律和实际的脱节逐渐扩大。

在当时普天之下的长期安宁和繁荣中，除了边塞要地以外，官绅百姓无不越来越崇尚舒适奢华的生活。当时文集和方志中所呈现的日趋奢侈的习俗，与乾隆中晚期官吏贪污的复活是有连带关系的。18 世纪 60 年代以后发现的几起大贪污案，涉及不少省级的和盐政官员。满族权相和珅在乾隆四十五年至嘉庆四年（1780—1799）期间，独占了春秋已高的乾隆皇帝的宠信，贪污之风也达极点[2]。和珅被继位的嘉庆皇帝（1796—1820 年在位）赐死，被籍没的财产据估计价值数亿两之多[3]。

由于主要税额较少伸缩性，增多旧的附加税或在正税之外征新的附加税，就成为官场贪污的来源。这些附加的赋税负担难免

1　这一概括基于早年的《清高宗实录》和其他文件和传记资料。

2　关于和珅的论文，见 A. W. 休默《清代名人传》。

3　郑鹤声《中国近世史》（重庆 1945 年版），页 655—658。

要落在百姓头上，尤其是落在那些无从与地方官员吏胥结成密切关系之人的头上。川陕鄂边区的白莲教起义爆发时使用的一句主要口号是"官逼民反"，这说明官场贪污必然已极其严重，百姓的赋税负担已不堪忍受。

乾隆皇帝的挥霍，对边疆地区的用兵以及嘉庆元年至七年（1796—1802）镇压白莲教起义的长期军事行动，很快使国库空虚。到道光三十年（1850）户部库银已跌至 800 万两这样危险的低点，而雍正年间的库银是 6,000 万两[1]。

咸丰元年（1851）太平天国起义的爆发迫使朝廷广开财源，其中最重要的新税是厘金，即对来往货物征税。直到 1930 年才取消的厘金不仅对中国新兴的工业产生长远的恶劣影响，而且也是整个国家最令人厌恶的税目之一。即使在太平天国之前，尽管正税额并未显著扩大，但附征加收名目繁多，一直增加到正税本身的二至三倍[2]。这一切都由农民负担，而从 19 世纪初年开始，由于白银与铜钱兑换率的改变，农民更受其害。

如果说农民在晚清的赋税负担已经很重，那么他们在民国初年的境遇可能更糟。晚清的财政体制再腐化，也还是大致以传统的税额和量入为出的原则为基础，民国初年的军阀却肆无忌惮，完全是无耻的勒索者。尽人皆知，他们几乎随意加征捐税并增加新的捐税，且经常预征地税。到 20 世纪 30 年代初年，四川某些县份的地税甚至已预征到几十年后。20 年代末和 30 年代初国

1　罗玉东《中国厘金史》（商务印书馆 1936 年版）卷 1，页 5。

2　王毓铨《中国史上地税的增加与王朝的覆灭》，《太平洋事务》1938 年，页 201—220。

民政府进行的财政革新虽然在技术上不无意义，但对农民的生活改善极少。1927 年后国民党的主要靠山是江浙地主和上海财界，不太关心农民的利益。

三

地权问题对人口增长虽非直接，却是前后有关的主要因素。清初的政府尽管对穷人有种种善举，却深信私有财产的神圣不可侵犯，拒绝干预土地的所有权。在明末清初地权变化缺乏仔细研究的情况下，要对全国的情况进行综述是不可能的。虽然就中国若干地区而言，尤其是对人口稠密的东南来说，地主所有制并不新鲜，但一些地方性的资料说明清初政治、经济各方面的条件都对缙绅地主阶级比较有利。

土地所有在长江下游地区，似乎总是比较集中的。明太祖之所以要对苏南浙西的地主采取异常严厉的措施，原因之一就是对他们的经济实力和社会声望深感不安。将他们强制迁至明初的首都南京，迁往明太祖龙兴之地皖北凤阳甚至边地云南[1]，或许对长江下游的大土地所有制有所抑制，但充其量只是暂时的控制。正德元年（1506）的苏州府志证实，佃户及雇农又已非常普遍。嘉靖三十五年（1556）《吴江县志》详细描述了佃户如何进一步受放高利贷的绅士地主之害。一般都认为，明清两代苏州地区的大多数农民都是佃户[2]。

---

[1]　关于明初对富人的强制迁移见第 7 章开篇。

[2]　正德元年《姑苏志》卷 13，页 6 下；嘉靖三十五年《吴江县志》卷 13，页 6 下—11 上；《吴门补乘》（道光九年刊本）卷 1，页 1 上—4 上。

17 世纪后期一位上海学者记述了松江地区地主所有制的发展。据他亲自的观察，晚明时该府最大的地主也不过拥有数千亩。到 17 世纪 40 年代，由于清朝的征服战争使粮价暴涨，造成了前所未有的土地需求，豪绅和中小地主争相攫取任何一块可能买到的土地。到了 60 年代，朝廷为了赏赐及抚慰南方三藩，大大增加了劳役税。几乎所有在 40 年代扩大了财产的中小地主都遭破产。免于这种沉重赋税负担的一个办法，是将他们的土地以很大的削价抵押或转让给资产雄厚的豪绅。当康熙二十二年（1683）之后税额大减、盛世再现时，松江府已充满了拥有 1 万亩至 5 万亩以上的大地主了[1]。

浙江北部也以地主所有制的堡垒闻名。由于地少人多，佃农只得接受地主或他们代理人指定的条款[2]。在耕地有限、人口众多的福建，粮价经常很高，富商及致仕官员发现土地是最有吸引力的投资。福建全省在整个明清时期，尤其是南部沿海人烟辐凑的几个府，都被看作地主所有制的乐土[3]。地主—佃农关系经常处于紧张状态。正统十三年（1448）和崇祯十三年（1640）的佃农起义波及好几个县，经过相当多的流血才被镇压下去。乾隆十一年（1746），闽西南的佃农在一次地区性豁免赋税后，鼓动减租，差一点酿成暴力。

在广东的平原地区，土地所有也高度集中。例如在顺德县，

1　叶梦珠《阅世编》（《上海掌故丛书》本）卷 1，页 18 上—19 上。

2　《皇朝经世文编》卷 36，页 26 下。

3　《五杂俎》卷 4，页 36 下—37 上；并见傅衣凌据旧农业契约写成的力作《福建佃农经济史丛考》（福建基督大学 1944 年版）。

据说绝大多数人是种富人的田地[1]。一般说来，由于广东的豪绅与地方官府中贪赃枉法的吏胥紧密勾结，可以肆意侵犯穷人而无需惧怕官府的追究[2]，他们极其残酷，以致穷人不敢租他们的田地。雍正时期，一些奉公守法的省级官员多次奏明：除非佃农的安全得到官府保障，否则就无法吸引粤东的剩余人口，去开发该省中西部的大量良田[3]。实际上，一件最能雄辩地证明广东地主所有制存在的证据是：据说数量异常大的农田，在整个明代和清代初年都成功地逃避了地税[4]。

在长江流域内地一些省份中，地产的分配同样不均。被广泛引用的同治十一年（1872）《巴陵县志》（巴陵即今岳阳，是湖南重要港口）就是一个典型例子：

> 巴陵土瘠民贫，高苦旱，下苦水。十分其土，而山水居其七。十分其民，而士贾居其四。十分其农，而佃种居其六。十分其力，而佣工居其五。十分其入，而耗用居其半。[5]

这一记述也符合 19 世纪四川江津县的状况，仅百分比有少许不同而已[6]。18 世纪初年在湖南长沙地区，无地佃户比小地主数

1　万历十三年《顺德县志》卷 3，页 1 上。

2　《皇朝经世文编》卷 75，页 41 上—42 下。

3　《皇朝经世文编》卷 34，页 31 上—32 上；页 33 上—34 下。

4　《明史》卷 77，页 4 上。广东许多县缺少鱼鳞图册，隐漏地税显而易见，雍正《朱批谕旨》19 册，页 20 下—21 上。

5　同治十一年《巴陵县志》卷 4，页 3 上。

6　光绪元年《江津县志》卷 6，页 1 下。

量多，他们当中有的人辛劳终年却无力供养双亲[1]。在湖南，地租高达收成的 50% 是很普通的，结果佃农无法改善自己的境遇[2]。

无论这些零星的叙述价值如何，当时中国存在着人口与土地财产之间的关系失调，是无可怀疑的。例如以正直而赢得"铁牛"绰号的高官、经济专家顾琮[3]，于乾隆八年（1743）的一次奏折中建议将每户拥有的土地限制在 3,000 亩以内[4]。这一建议虽为朝廷所否决，但证明在中国部分地区，尤其是在顾琮多年任督粮的江苏，产业超过 3,000 亩的大地主比比皆是。久任湖南巡抚、江西籍的杨锡绂在他著名的乾隆十三年（1748）的奏折中分析了粮价上涨的原因，他特别指出了地权的变化：

> 谓由田归富户者，国初地余于人则地价贱。承平之后，地足养人则地价平。承平既久，人余于地则地价贵。向日每亩一二两者，今至七八两。向日七八两者，今至二十余两，贫而后卖，既卖无力复买。富而后买，已买可不复卖。近日田之归于富户者大约十之五六。旧时有田之人，今俱为佃耕之户。[5]

他虽没有特别指明这一趋势主要发生在长江流域的若干省

1　光绪三年《善化县志》卷 16，页 10 下引乾隆五年志。

2　尤见同治二年《城步县志》卷 10，页 35 上—44 上；同治十年《沅陵县志》卷 10，页 10 下。

3　袁枚《小仓山房诗文集》文集二集卷 33，页 1 上—2 下。

4　《清高宗实录》卷 201，页 2 下—3 下。

5　杨锡绂《四知堂文集》（嘉庆十一年刊本）卷 10，页 1 上—9 上。

份，还是全国皆然，但很可能只是就他掌握第一手资料的地区而言。出生在苏南的洪亮吉（1746—1809）是位地理学家和历史学家，被称为"中国的马尔萨斯"，他也认为地产的分配不均加剧了贫民的经济困难[1]。

由于现有的资料大多只是局部的，并完全限于长江流域和东南沿海省份，不免以偏概全，有些当代学者认为，中国在 18 世纪和 19 世纪前期已变成一个地主所有制的国家[2] 是很危险的。由于现存史料毫无言及地权未经改变方面，而仅言及改变的方面，所以要对全国作总的定量说明是不可能的。根据现代的调查，华北尽管在 18 世纪和 19 世纪早期也存在过非常有势力的地主[3]，但一般说来，华北大多数的农民仍是小自耕农。北方几省方志很少讨论地权问题，似乎也是小自耕农较为普遍的旁证。根据清代学者的印象，较能肯定的是，在清代前二百年中土地的所有权在水稻地区某种程度上似乎更集中，土地所有权的加速集中以及人口的持续增加，可能加剧了佃农的经济困难。当太平天国势力到达长江中下游后，成百万的佃农加入了太平军[4]。

现代中国学者在土地使用权方面问题的著作常常要表示一些道德上的义愤，以至于夸大了近代中国的地主所有制。很少有人留意研究土地使用权有利于小民。过去一世纪地权方面最重要的变化发生在人口最稠密的长江下游省份。但那里的大土地所有制

1　洪亮吉《卷施阁文集》（《四部丛刊》本）上集，页 8 上—9 下。

2　罗尔纲《太平天国史稿》（商务印书馆 1937 年版）第一章，及王瑛《太平天国革命前夕的土地问题》，《中山文化教育馆季刊》卷 3 第 1 期。

3　王瑛《太平天国革命前夕的土地问题》；昭梿《啸亭杂录》本朝富民条。

4　见第 10 章第三节。

的衰落并非是由于太平天国的原始共产主义的土地政策，因为这些政策实际执行的范围很有限，而是由于十四年战乱的结果以及由此产生的经济力量。

在十四年的太平天国战争中，在饱受战祸的长江流域省份有许多大地主家庭消失了。除上海地区以外的苏南、浙江北部、安徽全省、江西湖北部分地区的人口急剧减少，以致省府与遗留下来的地主采取从未有过的优厚条款，从远处吸引移民。许多幸存的地主由于劳力奇缺及赋税负担，以太平天国前一个零头的价格出卖自己的地产。省府主要关心的是如何通过地税尽快恢复财政收入，规定在一定期限内如果原业主不申报，这块土地就永归佃种的农民所有。结果数以百万计的农民从河南、湖南、湖北人口较密的地区、苏北以及浙江的宁波绍兴地区迁入这些盛产稻米但部分荒芜的地区。这与道光三十年（1850）前地主所有制持续扩大的记载，适成对比的是，19 世纪晚期和 20 世纪初期长江下游地区的方志揭示了一个最不寻常的事实：本地地主往往无法忍受移民的欺负蚕食，结果省府只得对移民加以控制或以法律禁止。太平天国起义间接有助于平抑传统大地主所有制地区土地所有制，是不容否认的。

鉴于中国北方拥有小块土地的自耕农历来占多数以及长江下游地区大土地所有制已为太平天国后的经济力量所打碎的事实，我们有理由相信，20 世纪 20 年代和 30 年代初，即 50% 农民自有土地；30% 是佃农；20% 自有部分土地，同时租种部分[1]；大体

1　R.H. 陶尼《中国的土地和劳力》（伦敦 1937 年版）第 2 章。

是符合实际的普遍印象。国民政府时期的地权问题很严重，大中地主、自耕农、佃农这三种农民的比例在不同省份的差别很大。在长江中游一些省份、华南、内蒙古和东北边区，佃农的比率显然很高。地产的分布可能同样不均衡。30 年代两次得到国民党认可的调查表明：10% 的农村人口占有 53% 的耕地，他们平均占有耕地数高达农民平均数的 128 倍[1]。

我们可以假设，除了太平天国后长江下游地区这一仅有的重要例外，无论是历史上还是近代中国，行政和经济力量一般总是不利于小民百姓。农村中由绅士、土豪（他们大多也是绅士的一员）与衙门吏胥组成以剥削农民的三角联盟与私有土地制度一样由来已久。在康熙和雍正时期，小民受到官府有力保障，除非自己过于愚蠢或乡绅吏胥过于狡诈才会受害。但在北洋军阀和国民政府时期，大多数农民却成了劣绅、税吏和任何持枪者——无论是兵是匪——犹如任意捕食的猎物。一位研究中国农村问题的国际闻名的经济史学家陶尼（R.H.Tawney）在 20 年代后期说过预言性的话：

> 辛亥革命是资产阶级的事，农民的革命还有待爆发。如果他们的统治者继续剥削他们，或听任他们受剥削，残忍无情和前此一样，那就可能有不幸的结果。果真如此，（政府和地主）也是罪有应得。[2]

1　A. K. 邱（译音）《农业》章，H.F. 麦克耐尔编《中国》（美国加州伯克莱 1946 年版），页 473—474。

2　陶尼《中国的土地和劳力》，页 74。

他的预言可加一个历史注脚，1927 年的国民革命也还是资产阶级的事，资产阶级化到完全抛弃了国民党创始人孙中山所热切追求的革命目标之一——平均地权。CC 派领袖陈果夫在死于台湾岛前不久对抛弃孙中山的土地纲领，最终做了理论辩解：

> （在 30 年代）我们除了整理地籍、税率、租额，使其公平合理外，对大地主并没有特别加以限制，也可以说根本没有注意这一问题。因为我们认为在中国的伦理社会中，地主和佃农往往相处如家人父子。而况我们是诸子继承制，再大的地主只要经过两代，也就变为许多小户了。[1]

当时当然有一系列法律规定合法的租率，但实际上都是半心半意的。国民政府让农民同以前一样受到残酷剥削。根据中央农业实验站在 20 世纪 30 年代后期所作的调查：56% 的农户每年必须借贷，48% 的农户每年必须借粮才能维生[2]。1937 年 7 月抗日战争爆发后，日本的海上封锁、东部沿海工业的丧失使政府和人民更多依赖西南未占领地区的粮食供应。地租的增加以及每况愈下的通货膨胀都使土地成了最有利的投资出路。但只有最富有的人才有办法投资，因为持续的通货膨胀很快使公教人员和中产阶级成为经济上不复存在的个体了。尽管要到共产党领导的 1949 年至 1952 年土地改革的文件公布之后，才能对 1937 年以来长江流域和西南各省土地所有集中的情况进一步了

1　陈果夫《苏政回忆》（台北 1951 年版），页 39。

2　1937 年《中国年鉴》，页 776—778。

解[1]，但国民党政府 1947 年的一份调查已经说明：在全部农业人口中只有 40%—45% 是拥有土地的农民[2]。

　　本书研究的这段时期内，土地所有权对人口增长的影响是难于估计的，但至少可以说其影响因时而异，因人口与可供土地比率的变化而异。地产分配的不均与过高的地租必然会影响佃农的生活水准，甚至会推迟他们的婚龄，限制他们的家庭大小。但我们必须记住：中国人由于长期接受儒家安贫乐道的说教，与世界上人口众多的民族一样，善于在相当长的时间内使自己适应不断降低的生活水准[3]。

　　虽然地产分配很不均衡，但在很大程度上中国的穷人几乎都能尽力设法弥补最低的生计。例如在历来多巨富大家的苏州地区，17 世纪的穷人不仅以季节性的农活及果园帮工为生，还从事木工，泥工，麻、丝、棉的纺织，制绳，织草席和地毯，养蚕，刺绣，船工，行商和小贩[4]。在 19 世纪，土地高度集中的洞庭湖畔的湖南巴陵县，数千当地穷人到鄂南各县干季节性的农活、染布、泥工、酿酒为生[5]。实际上，19 世纪早期的中国经济史或许能归结为：全国生活水准的不断下降和人口的持续增加。

　　但从长期说来，不合理的土地所有制对人口增长的反作用取

<hr />

1　土地集中的简介在大陆学者中引述甚多，如孟宪章《中国近代经济史教程》（上海 1951 年版）第 24 章。

2　《1950 年中国手册》，页 581—583。

3　这方面的历史性概论见杨联陞《中国的货币与信贷》（美国坎布里奇 1952 年版）第 1 章。

4　崇祯十五年《吴县志》卷 10，页 1 下—2 上。

5　同治十一年《巴陵县志》卷 11，页 9 下。

决于人口与土地的基本比例。在整个晚明清初时期，由于全国总
人口相对较少，而农田相对较充裕，地方性和地区性的人口过密
部分可以通过人口迁移来解决。尽管在有的地区多数土地为少数
人所掌握，但这些土地不会闲置或不耕作利用。与 16 世纪的英
国广泛地将耕田变为牧地造成农村人口大量下降相比，晚明清初
时期从未有过农业革命或土地革命，也没有过任何类似 19 世纪
后半期苏格兰几百万英亩变为猎鹿旷地，以致数千佃农衣食无着
这类的变化。在农业越来越向劳动密集型转变的时期，地区性的
地主所有制的发展对该地区的就业影响不会很大。据 17、18 世
纪不少学者和官员估计：在水稻地区一个男劳动力可耕种 10 至
15 亩地，而在华北平原一个农民最多也只能耕种 30 亩[1]。

在总人口较少的情况下，地主所有制对就业影响较小的假
设，可以从万历二十一年（1593）《上元县志》（上元即今南京
市的一部分）得到支持：

> 然此寄庄皆富室，乃贫民之所依，可有而不可无者也。
> 何则？往昔田粮未均，一条鞭未行之时，有力差一事，往往
> 破人之家，人皆以田为大累。……赖巡抚海公均田粮，行
> 一条鞭法，从此役无偏累，人始知有种田之利，而城中富室
> 始肯买田，乡间贫民始不肯轻弃其田矣。至今田不荒芜，人
> 不逃窜，钱粮不拖欠，而价日贵，亦由富室买田之故也。盖
> 贫民种田，牛力粪草不时有，塘池不能浚而深，堤坝不能筑

---

1 《皇朝经世文编》卷 26，页 17 上—25 上；卷 34，页 14 上—下；卷 36，页
26 下。

而固，一遇水旱则付之天而已矣。今富室于此等则力能豫为，故非大水旱，未有不收成者。况富室不能自种，必业与贫民，贫民虽弃产，而实与富室共其利。……又牛力种子出于富室，而钱粮又办于富室。时有水旱，则富室又假贷而济之。贫民惟出入耕耘，坐享其成焉。故曰寄庄富户，乃贫民之所依，可有而不可无也。

这段话如果不管这位方志编者的地主阶级偏见，清楚地说明了在土地和其他资源足以供养全部人口时，何以地区性或地方性的土地集中，未必会成为人口增长的障碍。

我们可以同意马尔萨斯的说法：人口增长受长期劳力需求的影响比受地产分配的影响要大。但在中国的人口达到某一程度，例如假定在 1800 年达到 3 亿之后，在人口的持续增长和技术长期停滞的情况下，全国有效就业的总的机会便会急剧减少。在传统的或原来的生活水准越来越下降以至只略高于仅够糊口的情况下，不合理的土地所有制对在生活边缘挣扎的人口的影响之大，或许远远超过正常的比例。长江流域的地主所有制在清初只起了不让佃农获得他们可能得到的最大的物质利益的作用，而在 19 世纪中叶的地主所有制似乎驱使了成百万的无地农民投入了太平天国起义的行列。如果近代中国的地产分配能更平均，使用的条款能更合理，20 世纪中国那些社会灾难可以相应减少一些，但人民生活水准或仍不免继续下降。因此土地所有制必须被认为是与人口变化有关的一个相当重要的因素，但不是一个基本因素。

第 10 章
天灾人祸的后果

一

中国一向多灾，无论自然、经济、政治以及社会各种因素造成的频繁灾害，已众所周知，并已有很好的阐述，因而无需多作讨论 [1]。从 1878 年（光绪四年）以来，一些西方和中国的学者对此曾作统计研究。这些统计尽管说明了水旱的历史和地理分布，却容易引起误解。首先，统计取材于少数一般的和官修的著作，这些书中自然灾害的资料一般是简略又不完整。其次，这些一般性的著作中的资料既有夸大又有遗漏，遗漏比夸大要更严重些。官方著作中记载某地或某地区的灾害很可能与豁免赋税有关。例如，清代记载陕西、甘肃二省的旱灾竟会比江苏、浙江二省为少，而前者地处黄土高原，雨量少且不稳定；后者处于中国季风带，一般雨量丰富，而且灌溉条件为全国之冠。1928 年河南—陕西—甘肃旱灾赈济委员会对这种统计上的偏差作了最好的解

1　瓦尔特·H.马勒礼《中国——饥荒的国家》（纽约 1928 年版）。对中国历史上自然灾害著名的统计学研究有：谢立山《公元 620 年—1643 年中国的旱灾》，1878 年《皇家亚洲学会华北分会学报》，页 51—89；竺可桢《中国历史时期的气候波动》，1926 年《地理评论》，页 274—282；以及更具体的两卷本著作：陈高傭《中国历代天灾人祸表》（国立暨南大学 1939 年版）。

释：辛亥革命以来陕西省几乎没有一年没有内战和自然灾害，但因交通困难，天灾人祸很少为省外人士知道。这是因为陕西人很少在政府服务 [1]。20 世纪如此，清代也必然如此。另一方面，在近代几个世纪间，江浙两省所产生的进士和官员比其他任何省为多，因而比起干旱而文化落后的黄土高原省份来，可使更多的"旱灾"得到朝廷的承认。官方的灾害记载更因历朝皇帝态度的不同而被曲解。在康熙和雍正施行仁政时，朝廷实行财政紧缩，并经常及时对部分歉收地区实行赋税豁免，省级和地方循吏清官也无不夸大灾情，以利取得赋税豁免。因而一篇关于灾害的专题论文显示了这样的情况：18 世纪官方记载的灾害总数大大超过了19 世纪；这一统计特殊与我们的历史常识是相反的。研究灾害最大的困难是无法将官方数据合理地分类认真评估。官方档案中记载灾害照例十分简略，并不详细注明灾情轻重、灾区大小。一个富饶农业州县的部分歉收往往被官方承认为天灾，但其严重性远远不如一个影响数县或数省的大饥荒。同样算天灾，事实上二者是决不能等量齐观的。

　　自然灾害记录的最好来源还是方志。较好的方志常对关于自然灾害的密度和幅度有较为详细的叙述，不过相当多的方志质量平平，甚至很差，尽管载有较详细的当地灾害表，却很少真正有用的资料。更有甚者，由于方志是在不同的年份编成的，要搜集各省同一时期的自然灾害数据是不可能的。附录 4 中所选的是湖北省的自然灾害数据。该省地处中心，较许多省份具有多样的气候、

1　《赈灾会刊》（豫陕甘三省赈灾委员会 1928 年版）。

地形及农业条件,《湖北通志》中的历史灾害纪录也有较多细目。

由于湖北后期的方志都是在同治三年（1864）太平天国平定后的二十年间编纂的,所以光绪六年（1880）以后的灾害纪录远非完整。迟至 1921 年才出版的《湖北通志》对清朝最后四十年,只能依靠所谓当地的"观测",而这些观测充其量只是在政治解体时期偶尔进行的。但这一灾害纪录无论如何要比近代那些以《东华录》为基础的研究全面、专门得多。附录 4 的统计结果说明,湖北在清代 267 年间有 92 年旱、190 年涝,而《东华录》的记载仅有 42 次旱、75 次涝[1]。同时,湖北的纪录在大多数情况下说明了受灾的总县数,有清一代共达 1898 县次,平均每年有 7 县,或者差不多正是全省 71 县总数的十分之一。由于光绪六年（1880）后记载不全,湖北的数字也不包括一些常见于记载的灾害如地震、早霜等,因此平均说来全省有略多于十分之一的地区每年遭受一种或多种灾害。

通过对自然灾害的频率和密度的观察,可以发现,该省从灾难性的明末农民起义和清廷的征服战争中复原后出现了一段持续的太平时期,百姓和官府都能相当有效地对付自然的威胁。尽管有很多县曾受到旱灾、特别是水灾之害,但 17 世纪晚期和整个 18 世纪总的说来很少发生严重的饥荒。次数最多的自然灾害发生在 19 世纪三四十和 60 年代——太平天国起义发生前和结束后的 30 年间。

由于湖北的统计数在清初的纪录可能略有夸大,而在 19 世纪

---

[1] 竺可桢《气候波动》中漏咸丰年间（1851—1861）水旱数,为作比较,已按《东华录》订补。

晚期的纪录又有更严重的遗漏，所以不能据此做出 19 世纪自然灾
害发生次数增加的明确结论，但关于汉水洪涝的一套独立的数据
（表 36），似乎可以假定 19 世纪中自然灾害的发生率确是有所增加。

表 36　嘉庆元年—宣统三年（1796—1911）汉水洪水频率

时期	洪水次数	洪水间的平均间隔（年）
1796—1820	6	4.17
1821—1850	16	1.88
1851—1861	7	1.43
1862—1874	8	1.50
1875—1908	14	2.43
1909—1911	2	1.50

资料来源：1937 年《湖北省年鉴》，页 90—98。

19 世纪陕南、鄂西、鄂北所有的方志都可以证实原始森林
受到无情砍伐，在山坡上以竖行密集而连续地种植玉米，以及整
个汉水流域日益严重的水土流失。著名的官员林则徐（1785—
1850）、有才华的历史学家和地理学家魏源（1794—1856）以及
人口问题敏锐的评论家汪士铎（1802—1889）都曾考察这一问
题[1]。魏源还以水利专家闻名，尤其注意解释人口增长、地区间移
民、长江流域内地地区山区的开发、土壤冲蚀以及长江流域、特
别是汉水流域洪水日益频繁之间的关系。

---

[1] 林则徐为李彦章《江南催耕课稻编》所作序（光绪十四年刊本，序作于道光十四
年）及其《林文忠公政书》（光绪五年刊本）二集，页 2；魏源《古微堂外集》
（光绪四年刊本）卷 6，页 5 上—6 下；汪士铎《乙丙日记》（北平 1935 年版）卷
3，页 26 下—28 上。

湖北的灾害纪录能否代表全国只能作推测。该省的洪水频率，除河北、山东、河南和江苏之外，可能比任何其他省都高，但毕竟比北方大多数省所受的旱灾要少。考虑到湖北地处中心，商业发达，有舟楫之利，而且一般还有余粮，我们有理由相信：如果有什么省份确实能称为平均水平的话，湖北一定程度上比这类省份要幸运。从湖北的详细数据可以明显地看到：在中国这样一个巨大而又依赖自然力量的国家，与其把自然灾害——无论其发生的频率如何——当作一种例外现象，还不如把它们看成为正常的现象。

二

虽然将天灾和战争、叛乱一类人祸作为人口学的因素进行统计分析是不可能的，但对主要灾难的研究有助于我们理解，历史上不利于人口增长的因素不时发生作用。现存资料虽大都是描述性而不是计量性的，仍然显示了天灾人祸造成人口衰减的大致幅度。

大旱 近代最严重的旱灾之一发生在光绪三至四年（1877—1878 年）间，祸及北方四省，而以陕西、山西受害尤烈。据报告，光绪二至五年（1876—1879）间，陕西、山西、河南、河北和山东部分地区寸雨未下。由于讯息极差，直到光绪三年后半年大饥荒的消息才传到京城。一位山西籍的正直官员阎敬铭被任为山西赈灾钦差大臣，他在光绪三年冬报告山西的情况如下：

> 晋省成灾州县已有八十余邑之多，待赈饥民逾五六百万之众。……臣敬铭奉命周历灾区，往来二三千里，目之所接，皆系鹄面鸠形；耳之所闻，无非男啼女哭。……甚至枯

骸塞途，绕车而过，残喘呼救，望地而僵。[1]

陕西情况最惨，人相食不时发生。省府官员命令地方官对违反禁止出卖子女法令的现象予以默许，以便让父母能买到几天的粮食。关中肥沃的渭河流域四十多县受害最重，1934 年《陕西通志稿》以地方志为基础归纳了该地区的人口损失：

> （西、同、凤、乾各属）百余年来休养生息，……至道咸时户口称盛焉。同治初逆回变起，杀伤几五十余万，亦云惨矣。重以光绪丁丑、戊寅奇灾，道殣相望，大县或一二十万，小县亦五六万，其凋残殆甚于同治初元。[2]

陕西中部有些县只能挖大坑掩埋死尸，这些地方至今还被称为"万人坑"；死去的儿童即扔入水井[3]。

由于运输设备的缺乏，这场发生在闭塞的西北地区的饥荒更加严重。官方与民间虽都采取最紧迫的行动，大批粮食仍无法从沿海地区迅速运往内地。在天津的万国救济委员会主席在他的报告中说：

> 1877 年 11 月，情况简直可怕，整个山西和直隶、河南、陕西的大部分地区秋粮失收。……从每一个可动用的港口都有物资涌向天津，码头上粮食堆积如山，政府仓库全部储

1　民国二十三年《陕西通志稿》卷 202 引。
2　民国二十三年《陕西通志稿》卷 31，页 1 上。
3　民国二十四年《醴泉县志》卷 14，页 3 上—5 上。

满，所有船只都被征往山西和直隶的河间府运粮。大车小车全部动用，拖沓的中国政府机构紧张到了极点，以应付迫在眉睫的大灾。1877年冬至1878年春，在通往山西的路上到处是最可怕的混乱。在起点获鹿县，挤满了都企望将自己押运的物品通过关口的官员和商人；亡命之徒、乞丐和小偷充斥。在这群山之间，官员无力发布任何一类命令。道路已完全毁坏，在新路筑成之前僵局将持续存在。驼、牛、骡、驴在最野蛮的混乱中疾驰，山中绝望的人们为了吃它们的肉而将它们大批大批地杀死。只有在关切的货主们的共同警戒和训练有素的盗匪或民团的协助下，粮食才能通过。在那些恐怖的峡谷中，夜间更无法通行，沿途到处是人畜尸骨，任何人只要倒下喘息或病死，就会很快被狼、狗和狐狸吃尽。[1]

该委员会估计，在1877—1878年的饥荒中有900万到1,300万人因饥饿、疾病或暴力而丧生，这看来绝非夸张；西北很多地方志可以证实由这次灾害引起的长期性大规模人口减少。以山西为例，该省已不再有什么大的农业扩展前景，道光三十年（1850）全省登记人口已有15,131,000，但直到1953年7月还只有14,314,485人[2]。陕西的人口减少极多，以至在清代的最后数十年间成了主要的吸收移民地区之一[3]。

---

1 马勒礼《中国》，页29—30引。

2 关于山西在光绪三到四年大旱后的人口减少以及省府吸引新移民的努力见巡抚张之洞的奏折，《皇朝经世文通编》（上海光绪二十七年刊本）《地理》卷10，页13下—14上。

3 向陕西移民详情见第7章。

黄土高原的省份还遭受其他几次旱灾，主要发生在光绪十八年到二十年（1892—1894）、二十六年（1900）、1920 至 1921 年以及 1928 年。由于缺乏可靠的统计数字，对这些旱灾的严重程度无法精确估计。一直与万国救灾人员保持密切联系的美国外交官、汉学家柔克义估计，光绪十八年至二十年大旱期间大约丧失了一百万人[1]。1920 至 1921 年的旱灾最严重时曾使大约二千万北方农民陷于绝境，多亏华北一些铁路线的建成，政府和中外私人慈善机构的努力才能较有效地赈灾。这次的死亡总数估计大约在五十万上下[2]。1928 年的大旱影响到陕西的七十五县以及豫西、甘肃数十县，其幅度和严重程度都与光绪三年至四年的大旱相侔。到 1930 年夏，据了解仅陕西一省已有三百万以上的人因饥饿和疾病而死。由于尸体暴露，瘟疫猖獗，造成的死亡比旱灾本身还多[3]。在整个灾区估计约二千万的灾民中究竟死了多少是找不到答案的[4]，但可以相当肯定的是：由于铁路通到了这些闭塞的省份，1928 年的死亡总数比光绪三年至四年旱灾期间要少得多。光绪三年至四年的旱灾引起了这样的推测：在铁路铺设以前的中国，严重的旱灾，尤其是发生在闭塞的省份的，对生命的威胁要比水灾大得多，尽管清初健全的行政机构和有效的常平仓体系可能会减轻灾情。

大水 关于清代期间的大水有很多相当具体的资料，但都是

---

1 柔克义《中国人口问题探索》，《斯密森学会年度报告》1904 年，页 673。

2 马勒礼《中国》前言及页 30。

3 《时事月报》1930 年 7 月，页 31。

4 需要救济的总数为 2,000 万是由豫陕甘赈灾委员会在 1928 年估计的，见《赈灾会刊》。中国万国赈灾委员会 1929 年估计，受旱灾影响的总人口是 5,735 万，至少有 1,200 万人受到严重影响，见《中国万国赈灾委员会年度报告》1929 年，页 3。

描述性的，而不是计量化的。对近代三次大水，即长江 1931 年、1938 年和黄河 1938 至 1946 年间的大水有专门委员会的报告及专题论文。虽然没有哪一种统计数是十分精确，但比起非数量化的资料来，这些近代式的报告对灾害的幅度和严重程度毕竟有了较好的说明。表 37 就是国民党政府水灾救济委员会对近代最严重的水灾之一的 1931 年长江洪水造成的损失所作的估计。每一农户平均损失 509.80 元。如以每户五口计，受洪水影响的总人口超过 1,200 万人。四年后，同一委员会对 1935 年的洪水所作的估计是约 7,300 万亩农田被淹，1,400 万人无家可归。对实际生命损失没有详细报告，但湖北汉川县对洪水毫无戒备，29 万人中有 22 万人葬身波涛[1]。

表 37 1931 年长江大水造成的损失

地区	总损失（合中国元）	各省所占损失（%）	受影响家庭数
湖南北部	248,300,000	19.3	424,200
湖北	530,800,000	41.2	1,022,700
江西北部	114,700,000	8.9	243,300
安徽南部	314,500,000	24.4	613,200
江苏南部	80,300,000	6.2	224,300
总计	1,288,600,000	100.0	2,527,700

资料来源：钟歆《扬子江水利考》（商务印书馆 1936 年版），页 39—42。

国民党军队出于战略理由，于 1938 年 7 月在河南两处扒开黄河大堤，以阻遏日本军队的前进，导致黄河历史上的第七次改道，

1　钟歆《扬子江水利考》（商务印书馆 1936 年版），页 39—42。

夺淮河下游入海。直到九年后的 1947 年 3 月才回归故道。第二次
世界大战以后不久，中央研究院社会科学研究所和中国善后救济总
署对其破坏程度做了一次联合调查。虽然必定也不完善，但在同类
资料中，这个报告是迄今最好的研究了。其结果已归纳为表 38。

表 38　1938—1948 年黄河泛滥造成的损失

省	被淹县数	农田损失		
		1936年 农田总数（亩）	被淹 农田数（亩）	被淹农田 占总数百分比
河南	20	23,227,000	7,388,000	32
安徽	18	21,997,000	10,819,000	49
江苏	61	2,411,000	1,777,000	14
合计	44	57,635,000	19,934,000	35

粮食损失（%）		
省	夏粮	秋粮
河南		
1938	100	90
1939—45（平均）	90	90
1946	90	90
安徽		
1938	100	50
1939—46（平均）	90	50
江苏		
1938	100	50
1939—45（平均）	90	50
1946	90	50

省	1936年总人口	离家人口		丧生人口	
		数量	百分比	数量	百分比
河南	6,789,098	1,172,639	17.3	325,589	4.8
安徽	9,055,857	2,536,315	28.0	407,514	4.5
江苏	3,581,238	202,400	5.7	160,200	4.5
合计	19,426,193	3,911,354	20.1	893,303	4.6

生命损失

资料来源：韩启桐、南钟万《黄泛区的损害与善后救济》（上海 1948 年版）。

农田受淹数及离家或实际死亡人口是以战后的实地调查为依据的。虽不十全十美，但离事实不会太远。但黄泛区的耕地总数和总人口数是以计司 1936 年的数字为依据的，一般认为偏低，所以受淹农田、离家及死亡人口所占的百分比偏高。由于这场人为的洪水发生在非常时期，比起和平时期的人水灾来，破坏的幅度更为严重。这一事例可以提醒我们，中国历史上因大水所造成的生命损失同样是被夸大了的。这一专题研究至少肯定了专家们的这一观点：旱灾是最厉害的天灾，在铺设铁路前的中国尤其如此。

三

叛乱以及内外战争之类人祸对人口的影响也应加以研究。据说从明末延续到清顺治初年的大规模农民暴乱使中国北方很多地方人口锐减，使四川这红壤盆地几乎死绝。官方的记载可能夸大了李自成、张献忠等的杀戮。事实上满清征服者未必更为人道[1]。有两件基本历史事实可为内乱地区人口大量死亡的铁证：一是官方登记的土地面积从明代经常的 7 亿亩以上缩减到顺治二年（1645）的 40,500 万亩[2]。二是在满清征服后的整整两个世纪之内，四川无疑是最大、最重要的吸收移民的地区[3]。

太平天国和捻军起义　嘉庆元年（1796）川陕鄂边区的白莲教起义使中国进入一个大骚乱的时期，最终导致了咸丰元年至同治三年（1851—1864）的太平天国起义。与太平天国起义部分同时的捻军在淮河流域、直隶南部和鲁西持续打游击战。19 世纪60 年代和 70 年代受战祸地区的大量方志和最近中国大陆史学家有关这些战争卷帙浩繁的出版物，使我们有可能对这些大规模战乱对人口的影响做出大略的估计。

在做出地区性的估计之前，有必要先简单解释一下这些内战的若干特点。这些战争对军民屠杀的规模，如用现代的战争伦理的观点看，是难以想像的。最近出版的史料显示：起义军在一定程度上同情穷人，有时甚至宽容富人，而官兵的残酷并不下于他们。一件使曾国藩的声誉大受诟病的，是他坚决主张将叛乱者斩尽杀绝，实际上他的同僚无不如此，他作为总司令推行的政策就是以杀尽叛军为惟一目的，因而实际上延长了太平军的殊死抵抗。太平天国后期的中流砥柱忠王李秀成在被俘后写的自传中

1　李光涛《张献忠史事》，《中研院历史语言研究所集刊》25 本，1953 年。

2　对土地统计数的详细解释见第 6 章。

3　见第 7 章。

回忆：如果曾国藩及其部将对讲广西（太平天国的发源地）话的太平军采取纳降，而不是坚持一概杀戮的话，太平军早已自行解体了[1]。

太平军于咸丰三年（1853）夺取南京后，战争变成消耗性质，因此双方都关注取得粮食及其他供应，而不再是攻城略地。1853 年后，太平天国主要依靠上游、特别是湖北和江西的供应，这些物资由掳获的公私船只载运[2]。随着战争的胶着，官兵采取了坚壁清野政策以图饿毙叛军。这就使太平军不得不多次突破官兵的包围，去安徽就食；至后期尤其如此。咸丰十一年（1861）冬，据报有十万多太平军饿毙；同治二年（1863）又发生同样的情况[3]。同治三年官兵夺回南京时，十余万忠于太平天国的残余分子在战斗、大火，尤其是在饥饿中全部丧生。

坚壁清野政策也在淮河流域及华北推行。在长江流域这主要是清朝一方的政策，而在淮河流域则是官兵和捻军双方的共同策略。当代一篇论文指出：

> 1856 年后，捻军在其中心地区以外半径二百里的范围内实行坚壁清野政策。到 1857 年，捻军完全清除了安徽与

---

1 罗尔纲《忠王李秀成自传原稿笺证》（北京 1951 年版），页 65。令人感兴趣的是在中国大陆史学家中最近有一种修正观点，认为曾国藩是刽子手及清朝的走狗，见范文澜《汉奸刽子手曾国藩的一生》（新华书店 1944 年版）。

2 战争的经济方面极其重要，以致张德坚的《贼情汇纂》（原序作于咸丰五年）中特意辑有关于太平军的粮食供应的一章。该书是当时出于清朝立场对太平天国最全面的研究，已收入中国大陆史学家所辑有关太平天国运动的资料汇编《太平天国》（北京 1952 年版）中。

3 李秀成自述，见罗尔纲《笺证》，页 134、147—148。

河南交界地区，在亳州和豫东之间造成了一片宽三百里、长二百里（约六千平方英里）的无人区。[1]

人力当然也是这些战争的决定因素，官军能依靠湖南和安徽合肥地区作为征兵的来源，而太平军只能在长江中下游地区强征农民。长江流域很多方志证实有成千上万的成年男子和儿童被太平军抓走。另一方面，由于开始受到战争、劫掠、饥荒、瘟疫的共同煎熬，甚至有大量贫苦农民投入太平军的队伍。就这样使上百万原本和平的农民卷进了长期的互相斗争和摆脱饥饿的斗争。

论地理范围、持续时间、强度和野蛮，19 世纪的这些中国内战与依照国际战争法规的近代大战是无法同日而语的。太平天国起义堪称为世界史上规模最大的内战，如就双方的残酷性和破坏性而言，历史上是少有其匹的。

就地理而言，受太平天国和捻军战争蹂躏最烈的地区是安徽全省、江苏南部（只有因迅速兴起的主要通商口岸上海而受到充分保护的松江府除外）、浙西、赣北和湖北平原的一部分。华北则除豫西南和鲁西部分地区以外，大体幸免于大规模的战祸。安徽是双方必争之地，受创最深。

皖南广德县在长期磨难中幸存的本地士人描述了这场大灾祸：

> 自庚申二月贼窜州境，出没无时，居民遭茶，或被杀，或自殉，或被掳，以及饿殍疾病，死亡过半。存者至于无可

---

1 蒋相泽（译音）《捻军起义》（西雅图 1954 年版），页 68—69。

托足，皆迁避于南乡篁竹堡。堡民负险拥众，其地倚山，四
面环抱，廓其中而隘于路口，故易守。贼屡攻不克，益壮其
声势。最后为贼酋洪容海率党攻破，大肆屠戮，居民无得脱
者。庚申至甲子五年中，民不得耕种，粮绝，山中藜藋薇蕨
都尽，人相食，而瘟疫起矣。其时尸骸枕藉，道路荆榛，几
数十里无人烟。州民户口旧有三十余万，贼去时，遗黎六千
有奇，此生民以来未有之奇祸也。[1]

富于批评精神的学者对传统中国的数量叙述之精确性是一向
怀疑的，因为传统文人好作文章，喜用虚数，注重文词的修饰，
有时不免夸张甚或歪曲事实。幸运的是，在安徽，如同在其他长
江下游地区一样，我们有可能对地方记载的精确性进行核查。

首先，由于人口和土地是赋税结构的根本，所以在生命财产
遭受如此巨大的破坏之后，登记当地人口成为县政府的首要任
务。虽然全国性的保甲登记体制在咸丰元年（1851）太平天国起
义爆发时已开始废弃，但战祸破坏地区的人口登记还是由地方官
及特别挑选的人员进行的。同治三年（1864）春夺回南京之后，
曾国藩立即命令在安徽进行这项任务[2]。幸存者也急于返回故乡，
特别是在获得豁免赋税甚至官府的财政资助的保证之后。从官民
双方的眼光看，没有什么比重新定居和生产更急迫的了。由于官
府的善后资助通常是根据口的数目和需要按比例发放的，户主没
有理由少报幸存人口。广德县的详细人口数字见表39。同治四

---

1 光绪六年《广德州志》卷 60，页 25 上—下。

2 《剿平粤匪方略》（同治十二年刊本）卷 401，页 1 上—2 上。

年（1865）开始的外来移民及其迅速增加，不仅反映了在太平天国期间当地人口减少的幅度，而且是战后该地自湖南、湖北、河南、浙东及皖北若干地区迁入人口的史实概括。各种形式的数据和材料，诸如人口数字、当地政府有关外来移民的数字和文件、废弃的土地和以后垦复的数量、有时碰巧甚至有远地移民输出地点的记载，都符合并肯定广德在太平天国战争期间人口的急剧减少。

表 39　道光三十年—光绪六年（1850—1880）广德县人口变化

年份	本地人		外来移民		移民人口与本地人口之比（以本地人口为100）
	户	口	户	口	
1850	58,971	309,008	—	—	—
1855	59,106	310,994	—	—	—
1865	2,629	5,078	381	1,250	24.6
1869	3,222	14,720	4,995	17,993	122.2
1880	5,298	19,981	23,560	109,567	548.3

资料来源：光绪六年（1880）《广德县志》卷 16，页 14 上—16 下。

广德在皖南相当大的地区中是具有代表性的。徽州府的首县歙县的人口减少了一半，从太平天国前的 617,111 人降至同治八年（1869）的 309,604 人[1]。胡适博士的父亲、绩溪人胡传（1841—1895）的自传证实：在整个徽州府，人口急剧减少的现象并非个别。同治四年（1865），胡传被族人推选负责统计孑遗

[1]　民国二十六年《歙县志》卷 3，页 3 下—4 上。

的族人，以备为重修宗祠按人摊派。经过数月对各支族的彻底调查，到冬至时发现乱前的 6,000 多族人仅剩下 1,200 人。换言之，生存者只有原来的五分之一，正如他所指出的，在恢复太平后这样短的时间内可能有少数族人下落不明，但重建宗祠和重修族谱的任务是如此重要，所以这次族人的调查应该是相当完全的[1]。在歙县北 200 里的南陵县，一位由曾国藩委任负责当地善后事宜的士人报告，他的族人仅有四分之一幸存；这一比例在他本地和许多邻县颇具代表性[2]。

尽管长江下游许多太平天国后的方志中载有 19 世纪后期的人口数字和一些定量记载，但由于当地档案的散失，其中数十种未能记下太平天国前的人口数。表 40 说明了战争破坏严重的地区所上报的人口减少的程度。由于有些地方太平天国前的数字是 18 世纪晚期或 19 世纪前数十年的，比道光三十年（1850）的要小，而太平天国后的数字中又包括迁入的移民在内，所以这些地方实际损失的百分比要比表中的高。

表 40　太平天国战争期间的人口损失

地点	省	太平天国前人口	太平天国后人口	人口损失百分比
广德	安徽（南）	309,008（1850）	5,078（1865）	83.3
歙县	安徽（南）	617,111（1827）	309,604（1869）	50.0
舒城	安徽（中）	396,334（1802）	107,196（1869）	73.0
寿州	安徽（西北）	765,757（1828）	379,663（1888）	48.1

1　胡传《钝夫年谱》稿本，承胡适博士提供。

2　民国十三年《南陵县志》卷 41，页 94 下引。

续表

地点	省	太平天国前人口	太平天国后人口	人口损失百分比
青阳	安徽（中南）	432,049（1776）	51,032（1889）	88.2
颍上	安徽（西北）	271,886（1825）	162,679（1867）	40.2
泗县	安徽（中北）	588,112（1777）	148,291（1886）	74.8
杭州 a	浙江（中）	2,075,211（1784）	621,453（1883）	70.0
嘉兴 a	浙江（中北）	2,933,764（1838）	950,053（1873）	67.7
浏河	江苏（中西）	318,683（1781）	115,155（1882）	63.9
溧水	江苏（西南）	230,618（1775）	37,188（1874）	83.9

资料来源：光绪六年《广德县志》卷 16，页 14 上—16 下；1937 年《歙县志》卷 3，页 3 下—4 上；光绪三十三年《舒城县志》卷 12，页 2 下—3 上；光绪十六年《寿州志》卷 8，页 12 上；光绪十七年《青阳县志》卷 10，页 3 下；光绪四年《颍上县志》卷 3，页 8 下；光绪四年《泗虹合志》卷 5，页 2 下—3 上；1923 年《杭州府志》卷 57；光绪三年《嘉兴府志》卷 30；光绪九年《浏河县志》卷 2，页 1 下—2 上；光绪九年《溧水县志》卷 6，页 8 下—10 上。

a. 府。

遗憾的是，江苏很多方志依旧例仅载丁数，而丁数更大程度上是赋税单位，而不是人口统计单位。即使如此，从丁数的变化中也能大致估算出人口的减少程度。人口众多的苏州府和常州府的金匮县的丁额分别由道光十年（1830）的 3,412,494 和 258,934 减至同治四年（1865）的 1,288,145 和 138,008[1]。江苏西南高淳县的丁额从道光十七年（1837）的 188,930 减少到同治八年

---

[1] 光绪九年《苏州府志》卷 13；光绪九年《无锡金匮县志》卷 12，页 4 上。

（1869）的 55,159[1]。离南京西南约 50 英里的金坛县在太平天国前人口超过 70 万，但到同治三年（1864）城中仅有 3,000 人，四乡仅有 30,000 人[2]。所有这些数字从该省官员的奏折中可以得到证实[3]。曾经是人烟稠密而富庶的苏南地区人口减少到如此程度，以致湖北一些县整村整村的农民蜂拥而来，希望能够耕种无主良田，占据无主的好屋[4]。

与通商口岸的西方居民不同，著名的地质学家、旅行家李希霍芬男爵（Baron Von Richthofen）是位极为敏锐的外国观察者。他对太平天国后的浙江和皖南的报告极有价值：

尽管土壤肥沃，河谷地带已完全荒芜。当你走近一组隐蔽在树丛后的粉刷得洁白的房屋时，会明白它们已成了废墟。这是当年富饶的河谷地带变为荒芜的有力见证。不时可见到临时搭凑的小屋，暂为一些可怜的穷人的栖身之处，他们的赤贫与周遭肥沃的田地适成鲜明的对比。我提到过的城市，如桐庐、昌化、于潜、宁国等地到处都是废墟，每城仅数十所房屋有人居住。这些都是十三年前的太平天国叛乱者造成的。连接各城的大路已成狭窄小道，很多地方已长满高达十五英尺的荒草，或者已长满难于穿越的灌木丛。以往河谷中人烟稠密，这从村庄的数量之多和规模之大可以得到证

1　光绪七年《高淳县志》卷 7，页 2 上—2 下。

2　光绪十一年《金坛县志》卷 2，页 3 上及卷 3，页 84 下。

3　《剿平粤匪方略》同治三年—四年（1864—1865）；《皇朝道咸同光奏议》（光绪二十八年刊本）卷 27。

4　《安陆县志补证》（同治十一年刊本）下，页 64 下。

明；所有原来的房屋都以条石或青砖建造，有两层，其式样之好说明以往这里原是非同寻常的富裕和舒适。无论是河谷中的田地，还是山坡上的梯田，都已为荒草覆盖，显然没有什么作物能在这枯竭的土地上繁衍。旧日的桑园因缺少照管，一半已经荒废，说明了蚕桑是以往居民们的主要产业之一。其他地方长满了老龄板栗组成的森林。……

很难想像对生命财产的破坏有比这个地方更可怕的，可是这些地方只不过是遭遇同样命运的广大地区中很小的一部分。看过像这样的地方，人们才能了解东亚的种族在感情极度冲动的时候，是能够摧残破坏到什么地步。毫无疑问，历史上曾多次沦为屠场的浙江省所遭受的生命损失必然与最近这一次同样可怕。我在不同的地方总是打听在太平天国叛乱中幸存的人口的百分比，一般说每百人中仅有三人幸存。西天目山庙中以前有四百和尚，乱后仅三十名幸存，但乡村和城市中幸存的比例更低。大多数人是在逃往深山后死于饥饿的，但死于太平军之手的男女及儿童数量也极大。

他对浙江西北和皖南的前景也作了预言：

有理由期望这些地区会复兴。外边的移民已经开始进来了，在分水河谷我发现相当数目的新移民，大多来自浙江的宁波和绍兴，但也有少数来自其他省份。移民的数量比安徽的少，但涌来的人可能将会增加。这个国家正以极慢的速率恢复生产力，探索这一过程的原因对国民经济学家来说是令人感兴趣的、值得思考的课题。尽管以前曾发生人口过多，现在却只有几个田主，一亩地如今只值一千文（80 分），新来的人爱买多少就可以买多少，而这些良田当初是值四万铜钱一亩的。……但耕种面积是在增加，不过速度慢得令人难于置信，似乎中国人每人只能耕种若干平方码的土地。[1]

李希霍芬说得对：长江下游许多地方的人口移入的确是一个逐渐进行的、非常缓慢的过程。理由之一是农民耕种稻田的能力一般不能超过二三英亩（一二十亩），但也有其他原因。长期抛荒的土地需要垦复，对此幸存而一贫如洗的田主很少有现成的资金[2]。在太平天国战争刚结束的几年内，由于东南地区劳力奇缺，使从湖北、湖南、河南和苏北来的移民大受欢迎[3]，但移民的不断涌入很快造成了严重的经济和社会问题。移民们明白他们讨价还价的力量，常常强加条件，有时采用威吓手段；解甲的士兵和移民中的雇农对农村的太平安宁是更大的威胁。光绪元年至五年（1875—1879）任两江总督的沈葆桢从光绪三年以后多次上奏：即使以推迟经济恢复为代价，停止移民也是持重的措

1　冯·李希霍芬男爵《浙江、安徽省书信》（上海 1871 年版），页 12—14，此信专为《华北日报》而写。

2　不少苏南方志完全可证实这一点，主要如：同治十三年《上江两县志》卷 6，页 12 上—下；光绪十五年《金坛县志》卷 3，页 84 下；《江浦埠乘》（光绪十七年刊本）卷 7，页 7 下；光绪三十年《句容县志》卷 4。

3　不仅在苏南，远至浙江中部，农业和建筑劳动力奇缺也是严重问题，见左宗棠《左文襄公奏稿》（光绪十六年刊本）卷 11，奏折所署日期为同治三年十一月五日。并见 1919 年《建德县志》卷 4，页 7 下—8 上；卷 6，页 18 下。

施[1]。光绪九年（1883），浙江北部二县中本地人积聚的不满导致对成百外来移民的屠杀[2]。为缓和劳动力的严重不足，苏南一位学者兼绅士赞同购买西方农机和拖拉机[3]。农业的复兴如此缓慢，以至到 19 世纪 90 年代后半期对向长江下游地区移民的明智性和必要性还争论不休[4]。光绪十七年至二十八年（1891—1902）任两江总督的刘坤一，在 19 世纪 90 年代后期的一份奏折中指出：在苏州府新阳县仍有约 10 万亩以前课税的田地抛荒[5]。一度是全国最富裕、最发达地区的恢复异常缓慢，这是长江下游地区人口损失极重的又一个有力证据。

受太平天国战争影响的其他长江流域省份是江西和湖北，这两省道光三十年（1850）后的人口统计数完全无用。由于这些省从咸丰元年（1851）以后的人口数字是任意编成的，因此对一些府县人口减少的评述与官方的数据是矛盾的。在太平天国战争的前期，湖北是战争相当频繁的地区，很多战争发生在境内主要城市。但咸丰六年（1856）以后，能干的巡抚胡林翼使湖北局面稳定，并使之成为官兵重要的供应基地。在开始五年和以后偶然遇到的战斗中，湖北人口的损失是可观的。许多方志中记载着有成千上万的男子，甚至有妇女被太平军掳走；仅咸丰三年（1853），据说被掠人口就在 30 万至 50 万之间。有的地方战争破坏必定极

1　《皇朝道咸同光奏议》卷 29，页 20 上—23 下。关于本地人与移民的争斗特别详确的记载见光绪三十二年《嘉兴县志》卷 11。

2　《皇朝经世文通编·地理》卷 10，页 15 上—16 上。

3　同上，页 14 上—14 下。

4　同上，页 15 上—16 上。

5　《皇朝道咸同光奏议》卷 29。

其严重，这驱使缺地的贫苦农民自愿投入太平军，据报告在咸丰十年至十一年间（1860—1861）达 30 万人[1]。战后有些县土地荒废、劳力紧缺，有的接受外来移民[2]，同治三年（1864）后湖北总的来说变成了输出移民的省份，这肯定不是由于湖北较为免受战争的重大损失之故，而是由于长江下游很多地方不可抗拒的经济利益的诱导。

江西的人口损失看来比湖北还大。赣北滨湖地区是战争的主要舞台之一，江西其他许多地方也遭受过太平军的突然袭击。全省总的人口损失虽然无法确定，但在十四个府和一个省府附郭县中只有两个未受战争蹂躏[3]。例如：省西北角的义宁县在咸丰五年（1855）曾对县城内人口及四乡来的难民作过一次保甲登记，总数为 100,600 人；但经过 21 天激烈战斗后城陷时，幸存者不足一万。据说修水近百里内溪水皆赤，航道被尸体阻塞，结果尸体只能火化后埋入一个大墓，此后被称为"十万人冢"[4]。各县贫苦农民自愿加入太平军，到咸丰十一年（1861）为止，包括湖北农民在内总数达一百万[5]。随着消耗战的继续，为了获得供应和人力，太平军不得不反复袭击江西。方志中的证据说明被太平军带走的男子，有时甚至有老人、妇孺，其数目必然比湖北为大。在省中西部的很多地方，太平军咸丰十一年（1861）的袭击实际上常使整村绝户。同治三年（1864）后，大约只有 30% 或 40% 被

1　罗尔纲《忠王李秀成自传原稿笺证》，页 117—122。

2　光绪九年《孝感县志》卷 5，页 2 下；同治六年《咸丰县志》卷 7，页 3 下—4 上。

3　同治十一年《南康府志》卷 11，页 19 下。

4　同治十二年《南昌府志》卷 18，页 68 下—69 上。

5　罗尔纲《笺证》，页 134。

太平军俘掳的人最终遣返回乡[1]。

　　根据第五章中已经解释过的理由，咸丰元年（1851）以后各省没有可靠的人口总数，除非使用 1953 年的人口普查数，而这又相距时间太长，不过总还有启示的作用。将长江下游地区各省道光三十年（1850）的数字与 1953 年的数字做一比较（表 41）也可以看出太平天国战争对人口大量杀戮所造成的长期后果。这四省的人口总数直到 1953 年 7 月还只有 19,200,000，即比 1850 年少 14%。只有江苏，由于上海作为全国最大的都市的兴起以及除东北以外全国其他地区所没有的各种经济机遇，其人口数才略高于 1850 年的水平。尽管 20 世纪的内外战争必然也影响这些省的人口，但上述数字应能反映 19 世纪中期这场大乱给长江下游诸省留下的长期创伤。

　　19 世纪一些西方观察家估计，在太平天国期间总的人口损失达 2,000 万至 3,000 万。他们的估计无论多么高明，只是通商口岸居民的猜测，既不符合李希霍芬敏锐的观察，也不符合方志中的具体证据，或表 41 所表明的情况。尽管 2,000 万的下限为柔克义所接受并因此而流行，但他也是颇为踟蹰的。柔克义对此持不确定态度的最好证明是：他在完全没有解释任何理由的情况下，对他的 4,770 万数字（他估计 1846 年至 1895 年间因种种原因而造成的人口损失的总数）使用了一个奇特而很有意义的名词——"成人"[2]。

1　同治十二年《瑞州府志》卷 6，页 12 上一下；又，同治十年《高安县志》卷 9，页 9 下。

2　柔克义《中国人口问题探索》，页 673。

表 41　江苏、浙江、安徽、江西道光三十年（1850）与 1953 年人口数

省	1850	1953	变化百分比
江苏	44,155,000	47,456,609[a]	7.5
浙江	30,027,000	22,865,747	−23.8
安徽	37,611,000	30,343,637	−19.3
江西	24,515,000	16,772,865	−31.4
合计	136,308,000	117,138,441	−14.0

　　资料来源：1850 年数字据严中平《中国近代经济史资料选辑》（北京 1955 年版）附录。a. 包括上海市人口。

　　要对 19 世纪其他战争和叛乱的后果做出估计就更困难了。捻军战争在豫西南、鲁西部分地区、直隶南部，尤其是在皖北引起一场浩劫。但与太平天国之乱相比，尽管有若干地方由于饱受战争、清野政策、饥荒和瘟疫之害而损失惨重，但对人口的长期影响要小得多。

　　在这两次战争的同时，19 世纪 60 年代和 70 年代还有镇压陕西、甘肃回民起义的战役。因最终平定新疆而建立不世之功的左宗棠，与曾国藩一样，认为对叛贼惟有斩尽杀绝。在西北大动乱前夕，陕西回民人口估计有 70 万至 80 万。经过十多年的战争后，据报告只有 20 万至 30 万回民幸存；50 万至 60 万逃往甘肃，但其中大部分最终也难逃一死[1]。在此同时，必然还有更多的汉人遭到回民的屠杀或因其他原因致死。李希霍芬再次证明：

---

[1]　秦翰才《左文襄公在西北》（上海 1946 年版），页 77。

　　回民叛乱在陕西造成的损失是何等惨重，以至如果有人不得不仅仅根据它的现状来提出一种观点的话，将不会对这国家有好评。很明显，回民们坚定的目标是要杀尽一切异教徒并毁掉他们一切可破坏的财产。他们对男女老幼一概屠杀，村庄城镇统统摧毁。在近山地区，只要有可能，居民都进山躲避。但叛军骑马，行动迅速，神出鬼没，能逃脱的人甚少。渭河盆地中部因远离山区，遭受破坏最大。由于叛军没有火炮，所以坚固的城垣是有效的防线，西安府、同州府及大多数府城、一些县城因此得救，但也有许多被毁。从潼关至西安途中，无一城市幸免。村庄中除了基督教徒的房屋外，已没有一间不倒。渭河盆地村落不小、数量众多，无一不被破坏。对寺庙的破坏特别严重。甚至对窑洞也不放过，砖砌的窑面全被捣毁。丧生的数目当以百万计。[1]

　　李希霍芬不愧为敏锐的观察家。在回民起义和光绪三年至四年（1877—1878）大旱之后，陕西基本是依靠主要由四川、湖北，以及来自其他省的移民重新充实[2]。

　　甘肃，特别是它历史上著名的战略要地河西走廊，比陕西战场和屠场更凄惨。经过 13 年的骚乱之后，全省 70 个县中有近 50 个县遭受重大损失[3]。尽管由于近代甘肃的方志较少，难于对人口的减少作大致的估计，但一种以大量文件和奏折为基础的

1　《李希霍芬男爵书信 1870—1872 年》（上海 1903 年第 2 版），页 143。

2　见第 7 章。

3　《赈灾会刊》（1928 年），页 23—24。

左宗棠传记将甘肃的死亡记录定为数百万。左宗棠采取各种办法吸引新移民，包括以两倍的优惠比率将耕地折为纳税册亩[1]。从此大批移民填补了很多地方的真空，但 1953 年的甘肃人口（实际上包括宁夏）还只有 12,928,102，而道光三十年（1850）已达 15,437,000。

20 世纪的战争 随着清廷退位和袁世凯于 1916 年死去，中国进入了一个全面的军阀时期。从 1917 年至 1927 年国民党政府在南京建立，在这整整十年间，中国各地内战不绝。即使在 1927 年以后，内战还在若干省内继续。从 1911 年民国建立后，四川大小内战已超过 400 起，有些县的地税已预征几十年。1932 年至 1934 年期间，据估计川北 15 县的人口减了 110 万。在一次战争后，南江城内仅五人幸存[2]。1928 年以后，共产党在湘赣闽边区建立农村根据地，国民党反复围剿。这些战争至 1936 年 12 月才告结束，接着在 1937 年 7 月抗战爆发。1945 年 8 月第二次世界大战结束，国共内战很快重开。因此，整整一世代间中国很少享受和平。

受 20 世纪国内外战争影响的人口总数是无法估算的，但一些数量有限的材料可以大约说明因国共内战和抗日战争所造成的直接人口损失。

关于 30 年代国共间的内战，1937 年国民党方面的《江西年鉴》记载，至 1934 年 7 月为止，由共产党造成的损失的数字：毁

1　秦翰才《左文襄公在西北》，页 135—136；并见《皇朝经世文通编》地理，卷 10，页 13 下左宗棠奏折。

2　张肖梅《四川经济参考资料》（上海 1939 年版）下，页 24—27。

坏房屋 279,798 间，财产损失 581,908,860 元，567,869 人被杀[1]。参加红军的成年男子，有时还有妇女、儿童，死于战场或因其他原因身亡的，必然也相当的多[2]。人民应征为红军的比例从兴国县的例子可以看出：根据以 1953 年向当地群众调查为基础的报告，在 1928—1934 年期间提供了三个师二万多人，即约为总人口的 20%[3]。30 年代的各种新闻报导虽然数字虚假，但对成年男子的死亡惨重却始终如一[4]。共产党军队在 1928 年至 1934 年期间的伤亡无法计算，但据国民党估计，在总数 30 万人中（1934 年红军力量颠峰时的数字），经长征于 1935 年到达延安的不足 3 万[5]。

　　国共双方的资料都证明在这一带采取过焦土政策，对农田、粮食生产的影响以及由此对生命造成间接的损失是难于估计的。1934 年共产党在江西立脚以后，国民党军队以摧毁财产及肃清农民中共产党势力的办法，实行系统的报复。根据一些记者对江西红军老根据地——1949 年共产党胜利后已成为全国圣地——的访问或重访，1934 年共产党撤退以后，国民党在宁都使 8,334 户杀绝，在原来的红都瑞金杀了 12,000 多人；在其他红色根据地国民党的报复也非常激烈，湖北黄安县 1934 年前约有 160,000 人，但 1953 年只有 66,000 人。在共产党撤退后的六年间，国民党将新县至湖北罗田间 80 里的地带完全摧毁，变成无人区。1953 年，瑞金人口中属于共产党烈士家属的超过 7 万

1　1937 年《江西年鉴》第 29 章。

2　丁励《中共的民兵制度》（香港 1954 年版）。

3　西虹《老红区行》（汉口 1953 年版），页 4。

4　主要如《国闻周报》卷 10 第 44 期，1933 年 11 月 6 日。

5　古贯郊《三十年来的中共》（香港 1955 年版），页 92。

户。这些记载都证实了赣南和赣中地区人口普遍不足[1]。如前所述，江西 1953 年的人口比 1850 年少了 31.4%。

至于持续了整整八年的抗日战争，总参谋长何应钦将军在 1946 年公布了中国国民党军队的伤亡数字：死 1,319,958 人，伤 1,761,335 人，失踪 130,126 人，合计 3,211,419 人[2]。但这些数字是很不完全的，受伤和失踪数字之低大有疑问。中研院社会科学研究所一位成员做了细致和严格得多的学术研究，但正如他在前言中所说明的，他的估计还是过于谨慎、过低的。他的结果已归纳为表 42。尽管他的修正数字显得比官方的合理，但他对因疾病、缺乏医疗、营养不良等引起的死亡的估计似乎低得不合理。这只要与他曾参考过的外国战争统计数一比较，就很容易看出。例如美国内战中，由于疾病而死的数目是战死者的两倍，美西战争中这一比率高达 5.2 比 1。考虑到战时国民党军队缺少医药、卫生和饮食照料达到骇人听闻的程度，因疾病、缺少照料而造成死亡的总数应远远高于死伤数。由于他的统计数只包括到 1943 年底，将因各种原因导致军队死伤之数定为 1,000 万上下可能不是没有道理的。

表 42 的数字只包括正规军的死伤数，壮丁的数目虽与上述数字部分重合，也应稍加研究。根据官方公告，在八年抗战期间共有 14,053,988 名壮丁被征服役；这数字肯定有所夸大。

1　西虹《老红区行》；唐铁梅《中央老根据地印象记》（汉口 1953 年版）；陈牧《南方老根据地印象记》（汉口 1953 年版）；严慰冰《回到井冈山》（汉口 1950 年版）。

2　何应钦《八年抗战之经过》（南京 1946 年版）附录表 1。

表 42　1937—1943 年国民党军队的伤亡数

死	1,500,000
伤	3,000,000
失踪	750,000
疾病等造成的死亡	1,500,000
合计	6,750,000

资料来源：韩启桐《1937—1943 年中国对日战事损失之估计》，载《社会科学研究所专题报告》1946 年 24 号。

军官们常常将单位的人数减少以便吃空额中饱私囊。壮丁中的死亡率必然很高，一位前军官、中国近代军队史学家回忆道：

> 壮丁主要来自最底层阶级，经常被当作军事苦力对待，很多壮丁被迫步行数百英里去部队报到……并受缺吃少穿、无处藏身、无医可求之苦。在到达部队之前已有成千上万壮丁因死亡或逃跑而失踪，这已是司空见惯的了。史迪威将军发现，1943 年只有 56% 的征兵对象到达分配的部队，其他的都已在路上死了，或者"上山"去了。[1]

战时在西南生活过的人都曾目睹长官对那些可怜的壮丁的不人道待遇。昆明是空军基地和滇缅公路的终点，聚集着很多美国人。但就在昆明郊外，人们可以看到锁着铁链的壮丁像会移动的骷髅一样在痛苦地向前移动。如果说壮丁的死亡总数会比死伤合计的官方数字低的话，那是不可思议的事。

1　F.F. 刘（译音）《近代中国军事史，1924—1949 年》（普林斯顿 1956 年版），页 137。

统计学家韩启桐估计到 1943 年底为止，平民的生命损失见表
43，他是根据下列比例计算平民的死伤率的：在多次发生重大战役
地区每千户 40 人，在发生过一次重大战役和若干次小战役的地区
每千户 25 人，在发生过某一次要战役的地区每千户 19 人，在仅发
生小规模战斗或未经抵抗就陷于日军的地区每千户 3 人。43 个地
点的统计数显示男子死亡的平均比率是妇女的 3 倍。韩先生没有获
得的一组数字是伪军和共产党游击队的死伤数，共产党在第二次世
界大战结束不久即已发布。据报，在 1937 年至 1945 年八年期间共
有 960,000 名伪军和 446,736 名共产党军人死伤[1]。即使根据这些必定
很不完全的统计数，可以说抗日战争的性质与 19 世纪中国的国内
战争相比有两方面的不同：一是平民的生命损失所占比例很小；二
是尽管战争是野蛮而残酷的，但抗日战争大体说来是在"文明"的
战争条令下进行的。即使如此，据保守的估计，由 1937 年至 1945
年的战争在中国直接造成的人员伤亡总数为 1,500 万至 2,000 万人。

表 43　1937—1943 年平民的生命损失数

死	1,073,495
伤	237,319
被日军俘虏	71,050
空袭中死	335,934
空袭中伤	426,249
合计	2,144,048

　　资料来源：韩启桐《1937—1943 年中国对日战事损失之估计》，载
《社会科学研究所专题报告》1946 年 24 号。

---

1 《抗战八年来的八路军与新四军》（中共第十八集团军政治部，1945 年）。

对从 1946 年至 1950 年国共之间重开的内战，统计数很少。由于只有新政府公告了军队的死伤数，而这些共产党方面的数字已为台湾的国民党政府所默认，这说明它们一定程度上比国民党方面的数字准确，可能更近事实。共产党的官方数字说明：在 1946 年 7 月 1 日至 1950 年 6 月 30 日期间，国民党军队的死伤数是 1,711,110 人，85 名军官被击毙；同期内共产党军队有 263,800 人死，1,048,900 人伤，196,000 人失踪 [1]。由于对平民遭受的损失仅伴随几次重大战役才有零星报导，对这四年剧烈内战对平民人口总的影响即使要作臆测，也是办不到的。

四

近代学人探索中国的天灾人祸对其人口的累积影响受制于中国历史上和 20 世纪的统计数字过于简略。更不够的是缺少可靠的出生率和死亡率数据，而出生率和死亡率是根据动乱和营养不良的总量而大起大落的。惟一可能的办法是在少数抽样地区将天灾人祸按编年方法排列，以便能更清楚地看到它们对这些地区人口的累积影响。

这里选了湖北荆州。长江自川东、鄂西峡谷而来，至此已进入湖北平原，虽仅袭击数县的洪水对这一地区造成的灾难远比本章所载统计数要大。以下是该地区自然灾害漫长的编年记载中三年的结果：

道光十年（1830）大水袭击枝江县，数目不详的人溺死，

1　1951 年《人民手册》；并见《"共匪"重要资料汇编》（台北 1952 年版）第 5 期。

相当多的地区的优良稻田被沙淤没。

道光十一年（1831）石首县决堤，该县一半人口饿死。

道光十二年（1832）府城江陵遭受严重饥荒。春夏时公安县爆发瘟疫，可能是霍乱。是年秋涝又造成无数死亡，斗米价五百多文，人相食。决堤处的石首县在夏天又发生瘟疫，造成无数人死亡。监利和松滋二县同样遭受瘟疫和大饥荒。是年春宜都县有瘟疫。[1]

尽管洪水本身造成的死亡数在大多数情况不会很大，但在三年中频繁出现的灾害显示随洪水而来的瘟疫和饥荒比洪水导致更多的死亡。这一切灾难都发生在正常的赈济能够进行的和平时期。

在 19 世纪后半期，安徽北部淮河流域的凤阳府列出了下列一长串灾害：[2]

咸丰二年（1852）捻军及其他盗匪游弋于庐州、凤阳和颍州。洪水袭击寿州、宿州及灵璧。

咸丰三年（1853）灵璧大饥荒。府境发生同太平军和捻军的战斗。

咸丰四年（1854）与太平军和捻军作战继续进行。

咸丰五年（1855）与捻军作战继续进行。寿州先遭异常大雨，随后大旱，蝗灾，庄稼几乎绝收。

1　光绪六年《荆州府志》卷 76。

2　光绪三十四年《凤阳府志》卷 4 下。

咸丰六年（1856）与捻军小规模作战如常继续。四月，凤台和灵璧遭旱灾、蝗灾。

咸丰七年（1857）太平军围寿州九天后撤走。春，灵璧大饥荒。夏，寿州大水。

咸丰八年（1858）凤阳、临淮及淮阳再次陷于叛军，官绅死七百多人。秋，蝗虫侵入寿州。

咸丰九年（1859）官兵获胜，杀叛军数百人，但本身损失超过一千四百人。

咸丰十年（1860）因陈玉成援军到达，与太平军的作战加剧；与太平军同盟捻军首领苗沛霖激战。

咸丰十一年（1861）正月，凤阳大饥荒，斗米值千钱。淮河北多数据点陷于苗沛霖及其他捻军，据点中百姓一般均被杀净。

同治元年—四年（1862—1865）由于官兵强大援军到达，战事逐渐改观，战争加剧。

同治五年（1866）六月，洪水袭寿州，许多房屋被毁，大片农田受淹。

同治六年（1867）寿州仍遭洪水，人畜溺死无数。灵璧大饥荒。

同治八年（1869）寿州遭台风、冰雹，无数房屋被摧毁，庄稼损失严重。

光绪三年—五年（1877—1879）寿州大水，灵璧蝗灾，造成严重饥荒。

光绪九年（1883）灵璧大水。

光绪十四年（1888）寿州大水。

光绪十五年（1889）寿州仍大水。

光绪二十三年（1897）全府普遍大水、饥荒。

光绪二十四年（1898）府境持续饥荒，三万人暴动抢粮。

光绪二十五年（1899）淮北府境放发赈济银数十万两。

19世纪50年代和60年代层出不穷的事件必须以官兵和捻军双方都实行焦土政策这样的背景来理解，恢复必定极慢。"十年倒有九年荒"这出名的凤阳民歌必定有其真实性，正是在这些灾荒中，大家庭破产，小家庭只能逃往他乡或卖儿鬻女。

民国初年的陕西省提供了又一个例子[1]：

民国元年（1912）陕西与甘肃发生激烈的内战，持续八月。

民国二年（1913）内战波及十多县。

民国三年（1914）内战扩大，影响全省之半。

民国四年（1915）普遍大旱。

民国五年（1916）一系列较小内战。

民国六年—九年（1917—1920）内战持续，影响数十县。

这阶段由于经济困难加剧，陕西盗匪臭名远扬。

民国十年（1921）因冯玉祥到达，内战暂停，但不久又卷入冯与直系军阀的战争。是年又大旱。

民国十五年（1926）在西安被围的十个月间，城内约饿

1　1928年《赈灾会刊》，页10—12。

死七万至八万人。其他很多县同样受内战严重祸害。

民国十七年（1928）出名的大旱。

当自然灾害、战争、叛乱、瘟疫的累积影响已具体化时，马尔萨斯式的限制就成为事实，对中国而言尤其如此。还应进一步指出：威廉·古德温（William Godwin，1756—1836）所强调的社会制度的不公正、不合理对人口增长的威胁，对中国也是切中时弊的。马尔萨斯 1798 年的著名论文正是针对古德温的论点写的。尽管自然灾害不时引起浩劫，但对中国人口增长其他强而有力的遏制是战争和叛乱，这并非是由自然，而是由社会、经济和政治制度的弊端所引起的。就近代中国人口史而言，我觉得古、马二氏不同的观点都含有真理。正因为制度上的不合理和天灾人祸同是对人口增长不利，所以研究中国人口史的先决条件是能正确地分期。不但每个分期有其特殊的资料和数据，而且每一分期的政治、赋役和经济条件也不相同。天灾是一自然现象，但是发生在康雍盛世的天灾，对人口成长的打击必定比大规模战乱期间的影响要小得多。

第 11 章
结　论

　　我在这结论章中，尝试重建中国人口历史的途径。这是一项非常困难的任务。首先，明、清和近代一系列人口数据中，没有一项是基于真正人口普查的。乾隆四十一年（1776）至道光三十年（1850）这些年间的数据似乎比其他任何时期的数据都更准确，但有些年度的总数中还有地区性的遗漏，其原因官方往往未作明确解释。第二，欧洲的史学家们能够利用详尽的近代人口普查数去比较和研究 18 世纪的人口问题，中国的历史学者却不同，他们最多只能利用不够完善的 1953 年人口普查的摘要作参考。第三个困难是这三个具有比较可靠的人口数字的时期——明太祖时期、清代中期乾隆四十一年至道光三十年，以及 1953 至 1954 年人口普查年度——之间的间隔太长。更有甚者，传统中国未能产生像格里高里·金（Gregory King）这样的"政治算术家"，更不用说像亚当斯密和马尔萨斯这样的经济学和人口学的奠基人。传统中国的官僚学者对数字和经济事物往往搞错，他们的纪录更多的是印象性的，而不是定量化的。

　　由于这些原因，任何试图作历史复原的近代学者都不可能提出明确的数字，他所能做的充其量只是尽他学识所能对中国人口在过去五又四分之三世纪间的增长和下降提出可能的幅度和极限。要确定这些幅度就必须将所有重大的经济和制度方面的因素结合起来，这些因素对人口运动有重要作用，而且在各个阶段都不相同。因此，在各个阶段独特的事实和因素得到考证之前，不能随意运用人口学的理论。

一

明代的官方人口数字，尽管在其二又四分之三世纪中全国户、口总数变化较小，但在人口的地理分布上却有重大变化，已归纳为表 44。这类数据表明在 150 年间北方五省的登记数加了 1,123 万口，即 73%；而南方各省，除四川、云南和贵州以外，人口减少了 1,200 万。加上西南各省的增加数，全国总人口才增加了 3.3%。

但是官方数据的变化是很不准确的。北方各省人口的增加不能简单地以永乐十九年（1421）首都由南京迁到北京来解释，对云南、四川登记数增加的百分比特别高也不能仅仅归结于移民 [1]。这些地区性的增加反映了全国人口总的增长，作这样的假定看来是合理的。但由于北方一些省份，特别是平原地区的省受导致元朝覆灭的战争祸害最大，所以起初分配的地税和劳役额都较少，比东南各省的比率低。土地的充裕，加上天下太平，朝廷在 15 世纪初节樽开支，会刺激人口的增长。由于东南百姓和官员要求减轻赋税重负的呼声不绝于耳，对北方日益增加的人口提出了承

1　范特·斯勃瑞柯《明代中国人口统计》。

担更大比例的税收和劳役的要求 [1]。

表 44　人口地理分布的变化

省	洪武二十六年（1393）	嘉靖二十一年（1542）	增减数	增减百分比
南直隶	10,755,938	10,402,198	−353,740	−3.3
北直隶	1,926,595	4,568,259	2,641,664	137.1
浙　江	10,487,567	5,108,855	−5,378,712	−51.3
江　西	8,982,481	6,098,931	−2,883,550	−32.1
湖　广	4,702,660	4,436,255	−266,405	−5.7
山　东	5,255,876	7,718,202	2,462,326	46.8
河　南	1,912,542	5,278,275	3,365,733	176.0
山　西	4,072,127	5,069,515	997,388	24.5
陕　西	2,316,569	4,086,558	1,769,989	76.4
福　建	3,916,806	2,111,027	−1,805,779	−46.1
广　东	3,007,932	2,052,343	−955,589	−31.8
广　西	1,482,671	1,093,770	−388,901	−26.2
四　川	1,446,778	2,809,170	1,342,392	91.5
云　南	259,270	1,431,017	1,171,742	452.0
贵　州	—	266,920	—	—
合　计	60,545,812	62,531,295	1,985,438	3.3

资料来源：《后湖志》。

同时，由于北方的土壤肥力不如水稻地区，不能指望负担比

1　关于长江下游地区不公平的赋税负担，见顾炎武《日知录》（《四部备要》本）卷
　　10，页 7 上—17 下。

它已承担的份额更高的赋税额；而在水稻地区已经是不可避免逐步地将劳役转移到土地上去。大部分中国北方劳役是直接向百姓征发的，因此原有的人口登记制度比南方维持更久。由于这些原因，北方各省的人口自然增长在官方的人口统计数中基本得到了反映。对中国北方的人口增长来说，移民和选择北京为首都却只是比较次要的因素。

云南、四川的登记人口增加的百分比很高，可能是出于政治和文化两方面的原因。这两省人口的自然增长当然无庸置疑，但增长百分比异常之高可能应归结于明初登记时隐漏异常之多。云南、贵州直到永乐十八年（1420）才建省，直到汉族文化逐渐传播到云南富庶的坝子和河谷以后，在这些地区才建立起正常的民政机构，进行人口登记[1]。尽管增长率异常之高，但这些西南省份嘉靖二十一年的上报数还是太低，因为这些省有些地区直到 18 世纪依然留在汉族文化圈之外。由于有大量少数民族人口，所以云南、贵州和广西这三个西南省份所有 1953 年前的人口数字都是偏低的。

虽然北方和西南各省的登记人口增加了，东南各省的官方人口数字却普遍下降，浙江和福建尤其如此。在研究府一级的情况时，就可以发现：尽管南直隶的登记人口仅略有下降，但全国赋役负担最重的两个府——苏州和松江的人口却显著减少了[2]。浙江北部和福建部分地区也属重税地区。由于人口的减少意味着赋税负担的减轻，这些重税地区登记人口的减少常常得到省级和地方

1　关于明代云南一般状况的最佳描述是谢肇淛《滇略》。

2　《续文献通考》卷 13。

官员的默许，有时甚至得到他们公开的准许。催促给予东南减税的奏章不胜枚举。16 世纪一种著名的百科全书的编者评论道："江以南户无实丁，以系产为户，脱漏户丁，律条未之能守也。"[1]16世纪后期一位学者和财政专家也认为赋役过重，必有隐漏[2]。今浙江绍兴一部分的会稽县证实：在当地人口中只有负担赋役的人口列入官方登记，而在登记之外的人口可能三倍于官方人口数字[3]。

一种福建方志说得最直截了当：

> 自洪武十四年至是九十二年，户减八千八百九十，口减四万八千二百五十，是十亡其六七矣，何生息久而反凋零乎？抑恐多其数反为民累，任其脱漏弗之计也。[4]

很清楚，在重税地区，将减少登记人口作为纠正赋税不平的便利手段，并非偶一为之。

尽管东南各省大多数县登记的人口数是下降的，有些州县却略有升高，还有的保持不变。不管哪一种形式，即使有的话，也很少能反映人口的真实变化，例如：在洪武十年（1377）至万历三十年（1602）期间，苏南常州府的人口将近翻了一番，但一位熟悉情况的当地学者和财政家指出：由于富人普遍采取避免分家

1　章潢《图书编》（辑于嘉靖四十一年至万历五年间，天启刊本）卷 90，页 16 下—17 上。

2　万历三十三年《武进县志》卷 3，页 7 上。作者系唐顺之之子唐鹤征。

3　万历三年（1575）《会稽县志》卷 5，页 2 下；并见万历十四年《绍兴府志》卷 15，页 12 上。

4　嘉庆十年《连江县志》卷 2，页 2 下—3 下引明志。

的做法，以减轻或逃避劳役摊派，全府的户口登记实际上相当不足[1]。崇祯二年（1629）一种福建地方史的作者甚至说，户数口数无一可信[2]。

万历四十一年（1613）《福州府志》不仅解释了户口隐漏背后的原因，而且指出了人口增加中的总的问题，至少东南各省是如此：

> 余尝考历代草创，井邑萧条，盖百姓新去汤火故耳。治平日久，则未有不滋殖者也。旧志载正德时户口，视洪武不能增十之二三；顷视正德后又无所增矣。夫国家治平，晏然无事，二百年于兹，即前古未有也。休养生息，涵濡汪涉，应宜数倍于国初时，而户不加多，岂有是理哉？！抑或有司未稽其实，而奸胥蠹吏得为侥幸无地耳。旧制凡十载一籍其民，大抵足旧数而止，此弊政也夫？！[3]

从东南方志中得到的证据与当时的观察家的印象是非常一致的。遗憾的是，尽管能收集到相当多有分量的证据证明人口的持续增长，却没有一件有可靠的数量描述。一种极端的说法是一位官员在万历四十二年（1614）的一份奏疏中所说的，当时人口大约已是开国时的5倍[4]。不管这种说法和其他任意猜测是多么夸

---

1 万历四十六年《常州府志》卷4，页4上—11下。

2 《闽书》卷39，页2上。

3 万历四十一年《福州府志》卷26，页4上。

4 董其昌辑《神庙留中奏疏汇要》（燕京大学出版社1937年版）卷6，页20下。

大，但它们似乎证实了谢肇淛的观察力和他所提出的人口理论。谢氏 17 世纪初曾任广西巡抚，是全国游历最广、情况最了解的学者之一，他著名的《五杂俎》——关于中国五方面的杂录，在德川幕府时代的日本被作为对明代中国有价值的"向导"而广为传诵。他在《五杂俎》中提出的人口理论是：除非是在非常有利的人为和物质条件之下，人口的增长一定是缓慢而困难的。有的朝代在和平时期缓慢的增长常常还不足于抵销其末期的战争和瘟疫的影响。因而他持这样的观点：从古代至元末，人口变化始终是周期性的。这是中国人口的大多数传统评论家所赞同的普遍规律。但通过自己的游历和观察，谢肇淛确信从洪武元年（1368）明朝开国以来，人口始终在持续、或许是直线地增加。他谈到，明代的人口"二百四十年来，休生养息，民不知兵，生齿繁盛，盖亦从古所无之事"。如果一位领袖的功绩是根据他所创造的使人口倍增的条件而来判定的话，那么根据谢肇淛的观点，明朝的开国皇帝足以与古代中国神话中的造物主盘古相提并论；如果一个时代的伟大是以人们休养生息的幅度来衡量的话，那么他认为明代超过了以往所有的盛世——商、周、汉、唐[1]。

尽管这些说法认为明代人口毕竟是持续地以及或多或少一直毫无中断地增加，我们却仍无法找到得以复原明代中国人口的可靠线索。我们能找到的惟一线索是北方五省登记人口的总数，从洪武二十六年（1393）的约 1,550 万人增加到了嘉靖二十一年（1542）的 2,670 万人——差不多在 150 年间明显增加了 73%，

---

1 《五杂俎》卷 4，页 33 上—34 下。

平均每年增长率为 0.34%。但由于这些北方省份的人口增长并未完全反映在官方的统计数字之中，这仍不是一个令人满意的统计指南。但无论如何明初北方人口隐漏户口的比例比明代中期、后期要小得多，因此，北方人口的实际增长必然比官方数据所显示的多少要高。即使以上述增长率来估计，到万历二十九年（1601）中国北方的人口至少已经翻了一番。

当然，华北不能代表全国。因为一方面，在华北平原供农业开发的土地数量极大，大到明太祖给北直隶、山东和河南若干地区的移民永久豁免地税，这一优待直到 15 世纪才取消。另一方面，制度方面对人口增加的障碍在华北似乎要小些。总的说来，华北主要是拥有小块土地的农民，他们承担的赋役负担比他们南方的同胞要轻得多。在北方，地主土地所有制的影响如果不是完全没有的话，也必然比长江下游地区、浙江北部、福建和广东的大部分要弱得多[1]。这些都是华北出现较快人口增长的主要原因。

另一方面，各种因素似乎也有利于相反的观点。首先，如果说南方从更沉重的赋税负担和万恶的地主土地所有制受到更大的害处，它也大大得益于日益扩展且更多样的经济。地主土地所有制对人口增长的影响，尤其是在全国总人口数与近代人口数相比还是相当小的时候，可能远比一些人所断定的要小。在农业劳动日趋密集的时代，地产集中对就业的反作用很小。东南被摊到最重的赋税负担正是因为它有能力承担。正如谢肇淛所说的，长江下游地区尽管赋役奇重，但由于多样化经济射利之途广，依然能

1　在明代后期，一些山东人深深意识到北方与南方在土地所有制方面总的差别，见《天下郡国利病书》卷 21，页 1 上。

繁荣；若是其他地区早已给压垮了[1]。就农业方面而言，长江流域内地的省份还有待于全面开发，据报在淮河两岸、湖北和湖南的平原都有大量良田。广东、云南和湖南中部南部由于自然资源充裕、人口少，成了谢肇淛所说的"乐园"[2]。即使是明朝普遍认为东南人口密集的印象，也必须全面理解并以当时的标准来衡量。

在估量了各种因素之后，我们有理由相信，中国南方的人口在某种程度上似乎比北方增加的速度更快。证明人口有持续的、相当大增长的，一般都是南方的学者；而北方的方志常常充斥对**繁**重劳役负担的抱怨，认为尽管比长江下游地区轻，却是北方一些地方人口下降的原因[3]；这绝非偶然的巧合。根据这些假设，我们可以估计中国的人口从 14 世纪后期的约 6,500 万增加到了万历二十八年（1600）的约 1.5 亿。即使假定南方的人口以官方数字所显示的北方人口那样中等的速度增长，到 16、17 世纪之交恐怕也已超过 1.3 亿了。

赞成较高的一种估计是有充分的理由的。首先，万历三十年（1602）的官方耕地登记数达到 17,600 万英亩，分别为 J.L. 卜凯教授对中国本部 20 世纪 30 年代耕地最高估计数的 75.8% 及最低估计数的 86%。其次，早熟稻在明代的不断传播必定对人口增长起很大作用，尤其是在水稻地带。正是在明代，两湖平原与长江三角洲一起成为中国的主要粮仓。其实早在北宋崇宁元年（1102），即占城稻传入中国才一个世纪时，北宋朝廷登记的人

1　《五杂俎》卷 4，页 36 下—37 上。

2　同上书，卷 3，页 23 下—25 下。

3　《天下郡国利病书》卷 23，页 52 上—53 下；卷 24，页 111 上—下；卷 26，页 83 上。

口已超过 2,000 万户。由于宋代户口登记中隐漏极其严重,在家族复合家庭制正得到加强的情况下,2,000 万户似乎可以说明全国人口约有 1 亿。在这基础上,如果中国没有接着出现的政治分裂,如果淮河地区和湖北(成为宋金之间频繁的战场)的农业没有出现严重倒退,如果没有元朝(1260—1368)这样异常暴虐的政府和既得利益集团的剥削,那么全国人口超过我们假定的 1.5 亿的高峰早已达到。

但到了万历二十八年(1600)前后,朝廷贪婪无道的影响已明显超过了商业和农业的扩展所获得的利益。虽然从 16 世纪中期以来国家的财政负担已在不断稳步增加,但比起 17 世纪初期的增加还是温和的。我们无法详知在 17 世纪头 25 年经济和政治状况明显恶化的情况下,一般国民是如何来适应的,不过无论这一适应是何等缓慢而痛苦,人口还是在增加的。但在 17 世纪的第二个 25 年间却爆发了大规模的农民起义。据说人烟稠密的四川盆地人口大部丧失,很少有几个县能逃过张献忠和清朝征服者的杀戮。张献忠和其他起义首领也使山西、陕西、河南、湖北、湖南北部、淮河流域和山东、河北部分地区的人口造成很大损失。对这二十多年的农民战争中直接死亡的人口以及因饥荒、瘟疫以及经济混乱而间接死亡的人口难以做出哪怕是很粗略的估计,但有一点是清楚的:这些战争的生命损失肯定与欧洲的三十年战争和中国 19 世纪的太平天国战争不相上下。中外学人一向以为人口过多是朝代衰亡的基本因素[1],但是明朝的覆亡却肯定不

---

1 陈达《中国近代人口》。

是由于人口过多。

二

　　清朝第一位皇帝虽于顺治元年（1644）即位后就取消了明代后期一切加派，但缩减赋税负担的好处并未立即反映出来。对付各种忠于明朝的集团的战争继续在华中和华南进行，清朝征服者为发泄他们的愤恨不时在一些地方对尽忠明朝的军民人口进行大规模屠杀。直到顺治十六年（1659）最后一个企图承继明朝皇位的桂王被赶到缅甸去时，中国大陆的征服才告完成。台湾还在明朝的保皇分子的手中，他们不时骚扰东南沿海。结果是沿海出现了相当大的经济混乱，有些沿海人口被强制迁往内地。因而沿海地区的正常农业发展和有利可图的对外贸易完全丧失。康熙十二年（1673）南方强大三藩之叛震动了清朝新皇帝，经过了七年激烈的战斗和征收重税才将叛变平息。到康熙二十二年（1683）征服台湾，中国才进入了真正和平、政府节约、经济繁荣的新时代的开端。的确，除了对三藩的战争以外，军事活动的范围有限，改朝换代后不久在未受战争影响的地区人口可能已有适度速率的增长，因为一些当时人有这样的印象：到 17 世纪 90 年代，除四川外各省的人口都已超过 17 世纪中期的数量[1]；不过总的说来，17 世纪后半期应被看作一个从以往的惨重损失中逐步缓慢恢复的时期。我们还无法确定康熙三十九年（1700）中国的人口是否已经恢复到万历二十八年（1600）的水平，因为在 17 世纪中经

---

[1] 《皇朝经世文编》卷 30，页 2 上—4 上。

济和政治上的有利条件可能恢复得太迟了一些，与万历时比还来不及取得人口净增加。

我们可以进一步做如下假设：康熙二十二年（1683）以后，经济和政治条件都变得极其有利，17 世纪的最后几年是空前的人口增长阶段的前奏，这一阶段一直继续到咸丰元年（1851）爆发太平天国起义。18 世纪人口观察家的语调同 17 世纪后期的学者已大不相同。康熙皇帝在康熙五十年（1711）冻结全国丁银总额，原因之一正是他了解到全国人口已经迅速地增加，这点深刻的了解是他亲自在全国巡游及接见平民百姓时获得的[1]。到雍正年间（1723—1735），全国大部分地区的平原、河谷和易于开垦的农田必然都已人烟稠密，因为当时颁布了一系列上谕劝谕全国实行更密集的农作，改良庄稼，并劝阻栽种烟草一类非粮食经济作物[2]。李绂于雍正二年至三年（1724—1725）在广西巡按任上就认为，康熙在位的六十年间全国人口已差不多增加了一倍[3]。尽管他的说法不能被看做为精确的估计，但在 17 世纪最后几年和 18 世纪最初 25 年间人口普遍增长的速率之高是不必怀疑的。

这一阶段另一种现象是整个 18 世纪前半期的粮价都在稳步上涨。到乾隆八年（1743），年轻的乾隆皇帝对丰年中出现这一现象大惑不解，命各省督抚找出粮价高涨的原因。但豁免米税及削减官仓购粮数都无法制止农业价格的上涨[4]，最后在乾隆十三年

---

1 《清朝文献通考》卷 19，页 5025。
2 《清朝文献通考》卷 3，页 4871 及 4874。
3 《皇朝经世文编》卷 34，页 34 上—36 上。
4 罗尔纲《太平天国革命前的人口压迫问题》，《中国社会经济史集刊》卷 8 第 1 期，页 62。

（1748），盛产稻米的湖南的巡抚杨锡绂做了或许是最全面的理解与答复。杨氏是江西人，对稻米的生产和买卖均有第一手知识。他认为粮价上涨的原因，就全国总的情况来说，是生活水准的提高、人们奢侈铺张风气的增长、富人奸商的粮食囤结和操纵、政府大量购粮备荒，特别是人口迅速的倍增，而最后一点是根本原因。在一篇当时及后代广为引用的奏折中，他首先回忆故乡江西的米谷价格，康熙年间每石不过二三钱，雍正时涨到四五钱，乾隆初年已至五六钱。奏折提到基本原因：

> 盖户口多则需谷亦多，虽数十年间荒土未尝不加垦辟，然至今日而无可垦之荒者多矣。则户口繁滋足以致米谷之价逐渐加倍，势必然也。[1]

虽然杨氏可能仅就江西和湖南价格构成的变化而言，但他的概括得到各省关于粮价的零散的官方报告的证实。到乾隆十五年（1750）前后，由湖北平原和湖南、江西那些水路便捷地区提供的余粮已经不能有效地满足东南沿海的需要了。虽然湖北、湖南、江西廉价水运无法到达的较僻远的地区还有余粮，但甚至连湖北也经常要部分依靠四川供应粮食了[2]。在16、17世纪之交人口可能在1.5亿上下时，中国传统的粮仓湖北、湖南和江西的农业还远未全面开发，回忆这一情况有助于估计18世纪的人口。重要的产稻平原和低山区已经人满为患，乃是18世纪头数十年

1　杨锡绂《四知堂文集》卷10，页1上—9上。
2　罗尔纲《人口压迫问题》，页61—63。

中国人口可能已经大大超过 1.5 亿的证据之一。

为了减轻人口日益增加的地区压力，中央和省级官员反复劝谕全国百姓试种各种新作物，特别是甘薯。18 世纪 30 年代后期颁布了一系列法令，对预期的开垦者永久豁免小块垦地的税粮，具体面积各省有所不同。正是在 18 世纪的上半期，发生了广泛的超省际规模的移民，干旱的丘陵和山地开始被系统地开发为玉米和甘薯地。成百万的外来农民进入四川、长江内地丘陵、汉水流域，甚至西南少数民族地区，对森林覆盖的山地进行了堪称全国性的开垦。到 18 世纪末，对丘陵和山地的开垦已如此密集，以致水土流失和农业报酬递减已成为严重的问题。

中国人口在 18 世纪中取得的上述增长，可能与生活水准有关。冻结全国丁粮数以及摊丁入地似乎已广泛地惠及百姓。著名的小说家蒲松龄（1640—1715）证实，在他的家乡山东，一般农家到过年时都有充足的存粮、鲜肉咸肉、蔬菜干果、鸡和蛋、自家酿的酒[1]。这一描述并不需要夸张，也不必是比较富裕家庭生活水准的写照。蒲氏虽出身小地主家庭，但他在分家产时仅得 20 亩地[2]，而在他的小说中许多佃户至少要种 40 亩。山东绝非富省，但在康熙后期有的农民却如此相对地富足，以致花费相当随便，丰年还浪费很多粮食[3]。

18 世纪各种方志也可以证明生活水准的提高和财富的普遍增加。湖南东北地价增加了几倍，据说就是因为人口的迅速增

1　蒲松龄《醒世姻缘》（本世纪版本，年月不详）24 回。

2　蒲松龄《聊斋全集》（世界书局 1936 年版）文集上，页 25—27。

3　《醒世姻缘》90 回。

加和经济的持久繁荣[1]。湘东南与广东交界的角落本是多山而落后的，但从未像 18 世纪后半期这样富裕过，当时该地区拥有不少从数千两至百万两以上资产的富人[2]。17 世纪 60 年代，湖北应城县曾经又穷又人口稀少，但到 18 世纪末时不仅人口稠密，而且有数百人有万两以上的财产[3]。甚至在陕西比较贫穷的地区，乾隆二十七年（1762）的记载也证明：

> 耀州风俗……旧志谓俭不中礼，而今则耻言俭矣。宴会不务多品，而今则竞尚多矣，衔杯漱醪溢乎阛阓，衣帛食肉遍于里胥，心计日益劳，生计日益促，布缕粟米果脯薪之类价倍五六。[4]

18 世纪长江下游地区可能已经有了新的奢华标准，像南京、扬州、苏州和杭州这样的城市成了消费和奢侈生活的集大成之地。对趋向更加挥霍、奢侈生活的风气，很多当时人都为之兴叹[5]。在 17 世纪后期和 18 世纪初期新获得的生活水准同 19 世纪前半期大部分人口那仅够维持的生活水准必定有本质上的差距[6]。

---

1 乾隆十一年《岳州府志》卷 16，页 3 下。

2 同治五年《桂阳县志》卷 20。

3 光绪八年《应城县志》卷 1，页 3 上一下引康熙八年、嘉庆二十年志。

4 乾隆二十七年《耀州志》卷 4，页 18 下—19 上。

5 《皇朝经世文编》有关社会习俗各篇。

6 在生活水准与人口增长之间的关系方面，一位现代经济史学家的话是有益的："很多方面也取决于最低维持水准与习惯水准间差距的大小；人口增长开始时的生活水准越低，就越会被马尔萨斯的积极制止所制止。"H.J. 哈巴库克《十八世纪的英国人口》，《经济史评论》1935 年 12 月。

乾隆四十四年至五十九年（1779—1794）的官方人口数反映了人口的持续迅速增长，这些年间保甲人口登记体制得到改良，没有严重的地区性遗漏。这 15 年的平均增长率是 0.87%，而乾隆四十四年（1779）至道光三十年（1850）整个时期是 0.63%，道光二年（1822）至三十年间是 0.51%；这可与 1800—1850 年间工业化前的东欧人口 0.771% 的年平均增长率相比[1]。假定康熙三十九年（1700）或稍后中国人口为 1.5 亿左右，那么到乾隆四十四年（1779）可能已增加到 2.75 亿，五十九年（1794）为 3.13 亿。如果这样，在对人口增长提供了旷古无比有利的条件的一个世纪中，人口已不止翻了一番。

三

要正确确定人口压力是在何时何地增加的虽很困难，但有理由相信，在清代中国当时的技术水平下，最佳状态（"一个人口产生最大的经济效益"[2] 的点）似乎是在乾隆十五年至四十年（1750—1775）间达到的。直到 18 世纪第三个四分之一期间，当时人还几乎都将人口持续的迅速增加视为无比的福祉，但到该世纪最后 25 年时，深思熟虑的一代中国人已开始为从该世纪最初数十年来已习以为常的生活水准明显的下降所震惊。如果说从高度繁荣到经济越来越紧张的转变比较突然，那可能是由于到 18 世纪第三个 1/4 的中期人口，大概已在 2.5 亿上下，这样的数字

1　亚历山大·卡尔桑德斯爵士《世界人口——过去的增长和当前的趋势》（牛津 1937 年版），页 21。

2　《世界人口——过去的增长和当前的趋势》，页 137—140、页 330—331。

作为适度人口已经过大，任何按比例的进一步增长都会使增加的总数大得可怕。如果各地不同时期所发生的经济状况的恶化属实[1]，那么"中国的马尔萨斯"洪亮吉（1746—1809）对 18 世纪末经济形势所作的概括和分析似乎适用于全国大部分地区。乾隆五十八年（1793），即在马尔萨斯《人口论》的第一版问世前的第五年，洪亮吉在贵州学政任上写的两篇著名论文《治平》和《生计》[2]中，阐述了许多与马尔萨斯的观点相似的想法。一位当代中国学者将洪氏的人口理论总结归纳为几点：

1. 生活资料的增加与人口的增长不存在直接的比例关系。在 100 年左右的时间内，人口可以增加 5 倍至 20 倍，而由于受到土地面积的限制，生活资料只能增加 3 至 5 倍。

2. 像洪水、饥荒和瘟疫一类自然控制不能消灭剩余人口。

3. 依靠别人为生的人比参加生产的人多。

4. 人口越多，人均收入越少。但由于人口比货物多，支出和消费力会更大。

5. 人口越多，劳力将越不值钱，但货价将会越高；这是由于劳动力供过于求而货物求多于供。

6. 人口越多，人民维持生计越难。由于支出和消费力越来越大于社会总的财富，失业人数将增加。

7. 人民中财富分配不均。

---

1 诚然，不少 19 世纪早期的方志还在记载持续的经济繁荣，但在一些每平方英里耕地的人口密度已经很高的丘陵区，甚至在乾隆十五年（1750）之前繁荣已告结束。例如嘉庆四年《全州志》卷 4 页 2 下证实，在桂东北当地老人的记忆中，直到雍正后期还是天堂，但在 18 世纪第二个 1/4 以后经济形势每况愈下。

2 洪亮吉《卷施阁文集》（《四部丛刊》本）甲集，页 8 上—10 下。

8. 在饥荒、洪水和瘟疫之类自然灾害中，那些无财无业的人将先会受冻饿而死。[1]

对于缓解人口过多及其影响的可能性，洪氏说：

> 曰："天地有法乎？"曰："水旱疾疫，即天地调剂之法也。然民之遭水旱疾疫而不幸者，不过十之一二矣。"曰："君相有法子？"曰："使野无闲田，民无剩力；疆土之新辟者，移种民以居之；赋税之繁重者，酌今昔而减之；禁其浮靡，抑者兼并，遇有水旱疾疫则开仓廪、悉府库以赈之。……"要之，治平之久，天地不能不生人；而天地之所以养人者，原不过此数也。治平之久，君相亦不能使人不生；而君相之所以为民计者，亦不过前此数法也。

洪亮吉与马尔萨斯一样，不能预见技术革新和科学发现对农业和工业生产的影响。所不同的是，马尔萨斯是在分析了一切可以得到的有关人口问题的资料后才阐明他的抽象理论的，而洪亮吉却读错了，或者至少未致力钻研官方人口数据的确切含义。马尔萨斯在他的《人口论》的修订版中，尤其是在他以后的经济论著中构成了一个理论体系，而洪氏的思想是不完整的，他的数量说明是不负责任的。但洪氏人口理论最严重的缺点是他未能理解报酬递减规律，而马尔萨斯却最终理解了并使他那粮食增产的算术比率不至成为纯粹的谬误。但平心而论，洪氏的思想是独创性

---

[1] C.F. 冷（译音）《关于中国的马尔萨斯——洪亮吉的札记》，《天下月刊》1953 年 10 月。

的，在同时代那些书呆子中，他是最敏锐地掌握了经济状况变革的人。

虽然嘉庆元年（1796）后一系列地区性的动乱可能已使人口增长的速率放慢，但在和平恢复以后全国人口的净增长数依然很大。一位对传统文化和制度已经深感失望的多才的学者龚自珍，在嘉庆二十年（1815）将这种形势喻为暴风雨前的宁静：

> 自乾隆末年以来，官吏士民狼艰狈蹶，不士不农不工不商之人十将五六，……概乎四方，大抵富民变贫户，贫户变饿者，四民之首奔走下贱，各省大局岌岌乎皆不可以支月日，奚暇问年岁？[1]

从 19 世纪方志中的证据看，龚氏振聋发聩的观点看来基本是正确的。湖南和江西是中国的粮仓，但从这两省的许多方志得到的印象是：到 19 世纪前半期，紧迫的经济问题已经不是如何维持原有的生活水准，而是如何求生活命。一些传统的粮食输出地区在丰年也只有少量余粮，在荒年还要部分依赖其他地区供应粮食[2]。江西南部虽然是农业劳动密集地区，但到 19 世纪 40 年代已经无法解决日益尖锐的农村失业问题[3]。由于四川几乎已人满为患，中国本部已经没有农业扩展的余地。甚至较新开发的长江流域丘

1　龚自珍《定庵文集》（《四部备要》本）文集中，页 4 上。

2　道光五年《永州府志》上，页 18 下；光绪三年《平江县志》卷 20，页 4 下—5上；同治六年《城步县志》卷 10，页 35 上—44 上。

3　同治十年《赣州府志》卷 20，页 5 上—下引道光二十八年志。

陵和汉水流域也已开始受到报酬递减规律和水土流失的影响。由于长江及作为它水库的支流、湖泊的淤积，洪水的发生率也增加了。但两湖平原日益增加的人口无视法律和公众利益，开垦并扩展新淤成的沙岸和沙洲。一种湖北方志指出，该地到道光三十年（1850）左右人口已极其稠密，以致在连年的太平天国和捻军战争之后，尽管人口压力已有所缓和，却还只是家有旷夫，地无闲田[1]。有理由相信：19 世纪中期的长江流域比今天还要人烟稠密[2]。

"正是在这种形势下"，一位当代经济史学家说："一个仍在增长的人口紧紧逼迫着经济资源，而大部人口已经接近最低的生存线时，这个社会就变得特别脆弱。"[3]中国社会已经如此脆弱，以致在咸丰元年（1851）终于爆发了世界上最大的内战太平天国起义。这一内战持续 14 年，中国本部各省几乎都受到影响，但以人口稠密的长江中下游各省受害最大。尽管导致起义的因素很多，但毫无疑问，人口压力是最基本的原因之一。

汪士铎（1802—1889）对人口问题做了最警世骇俗的现实的讨论。汪氏于咸丰五年至六年（1855—1856）间在被太平军俘获时所记的《乙丙日记》，是研究太平天国起义的背景和早期活动的重要资料来源。他是因持续人口增长造成愈益贫困的千百万无辜受害者之一，尽管他的曾祖是富商，但到他出生时家庭极其贫穷，以致在他少年时就被送往商店当学徒。为了嫁女略备妆奁，他就无法为患肺病的第一位妻子作有效的治疗，为此抱恨终生。

1 　同治十年《应山县志》卷 15，页 1 上。
2 　见第 10 章第三节及附录三。
3 　哈巴库克《十八世纪的英国人口问题》。

在他的五女三子中仅有两个女儿长大成人，但都在 19 世纪 50 年代惨死[1]。他的辛酸经历使他变得愤世嫉俗，对普遍的人口过多，他认为：

> 人多之害，山顶已殖黍稷，江中已有洲田，川中已辟老林，苗洞已开深菁，犹不足养，天地之力穷矣。[2]

根据汪氏的诊断，19 世纪中国的痼疾既不是治理不当，也不是国民缺乏创造力和勤奋努力，主要是来源于人口与经济资源间不成比例的增长。他所建议的救济措施是放松对溺婴的禁令，甚或鼓励普遍采用此法；多设尼姑庵并禁止寡妇再嫁；推广使用使妇女不育的药物；推迟男女婚龄；对超过一二个孩子的家庭课以重税，将剩余的男女婴儿统统溺毙，体质最佳者除外[3]。困扰着近代中国的人口过多和普遍贫穷的问题到道光三十年（1850），已经完全存在了。

回顾这些，我不禁想到一个很大的历史嘲弄：作为人口增长的推动力之一的康熙、雍正的"仁政"却播下了大清帝国衰落灭亡的种子，并在很大程度上间接导致了近代中国的经济困难。

四

要对 14 年太平天国战争期间的人口净损失提出一个明确的

---

1 汪士铎《汪梅村先生集》（光绪七年刊本）卷 11，页 4 下—5 上；卷 12，页—2 上。
2 《乙丙日记》卷 3，页 26 下—28 上。
3 同上书，卷 3，页 28 上—31 上。

数字虽是困难的，但我们详尽的地方资料很清楚地证明：当时通商口岸中的西方居民估计约二三千万是过低的。蹂躏皖北淮河流域和华北平原部分地区的捻军战争到 19 世纪 70 年代初才结束，使陕西和甘肃人口大大减少的回民起义一直持续到 70 年代后期，好像仅仅由自然的例行报复来对人口和土地资源调整还不行，还得由空前的人祸来补充。

太平天国后，地区间的移民是调整人口与土地资源的最好例证。具有讽刺意义的是，正是历史上人口最稠密的长江下游地区扮演了道光三十年（1850）前四川的角色，作为全国主要的移民接收区达一代之久。人口压力突然地、意外地减轻不可能不对长江下游地区人民的生活水平带来若干也许是暂时的好处。充足而廉价的良田，加上官府急于吸引移民，使很多佃农成为小地主。即使没有在农村阶梯上高攀的机会，雇工也暂时从优厚的雇佣条款中得到好处，这是由于劳力奇缺，田主不得不如此之故。

胡适博士之父胡传以其极为敏锐的观察力证实：

> （余）生长草野，身经大难，复睹平世，亲见同治五六年间，自徽州以达宁（国）太（平）数百里之内，孑遗之家，仓有粟，厨有肉，瓮有酒，各醉饱以乐升平，几于道不拾遗，户不夜闭。[1]

但 19 世纪第三个 1/4 期间的内战充其量只是给了国家一段喘息的时间，却并不能调整全部旧的人地平衡。当长江下游地区

1 　胡传《台湾纪录两种》（台北 1950 年版）卷 2，页 53 下—54 上。

的人口增长最后被太平天国战争终止时，华北平原的省份似乎已经增长得比道光三十年（1850）前更快。据李希霍芬的观察，河南人口相当迅速的增加主要是由于早婚的习俗；对河南这样的省份向外移民所起的作用是较小的。我们可以推测：在19世纪最后1/4的某时间，中国的总人口完全可能超过1850年的高峰。东北的开发和向海外移民虽然有地区性的缓解作用，对全国来说却不能带来有利的人地平衡。

由于中国在近代缺少一次重大的技术革命，中国不可能对它的土地经济有突破性的发展。的确，从19世纪40年代中国的大门打开以后，逐渐扩大的国际贸易，近代货币和银行的发轫，轮船和铁路的出现，不少中外轻工业、采掘业企业的建立已使中国经济在某种程度上变得多样化了；但这些新事物的影响只限于东部沿海和内地少数通商口岸，国民经济的基本特点并未发生重大的变化。实际上，在鸦片战争后的一世纪中，西方对中国经济的影响可说是破坏性与建设性参半。

在中国经济无法取得突破的情况下，"仁政"的理想已永远成为泡影。对长江下游地区的地税减免只是临时性的，中央和省政府的财政窘迫很快就使大量增加预征和额外加征势在必行。全国官员普遍贪污更加重了百姓的赋税负担。随着长江下游地区从战争创伤中得到部分恢复，地租又成了加剧农民经济困难的一个重要因素。但在中国进入军阀时代后才是最坏的日子，那时国家的经济储备少得可怜，以致自然灾害不相称地夺走了大量的生命。即使在国民党统治的22年间，也几乎没有一年不打仗。总而言之，1850年后中国的经济和政治综合状况就是：国家似乎不

得不以进一步降低生活水准为代价以安排养活更多的人口，如此
而已。

那么，据计算从 1850 年至 1953 年期间中国的人口仅增加
了 35.5%，平均年增长率 0.3%；这就毫不奇怪了。如果我们考
虑到 19 世纪第三个 1/4 期间大多数年份可能存在的人口净减少
并以 1865 年的数据代替 1850 年的话，那么所得到的年平均增长
率在 0.4% 至 0.5% 之间，大大低于 1776—1850 年期间 0.63% 的
平均增长率。这甚至还略低于 1822—1850 年期间 0.51% 的平均
增长率，在这阶段基本的人地模式已经完全具有近代特点。无论
1850 年前的人口数字的错误有多大，增长率持续下降的明显的
趋势与我们对经济和政治状况变化的了解是相当吻合的。

总之，可以推测在 1400 年（明建文二年）前后中国的人口
可能至少有 6,500 万，到 1600 年（万历二十八年）可能有 1.5 亿
左右，增加了一倍或稍多。17 世纪第三个 1/4 期间全国遭受严
重的人口损失，确切的数字无法断定。虽然人口增长的速度到
1683 年（康熙二十二年）至 1700 年（康熙三十九年）期间才加
快，在 17 世纪第三个 1/4 期间显然已有缓慢的恢复。就整个 17
世纪而言可能会无法登记到人口净增长数。由于有利的经济条
件和仁慈的政府，中国的人口从 1700 年前后的约 1.5 亿增加到
1794 年（乾隆五十九年）的约 3.13 亿，一世纪间不止翻了一番。
由于此前阶段的增长以及缺少经济机会，到 1850 年人口约达到
4.3 亿，而国家变得越来越穷。19 世纪第三个 1/4 期间的社会大
动荡给了中国一个喘息机会以作一些地区性的经济调整，但就全
国而言基本的人口土地关系依然故我，变化很小。由于 19 世纪

中国人口的庞大数量，尽管平均增长率相当的低，到 1953 年还是达到了 5.83 亿。

今天，中国人口又在迅速增加了，甚至比 18 世纪还快得多。和平秩序的恢复，一些行政性障碍的消除，大规模工业化的开始，尤其是全国性的卫生和疾病预防运动不能不刺激人口的增长。从历史上说，中国人口总是对有利的经济和政治状况做出响应，并且即使以不断降低全国的生活水准为代价，仍会出现持续增长的趋势。历史是重演，还是新中国能取得比目前的人口增长率更高的经济增长率，还有待见分晓。但 6 亿人口的存在——这既是中国的力量，也是弱点——已经使讲求实效的共产党国家开始采取限制人口进一步增加的政策[1]。

---

1 关于中国最近的控制人口运动的事实和理论，见艾琳·B. 图勃《共产党中国的人口政策》，《人口索引》1956 年 10 月。

附

录

附录一
乾隆六年—道光三十年（1741—1850）官方人口数

年份	人口数	年份	人口数
乾隆六（1741）	143,411,559	三十（1765）	206,693,224[a]
七（1742）	159,801,551	三十一（1766）	208,095,796
八（1743）	164,454,616	三十二（1767）	209,839,546
九（1744）	166,808,604	三十三（1768）	210,837,502[a]
十（1745）	169,922,127	三十四（1769）	212,023,042
十一（1746）	171,896,773	三十五（1770）	213,613,163
十二（1747）	171,896,773[a]	三十六（1771）	214,600,356
十三（1748）	177,495,039[a]	三十七（1772）	216,467,258
十四（1749）	177,495,039[a]	三十八（1773）	218,743,315
十五（1750）	179,538,540	三十九（1774）	221,027,224
十六（1751）	181,811,359	四十（1775）	264,561,355
十七（1752）	182,857,277[a]	四十一（1776）	268,238,181
十八（1753）	183,678,259	四十二（1777）	270,863,760[a]
十九（1754）	184,504,493	四十三（1778）	242,695,618
二十（1755）	185,612,881	四十四（1779）	275,042,916
二十一（1756）	186,615,514	四十五（1780）	277,554,413
二十二（1757）	190,348,328	四十六（1781）	279,816,070
二十三（1758）	191,672,808	四十七（1782）	281,822,675
二十四（1759）	194,791,859	四十八（1783）	284,733,785
二十五（1760）	196,837,977	四十九（1784）	286,331,307
二十六（1761）	198,214,555	五十（1785）	288,863,974
二十七（1762）	200,472,461	五十一（1786）	291,102,486

年份	人口数	年份	人口数
二十八（1763）	204,209,828	五十二（1787）	292,429,018
二十九（1764）	205,591,017	五十三（1788）	294,852,189
五十四（1789）	297,717,496	二十五（1820）	353,377,694
五十五（1790）	301,487,114	道光一（1821）	355,540,258
五十六（1791）	304,354,160	二（1822）	372,457,539
五十七（1792）	307,467,279	三（1823）	375,153,122
五十八（1793）	310,497,210	四（1824）	374,601,132
五十九（1794）	313,281,795	五（1825）	379,885,340
六十（1795）	296,968,968	六（1826）	380,287,007[a]
嘉庆一（1796）	275,662,044	七（1827）	383,696,095
二（1797）	271,333,544	八（1828）	386,531,513
三（1798）	290,982,980	九（1829）	390,500,650
四（1799）	293,283,179	十（1830）	394,784,681
五（1800）	295,273,311	十一（1831）	395,821,092
六（1801）	297,501,548	十二（1832）	397,132,659
七（1802）	299,749,770	十三（1833）	398,942,036
八（1803）	302,250,673	十四（1834）	401,008,574
九（1804）	304,461,284	十五（1835）	403,052,086[b]
十（1805）	332,181,403	十六（1836）	404,901,448
十一（1806）	335,309,469	十七（1837）	406,984,114[b]
十二（1807）	338,062,439	十八（1838）	409,038,799
十三（1808）	350,291,724	十九（1839）	410,850,639
十四（1809）	352,900,024	二十（1840）	412,814,828
十五（1810）	345,717,214	二十一（1841）	413,457,311
十六（1811）	358,610,039	二十二（1842）	416,118,189[b]
十七（1812）	361,691,431	二十二（1843）	417,239,097
十八（1813）	336,451,672	二十四（1844）	419,441,336
十九（1814）	316,574,895	二十五（1845）	421,342,730
二十（1815）	326,574,895	二十六（1846）	423,121,129
二十一（1816）	328,814,957	二十七（1847）	425,106,201[b]

续表

年份	人口数	年份	人口数
二十二（1817）	331,330,433	二十八（1848）	426,928,854[b]
二十三（1818）	348,820,037	二十九（1849）	428,420,667[b]
二十四（1819）	351,260,545	三十（1850）	429,931,034[b]

a. 罗表中缺年度全国总数，笔者据《清实录》补。

b. 罗尔纲据户部档案修正后的数字。

附录二
乾隆五十二年（1787）—1953 年
人口地理分布的变化

省	A（1787年人口，单位千）	B（1850年人口，单位千）	C（1953年人口，单位千）	B对A（单位%）	C对B（单位%）
江苏	31,427	44,155	47,457[a]	140.4	107.4
浙江	21,719	30,027	22,866	138.2	76.2
安徽	28,918	37,611	30,344	130.1	81.7
江西	19,156	24,515	16,773	128.2	68.5
湖北	19,019	33,738	27,789	177.0	82.4
湖南	16,165	20,614	33,227	128.0	161.2
河北	22,957	23,401	38,678[b]	102.2	165.2
山东	22,565	33,127	48,877	147.1	147.5
河南	21,036	23,927	44,215	113.8	184.7
山西	13,232	15,131	14,314	122.0	94.6
陕西	8,403	12,107	15,881	144.0	131.1
甘肃	15,162	15,437	12,928	101.8	83.8
福建	12,012		13,143		109.4[c]
广东	16,014	28,182	34,770	175.6	123.3
广西	6,376	7,827	19,561	122.9	249.9
云南	3,461	7,376	17,473	213.1	236.9

续表

省	A（1787年人口，单位千）	B（1850年人口，单位千）	C（1953年人口，单位千）	B对A（单位%）	C对B（单位%）
贵州	5,158	5,434	15,037	105.3	276.7
四川	8,567	44,164	62,304	515.8	141.7
辽宁	8112,571	18,545	317.0	721.3	
吉林	150	327	11,570	218.0	3,638.2
黑龙江			11,897		

a. 包括上海人口。b. 包括天津人口，但不包括北京。有清一代直隶人口均不包括北京。c.1850 年福建人口数已可确定为不准确，此百分比是 C 对 A 之比。

由于明、清和近代的大部分时期缺乏可靠的省级数字，对中国人口的地理分布变化的研究无法深入。但由于这个问题极其重要，只能作一探索性的简单讨论。

表中最引人注目的特点之一是长江流域四省在过去这世纪中人口下降。对长江下游省份人口下降的原因已作讨论，但对中国传统的人口数据非议的人很自然地会提出这样的问题：1850 年前的有些数字有虚夸吗？最近一种安徽省未成的通志的作者对此已预先作了回答（《安徽通志稿》"内政志·户口"），这部通志稿资料特别丰富。由于对本省经济、政治状况的变革了如指掌，他们不仅肯定了安徽 1850 年前的数字，而且论据确凿地解释了由于太平天国和捻军战争、农田的荒废、饥荒、瘟疫、鸦片毒害和盗匪横行，这一切灾祸的惨重后果使安徽人口不可能完全恢复到 1850 年的水平。

根据 1850 年后胡编乱造的情况，江西的数字显得非常令人怀疑。咸丰元年（1851）后保甲登记的剧烈改变已做过解释。从 19 世纪江西方志一份详尽的抽样中可以得出这样的结论：在上一世纪的前半部分，江西还不像 20 世纪那样是重要的稻米富余地区。一些江西方志，如道光二十八年（1848）《赣州府志》记载的严重的农村失业问题给当代读者很深的印象，这与该地最近的记载适成鲜明对比。1853 年一些到赣南老根据地采访的记者证明，由于人口少，仅吉安一县就有余粮 100 万石以上和大量农田（陈牧《南方老根据地访问记》，武汉 1953 年版）。今天江西中部和南部各地面临的问题都是大量农田抛荒，缺少农业劳力。

而且，1933 年时江西省政府经济委员会对该省稻米的生产和分配进行过一次仔细的调查。在 20 世纪 20 年代和 30 年代，即国共内战达到白热化之前，该省平均每年能有 1,000 万石稻米富余，这使江西与湖南、安徽一起成为主要的稻米输出区。清代中期的江西方志中还找不到这样的印象。委员会最后估计，如这些余粮都用于江西消费，全省人口将能达到 2,500 万左右，略高于 1850 年的数字（《江西之米麦问题》，南昌 1933 年版）。福建 1850 年 19,987,000 的数字与当代福建几乎事事相悖，已被证明是错误的；而江西 1850 年的数字与其他事实和数据何等符合，怎么会是错的呢？

我们了解浙江省人口最稠密的北部三府杭州、嘉兴和湖州以及相当稠密的中部二府严州和金华的人口损失极其惨重。我们也了解在光绪九年（1883）以后，如果不是更早的话，由于本籍地主反对进一步移民，浙江农业的全面恢复最终被推迟了。浙江北

部荒废的农田都是由来自本省各地的移民重新开垦的。因此，太
平天国战争给该省的土地资源和人口带来了一次重大调整。而且
在过去这个世纪中必然有相当多的浙江人在省外做官、经商或从
事其他工作。

但除了战争以外，一个导致长江下游地区人口下降的基本事
实是，这一地区比其他稻米区更早达到了水稻栽种的饱和状态。
从宋代以来，早熟稻在这一地区无间断地广泛传播。19 世纪 30
年代林则徐和李彦章促使江苏农民种植极其早熟但低产的品种如
"四十日"、"三十日"，自然是完全不顾报酬递减规律的。由于
长江下游的人口增长为太平天国战争所终止，也由于过去这世纪
中对粮食和经济作物的选择比以往更有余地，很多瘠薄的稻田可
能已经转为种其他作物。这一变化可能对浙江这样一个如此"过
于发展"的省份的人口规模产生某些影响，虽然不容易找到史料
来证明这一点。

在过去一百年间湖北人口也下降了 17.6%，这是由太平天国
战争和大规模的人口迁出造成的。1850 年前湖北已是一个重要
的迁出人口的省份。但它吸收的移民比输出的多好几百万，这主
要是由于它的中心地位以及鄂西山地的开发。有理由相信，到同
治四年（1865）以后湖北已成为净迁出人口的省。不少近代的湖
北方志说明，太平天国后湖北人口迁往长江下游，间或迁往陕
西，这主要是由于湖北的佃农希望改善自己的经济命运，而不是
由于紧迫的经济需要。

在长江中、下游的省份中只有江苏和湖南从 1850 年以来人
口有所增加。但要没有一个世纪的工商业发展和上海崛起为 600

万人口的大都市,江苏就不可能取得 7.4% 这样微小的增长。可是湖南增加了 61.2%,这是长江流域从 1850 年以来惟一取得可观的增长的省份。对此有多种可能的解释:首先,与长江流域其他省不同,因为太平军仅经过湖南,未取得落脚点后即北上沿江东下,该省幸免于严重的战祸。正如第七章所述,有些近代学者得出的湖南在清代是净输出人口省的结论与该省在近代有相当多移民迁入的详细的地方性证据不符。第二,1850 年 [1]16,165,000 这个数字多少是偏低的,因为不包括苗人在内,而当时住在湘西山区的苗民比现在那里的还多;因而过去一世纪中人口增长率总要小于 61.2%。第三,在长江流域的省中,只有湖南在政治、经济方面都从太平天国战争中获益。由于湘军起了重大作用,湖南产生的大官、将军、军官比其他任何省都多。由在各地发迹的湖南人汇回的钱财必定对该省在近代比较富足产生了重大作用。人民富有生气以及边缘山区有地可开也有利于人口增加。

上表所显示的第二个引人注目的特点是在过去 100 年间华北平原省份人口的迅速增加。华北较少受到主要战争的影响固然是重要原因,但更根本的是,河北、山东和河南人口的迅速增加显然是由于农业开发相对较晚。在历史上,北方的农业具有低产和缺乏劳力密集的耕种方法的特征。迟至乾隆三年(1738),原籍也是河南的河南巡抚尹会一在一份著名的奏折中说(徐锡麟《熙朝新语》[清代笔记丛刊本]卷 9 页 3 上— 4 下引)南方亩产以石计,而北方以斗计。为了鼓励精耕细作,他建议采取一项将每

---

1 作者原文如此。据前表,应为 1787 年。——译者

个佃农限制为 30 亩的法律。具体的地方性资料证明：在好几个世纪中，北方农民由于缺乏对不适宜小麦和其他土生北方粮食作物的旱地的耕种手段而受到损失；直到 19 世纪，玉米、甘薯和花生的传播才真正变得广泛。这一迟来的土地利用革命不可能不对华北的人口增加产生重要作用。

在黄土高原，甘肃和山西有所下降，陕西有净增加的纪录，整个西北人口在过去一世纪中保持稳定。实际上该地区的人口有急剧起落。甘肃尚有待于从 19 世纪 60 年代和 70 年代的回民战争以及多次旱灾中恢复过来。山西遭受了光绪三年至四年（1877—1878）的大旱灾以后几次较小的旱灾，由于土地瘠薄，降水量小，在吸引移民方面是无法同陕西匹敌的。尽管陕西也受到几次严重的旱灾和战争的打击，但秦岭山脉，尤其是肥沃的渭水流域通常很快就由来自人口稠密的邻省四川和湖北的移民重新充实。

对云南、贵州、广西人口异常高的增长百分比，主要的解释是它们 1850 年前的人口登记缺漏非常严重，因为大批非汉族人口并未包括在内。但毫无疑问，从 1850 年以来人口的确有了很大增加，因为近代土地利用的主要趋势是不断地开发山区。到 1850 年为止四川异常高的百分比的增加与这以后 41.7% 的增长率适成对比，这更坚定了我的结论：四川作为主要的人口吸收地的作用到 19 世纪中期已经结束。1850 年以后的增长如果不完全是，也主要是自然增长。

广东和福建这两个南方沿海省的人口数字有一些捉摸不定的特点。如果 1850 年后没有向海外大量移民，在过去一世纪中广东人口将不止增加 23.3%。表中 1850 年福建的数字最使人为难，由于 19 世纪初期福建的保甲机构在登记户口方面已变得敷衍塞责，省府在编制人口数字时只能拼凑应付，所以 1850 年 19,987,000 的数字是不能接受的。乾隆五十二年（1787）至 1953 年间约 100 万的净增长、或 9.4% 的增长率说明，适度增长的福建人口中大部分已为向台湾和东南亚的移民所吸收。

尽管 1850 年前东北的人口数字无疑是很不完全的，但在过去 100 年间东北人口的确有了很大的增长。

就中国人口地理分布总的变化而言，可以说北方各省的人口在近代有迅速增加，而长江流域地区则在下降。长江流域庞大的人口和辉煌的过去主要是以稻米和国内贸易为基础的，随着工业化的进展，人口重心从长江流域向更富自然资源的北方的转移将随着时间的推移而更加明显。

附录三
同治六年（1867）—1937 年中国
主要的粮食进口

年	大米（担）	小麦（担）	面粉（担）a
同治六（1867）	713,494		
七（1868）	349,167		
八（1869）	346,573		
九（1870）	141,394		
十（1871）	248,394		
十一（1872）	658,749		
十二（1873）	1,156,052		
十三（1874）	6,293		
光绪一（1875）	84,612		
二（1876）	576,279		
三（1877）	1,050,901		
四（1878）	297,567		
五（1879）	248,939		
六（1880）	30,433		
七（1881）	197,877		
八（1882）	233,149		

续表

年	大米（担）	小麦（担）	面粉（担）^a
九（1883）	253,210		
十（1884）	151,952		
十一（1885）	316,999		
十二（1886）	518,448		
十三（1887）	1,944,251		
十四（1888）	7,132,212		
十五（1889）	4,270,879		
十六（1890）	7,574,257		
十七（1891）	4,684,675		
十八（1892）	3,948,202		
十九（1893）	9,474,562		
二十（1894）	6,440,718		
二十一（1895）	10,096,448		
二十二（1896）	9,414,568		
二十三（1897）	2,103,702		
二十四（1898）	4,645,360		
二十五（1899）	7,365,217		
二十六（1900）	6,207,226		
二十七（1901）	4,411,609		
二十八（1902）	9,730,654		
二十九（1903）	2,801,894		766,324
三十（1904）	3,356,830		937,946
三十一（1905）	2,227,916		931,761

续表

年	大米（担）	小麦（担）	面粉（担）[a]
三十二（1906）	4,686,542		1,784,681
三十三（1907）	12,765,189		4,414,383
三十四（1908）	6,736,616		369,445
宣统一（1909）	3,797,705		596,777
二（1910）	9,409,594		740,841
三（1911）	5,302,805	3,197	2,183,042
公元 1912	2,700,391	2,564	3,202,501
公元 1913	5,414,896	2,064	2,596,821
公元 1914	6,774,266	998	2,166,318
公元 1915	8,476,058	2,586	158,273
公元 1916	11,284,023	59,555	233,464
公元 1917	9,837,182	36,169	678,849
公元 1918	6,984,025	164,551	
公元 1919	1,809,749	20	271,328
公元 1920	1,151,752	5,425	511,021
公元 1921	10,629,245	81,346	752,673
公元 1922	19,156,182	873,142	3,600,967
公元 1923	22,434,962	2,595,190	5,826,540
公元 1924	13,198,054	5,145,367	6,657,162
公元 1925	12,634,624	700,117	2,811,500
公元 1926	18,700,797	4,156,378	4,285,124
公元 1927	21,091,586	1,690,155	3,824,674
公元 1928	12,656,254	903,088	5,984,903

年	大米（担）	小麦（担）	面粉（担）[a]
公元 1929	10,820,950	5,676,144	11,951,473
公元 1930	19,921,918	2,762,324	5,150,307
公元 1931	9,213,643	22,835,996	4,746,912
公元 1932	21,386,444	15,084,723	6,636,658
公元 1933	12,128,036	10,714,634	1,957,113
公元 1934[b]	10,728,195	7,691,919	985,367
公元 1935	11,066,403	8,615,835	844,360
公元 1936	3,084,003	1,932,026	512,852
公元 1937	4,747,246	711,992	502,593

资料来源：中央研究院《以往六十五年中国外贸统计》（商务印书馆 1931 年版）；1927 年至 1937 年间数字采自中国银行研究部《1912—1930 年中国外贸统计》（1931 年版）以及《中国、中国的海关与外贸》。

a.1887 年至 1901 年的面粉数字仅以银两计值，从略。b.1934 年至 1937 年间的数字单位是公担（1.654 担）已折算为担。

附录四
顺治元年（1644）— 宣统三年（1911）
湖北的天灾（受灾县数）

年	饥荒	旱	洪水、暴雨、台风等[a]	瘟疫	蝗、虫等	受灾县总数
顺治一（1644）	5（e）	1		1		7
二（1645）	5			3	1	9
三（1646）		3		3	1	7
四（1647）	6	6（d）[b]	3			9
五（1648）		1	一（2）			3
六（1649）	2		4（1）			7
七（1650）			1（2）			3
八（1651）		1	一（7）		1（d）	8
九（1652）		25（e）	3			28
十（1653）			3（2）			5
十一（1654）			3（1）			4
十二（1655）			3（1）			4
十三（1656）			一（2）			2
十四（1657）		1	一（1）			2
十五（1658）			27（e）		1（d）	27

续表

年	饥荒	旱	洪水、暴雨、台风等[a]	瘟疫	蝗、虫等	受灾县总数
十六（1659）		1	4（2）			7
十七（1660）		1	1			2
十八（1661）		10	1			11
康熙一（1662）		2	7			9
二（1663）		1	18（1）			20
三（1664）			7			7
四（1665）			2（1）			3
五（1666）		1	—（3）			4
六（1667）	1	5（e）	—（1）			7
七（1668）	1	1	6			8
八（1669）			1（7）			8
九（1670）		3	8（1）			12
十（1671）	2	8	3			13
十一（1672）		2	4		1	7
十二（1673）		6（e）				6
十三（1674）		6	2			8
十四（1675）		1				1
十五（1676）			13			13
十六（1677）	2		3（1）		1	7
十七（1678）		1	1			2
十八（1679）		18	2			20
十九（1680）	3	2	4（1）		1	11

续表

年	饥荒	旱	洪水、暴雨、台风等[a]	瘟疫	蝗、虫等	受灾县总数
二十（1681）		1	5		1	7
二十一（1682）			6	1		7
二十二（1683）			3（1）	1	1	6
二十三（1684）			1			1
二十四（1685）			17（1）			18
二十五（1686）						0
二十六（1687）						0
二十七（1688）						0
二十八（1689）	1	9				10
二十九（1690）	36	36（d）	一（1）			37
三十（1691）	1					1
三十一（1692）				1		1
三十二（1693）			2	2		4
三十三（1694）						0
三十四（1695）			1（1）			2
三十五（1696）			11（1）		1	13
三十六（1697）	7		1（1）			9
三十七（1698）		1		1		2
三十八（1699）		9	1			10
三十九（1700）			1	1		2
四十（1701）			1（1）			2
四十一（1702）			2（1）			3

续表

年	饥荒	旱	洪水、暴雨、台风等[a]	瘟疫	蝗、虫等	受灾县总数
四十二（1703）			4（1）			5
四十三（1704）		1	6		1	8
四十四（1705）		1	13（1）			15
四十五（1706）	10		6	2		18
四十六（1707）		1	3	2		6
四十七（1708）	1		3	1	1	6
四十八（1709）			12			12
四十九（1710）		1	1	1		3
五十（1711）						0
五十一（1712）		3	1			4
五十二（1713）			1			1
五十三（1714）		3	3			6
五十四（1715）		1	7		1	9
五十五（1716）			15			15
五十六（1717）			—（1）		1	2
五十七（1718）		12	—（1）			13
五十八（1719）			1			1
五十九（1720）			4			4
六十（1721）		1				1
六十一（1722）		5				5
雍正一（1723）		3	2			5
二（1724）			19			19

续表

年	饥荒	旱	洪水、暴雨、台风等[a]	瘟疫	蝗、虫等	受灾县总数
三（1725）		1	3			4
四（1726）			18			18
五（1727）	1		17（2）	2		22
六（1728）			2（1）	5		8
七（1729）		1		1	1	3
八（1730）		一（1）				1
九（1731）		1				1
十（1732）		一（1）				1
十一（1733）						0
十二（1734）			1	1		2
十三（1735）		5	一（2）			7
乾隆一（1736）			6			6
二（1737）			5（2）			7
三（1738）		6	2（1）			9
四（1739）		4	1			5
五（1740）			4			4
六（1741）			5			5
七（1742）	1		20			21
八（1743）			一（1）			1
九（1744）						0
十（1745）			10			10
十一（1746）			8			8

年	饥荒	旱	洪水、暴雨、台风等[a]	瘟疫	蝗、虫等	受灾县总数
十二（1747）			一（1）			1
十三（1748）			8（2）			10
十四（1749）			8			8
十五（1750）			1（2）			3
十六（1751）		2				2
十七（1752）	1	9	17			27
十八（1753）	1		5（1）		1	8
十九（1754）	1					1
二十（1755）	1		3（3）			7
二十一（1756）	2		6			8
二十二（1757）			1			1
二十三（1758）						0
二十四（1759）			4（1）			5
二十五（1760）			一（1）			1
二十六（1761）	2		7			9
二十七（1762）						0
二十八（1763）			一（4）			4
二十九（1764）			14			14
三十（1765）			2			2
三十一（1766）			1			1
三十二（1767）			16			16
三十三（1768）		10		1		11

续表

年	饥荒	旱	洪水、暴雨、台风等[a]	瘟疫	蝗、虫等	受灾县总数
三十四（1769）			16			16
三十五（1770）			1			1
三十六（1771）		1	1			2
三十七（1772）			1			1
三十八（1773）			1			1
三十九（1774）		4				4
四十（1775）		2				2
四十一（1776）						0
四十二（1777）		2				2
四十三（1778）	8	30	一（1）			39
四十四（1779）	4		3（1）			8
四十五（1780）	1		6			7
四十六（1781）			10			10
四十七（1782）						0
四十八（1783）			7			7
四十九（1784）	1	1	一（1）			3
五十（1785）	4（d）	46				46
五十一（1786）		1			1	2
五十二（1787）						0
五十三（1788）			16			16
五十四（1789）			4			4
五十五（1790）			一（1）			1

续表

年	饥荒	旱	洪水、暴雨、台风等[a]	瘟疫	蝗、虫等	受灾县总数
五十六（1791）			3（1）			4
五十七（1792）	1	2				3
五十八（1793）						0
五十九（1794）			4（1）			5
六十（1795）			2（2）			4
嘉庆一（1796）			5（e）			5
二（1797）		2	—（1）			3
三（1798）						0
四（1799）						0
五（1800）		1	—（1）			2
六（1801）	1					1
七（1802）		20（e）				20
八（1803）			9			9
九（1804）			2			2
十（1805）			3			3
十一（1806）	1					1
十二（1807）	4		1（1）			6
十三（1808）	2					2
十四（1809）			1（5）			6
十五（1810）		1	1			2
十六（1811）		2	1（1）			4
十七（1812）		1	4			5

续表

年	饥荒	旱	洪水、暴雨、台风等[a]	瘟疫	蝗、虫等	受灾县总数
十八（1813）	6	3	5			14
十九（1814）	7	6	1（1）	1		16
二十（1815）			2	1		3
二十一（1816）			2			2
二十二（1817）			1（1）			2
二十三（1818）			2			2
二十四（1819）		1	3	1		5
二十五（1820）		4	1（1）			6
道光一（1821）			3			3
二（1822）	2		2			4
三（1823）	2		2			4
四（1824）						0
五（1825）		1	2（3）			6
六（1826）		1	11（1）			12
七（1827）			8			8
八（1828）			4	1		5
九（1829）			2			2
十（1830）	1		5（2）			8
十一（1831）			19			19
十二（1832）	3		11（2）	10	2	28
十三（1833）	4		11（1）		3	19
十四（1834）	3	1	6（4）		1	15

年	饥荒	旱	洪水、暴雨、台风等[a]	瘟疫	蝗、虫等	受灾县总数
十五（1835）	2	14	4		2	22
十六（1836）			4			8
十七（1837）	1	1	1			3
十八（1838）			3		1	4
十九（1839）		1	9			10
二十（1840）			8（1）			9
二十一（1841）			8（4）			12
二十二（1842）	2		6（1）			9
二十三（1843）		4	（2）	1		7
二十四（1844）		5	6	1		12
二十五（1845）			2（1）	1	1	5
二十六（1846）			3			3
二十七（1847）		1	4			5
二十八（1848）			13（2）			15
二十九（1849）	4		14	1		19
三十（1850）			3（3）			6
咸丰一（1851）			5（2）			7
二（1852）			6（1）	1		8
三（1853）			5			5
四（1854）			6（5）			11
五（1855）		3	7			10
六（1856）	1	7				8

年	饥荒	旱	洪水、暴雨、台风等[a]	瘟疫	蝗、虫等	受灾县总数
七（1857）	3	10	3			16
八（1858）			3（1）		4	8
九（1859）		1	2（1）			4
十（1860）			5（1）			6
十一（1861）			5（5）	1		11
同治一（1862）	4	2	5（2）			13
二（1863）	1	1	5（1）			8
三（1864）			3（2）	1		6
四（1865）	1		—（3）			4
五（1866）		1	7（2）			10
六（1867）	1	4	11（2）			18
七（1868）	4		5（5）			14
八（1869）	1		2（7）	1		11
九（1870）	1		9（2）	1		13
十（1871）			2（1）			3
十一（1872）			3（1）	1		5
十二（1873）		1	2			3
十三（1874）		3	1（2）			6
光绪一（1875）	1	1	3（1）			6
二（1876）		2	5			7
三（1877）		4	4	1	1	10
四（1878）	1	2	3（2）	2	1	11

续表

年	饥荒	旱	洪水、暴雨、台风等[a]	瘟疫	蝗、虫等	受灾县总数
五（1879）			10（2）	1	1	14
六（1880）			—（3）			3
七（1881）						0
八（1882）			4			4
九（1883）			8			8
十（1884）			2			2
十一（1885）			3（1）			4
十二（1886）		2	3			5
十三（1887）	1	2	20（3）（e）	1		26
十四（1888）	1	1	1			4
十五（1889）	1		1（1）			3
十六（1890）						0
十七（1891）						0
十八（1892）			6（1）（e）			7
十九（1893）						0
二十（1894）			1			1
二十一（1895）						0
二十二（1896）	1		3			4
二十三（1897）			8（e）			8
二十四（1898）			15（e）			15
二十五（1899）					1	1
二十六（1900）		1				1

续表

年	饥荒	旱	洪水、暴雨、台风等[a]	瘟疫	蝗、虫等	受灾县总数
二十七（1901）			1			1
二十八（1902）						0
二十九（1903）						0
三十（1904）						0
三十一（1905）						0
三十二（1906）						0
三十三（1907）			20（e）			20
三十四（1908）			30（1）（e）			31
宣统一（1909）	4		4（2）			10
二（1910）	2		1			3
三（1911）						0

资料来源：《湖北通志》（1921 年商务印书馆版）。有时资料中仅载某府受灾，未记明受灾的确切县数。一府一般辖五六县至十多县，故取其最低数五县，并在数后注明（e），意为估计数。如 1652 年旱下有 25（e），意为五府受旱灾。又如 1658 年洪水下有 27（e），意为五府受洪灾外，另有二县受灾。

a. 括号内数字表明受暴雨、台风等灾粮食减产较大的县数，受暴雨、台风等灾而减产不多的县很少，故从略。b. 有时一县在同年受灾不止一种，如 1658 年估计受洪灾的 27 县中有一县同样受蝗灾。该县虽已统计在蝗、虫等灾栏下，但在数字后加（d），表示"重复"，并不计入年度受灾总县数中。

附录五
宋金时中国人口总数的估计

15 年前，当我开始研究中国人口、土地数据、粮食生产、土地利用及其他有关问题的历史时，对宋代的户数及"口"数感到既惊奇又困惑。尽管我当时的注意重点是在明清时期，但在我的长期研究成果《明初以降人口及其相关问题 1368—1953》一书中还是做了一个大胆的推测：在 1126 年北宋覆灭前不久，全中国的人口可能已高达 1 亿。最近由于我重温了以前所作的关于宋代人口的笔记，特别是对《金史》中有关军事编制和户籍登记的记载作了新的研究，我对这一看法增加了信心。我们将首先讨论金朝的人口数字，从金朝着手的部分原因是这些数字尚未得到应有的注意，部分原因是金代数据为重建 12 世纪和 13 世纪初期的中国人口总数提供了更扎实的基础。

一

我一直认为，估计任何一个朝代的人口数字的先决条件就是设法尽可能充分地了解与这些人口数字有关的制度和行政的来龙去脉。因此，在估计金朝（1115—1234）的人口数字前，必须对下列我认为对金朝人口数有直接或间接影响的制度和行政的几个方面进行分析。

首先，根据《金史》的片断材料以及宋朝派往松花江上游女真故土的使节的更系统的描述来看，女真人民基本上是过着定居生活。他们以农业为主，其次是渔猎，后者也给他们提供了体力活动的机会，因此他们一般是体格健壮，骁勇善战。除了在满洲中部若干人烟非常稀少的地点以外，女真农民一般住在寨内[1]。女真人这种基本定居、以农为主的生活方式同游牧的契丹人和蒙古人的生活方式大不相同，这不仅使他们后来比较容易适应华北的经济、社会和政治条件，也使他们在赋税管理和人口统计方面具有比较成熟的观念。

其次，为了确切估算金代的人口数，研究 12 世纪初期女真部落国家的组织就更有必要。《金史·兵志》有以下记载：

> 金之初年，诸部之民无它徭役，壮者皆兵。平居则听以佃渔猎射，习为劳事，有警则下令部内，及遣使诣诸孛堇征兵，凡步骑之仗粮皆取备焉。其部长曰孛堇，行兵则称曰猛安、谋克，以其多寡为号。猛安者，千夫长也。谋克者，百夫长也。……部卒之数，初无定制。至太祖即位之二年（1116）……始命之 300 户为谋克，谋克十为猛安。继而诸部来降，率用猛安谋克之名以授其首领而部伍其人。[2]

1　姚从吾《东北史论丛》，台北，1959 年，卷 2，页 31—40。林瑞瀚《女真初起时期之寨居生活》，《大陆杂志》卷 12 第 11 期，1957 年。徐玉虎《女真建都上京时期的风俗》，同上卷 9 第 9 期，1954 年。应该指出：满洲更北部更原始的女真部落自然以渔猎为主，而非农耕。

2　《金史》（殿本）卷 44，页 2。

虽然"谋克十为猛安"的原则在金征服华北之后并未被一贯遵守，但谋克始终是女真人军事和民政管理最基本的单位。就我们的研究目标而言，记着下列事实是很重要的：猛安谋克并非只是军事组织，实际上是一种使早期的女真人民在政治上、军事上、社会上和经济上得以组织起来的全面制度[1]。这就是何以由300户组成的谋克不但提供壮丁当兵，而且包括妇女、男女儿童和所有成员户的财产的原因；也是在早期的战争战役中士兵自备装备给养的原因。

早期女真军队的显著特点之一，是其官兵虽然大多无血缘关系，但互相视若"父子兄弟"[2]。官兵之间这种高度亲密的私人关系使他们互相熟悉彼此的家庭和财产。随着女真人对辽帝国（907—1125）和华北的征服，猛安谋克得到持续的扩充，并开始适应新征服地的情况。熙宗皇统五年（1145）后，当日益增多的女真军队在华北内地实行军事殖民，并开始不断与汉人杂居时，猛安谋克的文官职能增强了。其文官职能之一就是每三年对整个猛安谋克所管辖的人口、包括奴隶在内进行一次计算和登记。有理由相信，官兵之间和他们的家庭之间固有的亲密关系，以及女真人男女老幼都属于国家的传统观念，是使12世纪后半期和13世纪初

1　箭内互《金の兵制に関する研究》，《蒙古史研究》（东京1930年版）；三上次男《金代女兵の研究》，（东京1937年版，页127—556。虽然这两位中国东北史专家论及了猛安谋克制各个非军事方面，但并未将它明确作为组成整个早期女真部族国家的一种体制。笔者明确提出这一点，主要是基于猛安谋克制同努尔哈赤于1601年创建的早期八旗制的确有渊源关系。已故的孟森教授在其重要论文《八旗制度考略》（《中央研究院历史语言研究所集刊》卷6第3期，1936年）中将八旗制视为组成整个早期满洲国家的一种全面体制。

2　《大金国志》（扫叶山房本）卷36，页3下。

金帝国所进行的人口普查取得相当大成功的一个重要原因。

　　第三，应该简单解释一下登记和编制各个投降和被征服民族的制度。早期女真国最可怕的敌人是国号称辽的草原帝国，这个契丹族帝国的疆域几乎包括今天整个东北和内蒙古、蒙古人民共和国、朝鲜民主主义人民共和国和前苏联滨海省的一部分以及长城以南的河北、山西北部这一重要的战略地带，女真统治者充分意识到自己在人数和资源上的劣势，就利用辽内部的不和和叛乱，招诱契丹的将领和士兵。投降和战败的契丹军队被编入猛安谋克制，每个猛安谋克由 130 个契丹户组成[1]，华北征服后，大批契丹人在民政机构中任职；海陵王在位期间（1149—1161），不少契丹人在中央政府中被委以重任[2]。正隆六年（1161），海陵王残酷地征发各族的壮丁、马匹、粮食，准备大举入侵南宋，这引起了导致他垮台的内战和叛乱。驻守在西北的契丹军队由于担心一旦被征调南征，他们的妇孺老弱在敌对的游牧部落前失去保护，于是发动了叛乱，并得到全国其他地区契丹人的响应。大定二年（1162）平定了这次严重的契丹叛乱后，新帝世宗（1161—1189 年在位）执行了一项坚定的政策，将契丹军队分割、重新安置并并入女真人的猛安谋克制中。因此，计算登记契丹人的办法已经与计算登记居统治地位的女真人完全划一了。

　　在金朝作为一个军事强国崛起的初期，大批辽东的汉人和渤海人以及当地其他原来的土著都被编入猛安谋克制之中。构成渤海人谋克的户数无确切记载，但一个汉人谋克是由 65 汉户组成

1　《金史》卷 44，页 2 下。

2　外山军治《金朝史研究》，（京都 1964 年版），页 76—88。

的。到天会二年（1124），当大金帝国已经夺取了契丹草原帝国
的大部分土地并准备把宋朝逐出华北其余的地方的时候，金廷采
纳了宗望的建议，停止编组除契丹人以外的汉人和诸部降人的
谋克单位[1]。但有证据表明，已经组成并准许存在的汉人和渤海人
的谋克单位已有相当大的比例，因为在天会五年（1127）伐宋之
役中，也有专统汉军的万户[2]。为了进一步加强女真人的军事指挥
权，皇统五年（1145）又罢辽东汉人、渤海猛安谋克承袭之制。
不过有理由认为，这一总的原则也有例外[3]。

　　总之，1162 年后在被征服民族中数量占第二位的契丹人已被
并入女真猛安谋克单位，而早期建成的汉人和渤海人的谋克在
1124 年和 1125 年的诏令后还继续存在。由于上述所有的团体构
成了广泛的多民族的猛安谋克体制，它们都要服从标准的猛安谋
克的计算登记人口的制度。

　　对于构成多种语言成分的大金帝国人口绝大多数的汉人，天
会二年（1124）的诏令宣布他们与其他被征服的民族团体（契丹
人和其他已成为猛安谋克一部分的民族当然除外）都归地方长吏
管辖[4]。但这种不同民族不同的行政措施并没有造成人口计算登记
制度的不一致。原因不难找到。首先，从金朝立国开始，猛安谋
克制就是女真人取得权力和控制的核心，金帝国的壮大很大程度
上应归功于猛安谋克制的扩大。尽管由于客观条件的需要，金政

1　《金史》卷 44，页 2 下。

2　同上。

3　陈述《金史拾补五种》（北京 1960 年版），页 180。

4　《金史》卷 44，页 2 下。

府必须通过传统中国式地方行政机构来控制大部分被征服的民族，但它还是将猛安谋克的观念和有关人口财产的做法实施于民政。其次，猛安谋克一切人口都要计算的原则同以往机构较完备的朝代如汉、唐是相当一致的。第三，也是更重要的一点，猛安谋克并不能提供金帝国所需要的全部兵力，有金一代还需要由汉人和其他民族成分组成的附属部队。如正隆六年（1161）海陵王伐南宋时，实际上所有种族的壮丁都被征入军队。随着猛安谋克军队的日益汉化和腐败，金政府征调非女真附属军的需要也越来越大。全国性地征召平民从军和征用马匹粮秣的先决条件就是全面统计全部人口、甚至财产[1]。

关于计算和登记户口的原则、程序和机构，《金史》中有详细记载：

> 户口。金制，男女二岁以下为黄，十五以下为小，十六为中，十七为丁，六十为老，无夫为寡妻妾，诸笃废疾不为丁。户主推其长充。……令民以五家为保。泰和六年（1206），……遂令从唐制，五家为邻，五邻为保，以相检察。京府州县郭下则置坊正，村社则随户众寡为乡，置里正，以按比户口，催督赋役，劝课农桑。村社三百户以上则设主首四人，二百以上三人，五十户以上二人，以下一人，以佐里正禁察非违。置壮下，以佐主首巡警盗贼。猛安谋克部村寨，五十户以上设寨使一人，掌同主首。寺观则设纲

---

[1] 《金史》卷44，页3上—10下；卷47。

首。……凡户口计帐，三年一籍。自正月初，州县以里正、主首，猛安谋克则以寨使，诣编户家责手实，具男女老幼年与姓名，生者增之，死者除之。正月二十日以实数报县，二月二十日申州，以十日内达上司，无远近皆以四月二十日到部呈省。[1]

　　在此前后还没有哪一部正史能提供比上述这样记载官方按年龄分组的规定、登记城乡军民的机构、从最基层的县以下单位上报到中央有关部门的程序和期限等方面的更精确的材料了，著名史学家赵翼（1727—1814）认为《金史》的质量要比《宋史》和《辽史》高[2]，这也许是事实，但除了《宋史》外，宋代的官方文献和史家学者的私人著述的总量要比可用于研究金史的资料多得多。上面引用的关于金的户口统计制度的记载异常精确，适成对比的是现代学者从卷帙浩繁的宋代公私著作中找出的关于宋的户口统计制度的记载却总是既简略也含糊；这一事实的确可以反映出金国对取得人口总数的需要和兴趣是有历史渊源的。这样的需要和兴趣无疑至少部分是由金国初期的猛安谋克组织的性质及其以后的扩展所引起的。

　　有关金的户口统计制度和行政方面的情况就谈到这里，现在我们来分析现存的金代人口普查资料的摘要。大定二十三年（1183）的猛安谋克人口普查和大定二十七年的人口普查都是在世宗在位时（1161—1189）进行的，当时内外相安无事，政府稳

---

1 《金史》卷 46，页 5 上—6 下。

2 赵翼《廿二史劄记》（世界书局本），页 372—375。

定，国力恢复，经济相对繁荣，因而时人叫世宗为小尧舜[1]。《金史》中记载的第二、第三次全国人口普查是在章宗在位期间的明昌六年（1195）和泰和七年（1207）进行的，这时金帝国已度过了黄金时代，但行政上尚未出现混乱的迹象。

表 1　大定二十七年（1187）猛安谋克人口普查[2]

甲、猛安谋克本部人口

　　猛安数：202

　　谋克数：1,878

　　户数：615,624

　　总人口：6,158,636

　　　　　　1. 正口（官兵及其家属）：4,812,669

　　　　　　2. 奴婢：1,345,967

　　财产：

　　1. 垦地：169,038,000 余亩

　　2. 牛：384,771 具（每具 3 头），或 1,154,313 头[3]

　　每户平均人口（正口）：7.80

　　每户平均人口（包括奴婢）：10.00

乙、宗室人口

　　户数：170

1　《金史》卷 8，页 25—26 上，赞。

2　资料来源：《金史》卷 44，页 6 下及卷 46，页 8 下—9 上。

3　牛的单位的定义及税额见《金史》卷 47，页 22 上—23 下。

总人口：28,790

  1. 宗人及其家属：982

  2. 奴婢：27,808

每户平均人口（宗人）：5.77

每户平均人口（包括奴婢）：163.50

丙、迭拉和唐古族五乣军人口

户数：5,585

总人口：127,544

  1. 正口：109,463

  2. 奴婢：18,081

财产：

1. 垦地：602,417 亩

2. 牛：5,066 具，或 15,198 头

每户平均人口（正口）：17.80

每户平均人口（包括奴婢）：22.90

  上面的人口普查的各项数字只能供我们检核各类户的平均规模。在下面第三部分将要说明，中国历史上大部分其他时期每户平均人口仅在 5—6 人上下。如不计奴婢，金代最大的户是驻防边陲的五乣军，这一类的人数微不足道，其每户人数特多可能是由于部族社会生活的残余影响。不包括奴婢的猛安谋克户平均有 7.80 人，这不能当作"自然家庭"。使猛安谋克户平均每户人口数膨胀的原因颇多，尽管其人口总数还是精确的。第一，金国兴

起的初年，每个年满 25 岁的猛安谋克士兵分得 404 亩土地，使他足以供养家庭并在战时自办装备给养[1]。自从皇统五年（1145）猛安谋克开始实行军事殖民以后，土地只分给正口。虽然在初期猛安谋克组织比较小而严密，营私舞弊相当困难，但在皇统五年以后，当官兵长期与华北内地的汉人杂居时，会发现将部分奴隶当做正口以便取得更多的土地是有利的。第二，战争使猛安谋克的成员离开了满洲中部的老家，而华北的军事殖民到皇统五年才开始，在这段过渡时期大批猛安谋克士兵已变得穷困。天会九年（1131）的一道诏书证实，猛安谋克士兵"典质其亲属奴婢者"已并不少见，结果这些家庭仅有二三口人。被典质的人由官家赎出，对人口不足的户又拨给官奴婢，使每个猛安谋克户至少达到每户四口[2]。因此，正口中显然已包括相当数量的奴婢。第三，皇统元年（1141）以来，官家开始以绢或钱，或以二者补助猛安谋克的正口。从皇统五年实行猛安谋克的军事殖民后，这种措施日益经常化、正规化[3]，所以官兵们把几个奴隶算作本户的正口对他们也是有利的，而根据天会九年的诏令，这种做法严格说来也并非非法。

在猛安谋克人口统计中，当然以宗人为最精确，他们的生卒时间和姓名都由大宗正府登记[4]。尽管宗室户包括奴婢在内平均高达 163.50 人，但构成"自然家庭"的成员平均每户为 5.77 人。

1　《金史》卷 47，页 22 上。

2　《金史》卷 47，3 页 16 上。

3　同上书，卷 47，44 页 15 上—20 上。

4　同上书，卷 47，56 页 18 上。

猛安谋克户因包括一些奴婢因而规模有所膨胀，上述事实可作为旁证。

在评论表 2 之前，有必要简要讨论一下泰和七年户口总数的版本问题。泰和七年甲的数字出自《金史》正文，而乙则根据注文："户增于大定二十七年一百六十二万三千七百一十五，口增八百八十二万七千六十五。"由于本文使用的殿本《金史》同元至正刊本、明北监本在文字上并无出入 [1]，《金史》中一些讹误必定自最初的元版本就已存在。从泰和七年的两组数字看，甲的户数增加了，而口数却减少了 250 万以上，这与紧接着这两组数字的正文中的结论"此金版籍之极盛也"不符，因而乙组的数字看来比较合理。

表 2　全国人口普查数（包括军、民）[2]

年份	户	口	每户人数
大定二十七年（1187）	6,789,499	44,705,086	6.59
明昌六年（1195）	7,223,400	48,490,400	6.71
泰和七年（1207）甲	7,684,438	45,816,079	5.96
泰和七年（1207）乙	8,413,164	53,532,151	6.33

从上表的总数可以看出，从 1187 年至 1195 年这八年间，人口增加了 8.46%，而从 1195 年至 1207 年这 12 年间人口增加了 10.4%。从 1187 年至 1207 年这整个 20 年间人口增加了 19.7%，

1　百衲本影元刊本卷 46，页 10 上；明北监本卷 46，页 10 上。

2　《金史》卷 49，页 9 上—10 下。

年平均增长率为 0.9%。可资对比的是从清乾隆四十四年（1779）
至五十九年（1794）之间的年平均增长率是 0.87%，而这一时期
户口登记制度良好，无明显的地区性遗漏[1]。

对汉人占绝大多数的大金帝国的总人口来说，每户的平均规
模要比中国历史上其他朝代的户大得多。这种扩大并非是由人口
普查本身的弊病引起的，而是有其他种种原因。原因之一是，自
从 8 世纪中叶国有土地分配制度解体以来，中国全国都已出现了
土地私有制。一切迹象都表明，在北宋的大部分时期，当女真人
还只是满洲中部的原始农夫猎人时，各种社会和经济力量已在向
有利于富户豪门而不利于自耕农和小地主的方向发展[2]，女真对华
北的征服恰恰加剧了、而不是缓和了这一趋势。另一个原因是在
12 世纪 20 年代女真人征服华北的过程中，汉人中的许多小农家
庭丧失了家产，或者妻离子散，被迫沦为奴隶。随后对人力和粮
秣的征调、通常相当沉重的赋税负担以及自然灾害对那些所剩无
几的汉人打击最重，结果是成百万的汉人百姓不是卖子女为奴，
就是自己沦为驱口。毫无疑问，当时猛安谋克户拥有的 134 万
奴婢中即便不是全部也大部分是汉人；而更多不幸的汉人迫于时
势，或沦为奴婢，或半依附于汉人的既得利益者为生。而且，虽
然从天会元年（1123）开始到金朝覆灭，金的统治者曾颁布过一
系列诏令，允许汉人奴婢从其女真人和汉人主人那里赎身，但如

1　拙著《明初以降人口及其相关问题 1368—1953》，本书页 308。

2　周藤吉之《中国土地制度史研究》（东京 1954 年版）有关宋一章，及其《宋代官
　　僚系と大土地所有》（东京 1950 年版）。漆侠《王安石变法》（北京 1958 年版）。
　　孙毓棠《关于北宋赋役制度的几个问题》，《历史研究》1964 年第 2 期。

果没有官府的主动帮助，汉人中能付得起赎金的人即使有也为数不多[1]。

从以上必然还不完整的关于制度、行政、社会和经济等因素中，我们可以得出下列初步的结论：一、金的平均户比中国历史上其他朝代的平均户大得多，是由于女真人和汉人户中都包括了一部分奴隶在内。二、将金的全国总户数与其他时期的相比，应注意到前者隐现下降趋势，但这种趋势似乎并非由于金的户口登记制度的弊病所致，而是由于当时的特殊情况造成的。三、金的全国人口总数看来相当值得重视，应当成为重建 12 世纪和 13 世纪初整个华夏世界的人口的坚固基础。

二

虽然现存的宋代官方文献、行政法令和条令以及宋代官员和史学家的各种私人著述汗牛充栋，但单纯说明宋代户口登记制度的宋代文献却数量有限。由于这些有限的与宋代人口问题有关的文献已被不少日本史学家，尤其是加藤繁、宫崎市定和曾我部静雄详尽地研究过[2]，我们只须指出有关宋代户口数字的几个特点就行了。

虽然以前研究宋代人口的学者付出了劳动和努力，我们仍

1　详见《金史》卷 46，页 7 下—11 上。

2　加藤繁研究宋代人口的两种论著重刊于其遗著《支那经济史考证》（东京 1953 年版）卷 2，页 317—337、371—403。宫崎市定《读史札记》（《史林》卷 21 第 1 期，1936 年），页 152—158。曾我部静雄《宋代的身丁钱与户口数问题》（《社会经济史学》卷 8 第 5 期，1938 年）。袁震《宋代人口》（《历史研究》1957 年第 3 期）十分全面，但一定程度上缺乏批判性。

无法准确了解宋代官方对"人口"的定义是什么。在一般资料齐备的巨著《宋会要》中，记载编制户籍的规定的专门门类也是令人失望的[1]。有关年龄分类的最早、最不含糊的规定见于建隆四年（963），即仅在宋太祖为部下拥戴黄袍加身后仅仅三年，当时华北中原以外的地域还非宋所有。据此诏规定，编制户籍是地方官的职责，如当地无旧册，地方官应编新册。诏令对各年龄组的规定如下："其丁口，男夫二十为丁，六十为老。女口不须通勘。"[2]要不是伟大的文献总汇编者马端临对诏令的最后一句解释为"女口不预"[3]的话，按照其他朝代对"女口"一词的用法，"女口"既可只指女性人口，也可指女性人口和男女少年儿童人口。

　　宋代的户口分类和登记制度由于加藤等人系统讨论过的若干因素而大大复杂化了。首先，斯坦因在河西走廊出土的文件中有一张雍熙二年（985）户籍的残片，上面列有户主及其妻、弟[4]。其次，至道元年（995）的诏令命地方官编制新册以替代旧册[5]。第三，乾道九年（1173）的一份奏疏提出，有司在发放济赈时应将男女老幼都包括在内，其数目应以在册人数为准。加藤认为，这说明现存和原来的户籍至少在原则上包括了当地全部年龄、性别的人口[6]。最后，政和二年（1112）的官方数字表明，不同府州和军监的每户平均数差别极大，从每户平均一人或不足一人至

1　《宋会要辑稿》卷7，页6337—6346，1957年北京重印八册本。

2　《续资治通鉴长编》卷4，页22上—下，世界书局影印本。

3　《文献通考》（商务版），页113。

4　加藤前揭书卷2，页322。

5　《文献通考》，页113。

6　加藤前揭书卷2，页385。

12.8 人不等，淳熙十年福州府的志书记载有一县每户仅 0.5 人[1]。根据这些理由，加藤做出的最后结论是：宋代的户口登记原则上应包括全部人口，但实际上却大大漏计了[2]。

研究宋史的学者都赞同加藤关于宋代人口严重漏计的说法，但加藤提出的总的证据似乎并没有充分支持宋代户口登记包括全部人口的结论。除了斯坦因的收藏中那份惟一的文件外，我们在印制的宋代著作中尚未找到全国其他地区的宋代户籍的格式和内容。我们现有的知识还不能确定，斯坦因收藏中的那单张文件是在河西走廊这样僻远的地区唐朝旧户口登记制的残余，还是能作为整个宋帝国的典型。至道元年（995）的诏令虽然命令在全国重编户籍，却根本没有提到新的登记制度——如果有的话——应该包括妇女和少年儿童人口在内。乾道九年（1173）的奏疏所说明的内容同样过于含糊，不能有力地确立加藤的结论，即无论男女老幼都应统计的原则在全国已经确立。事实上，宋代户口登记制度最显著的特点就是缺少任何明确一贯的官方规定，毫无统一性。从不同府州户的平均大小看，宋代的人口与男丁、男性或"赋税"人口又不能大致相等，所以在复原宋代的人口总数时，必须完全摒弃官方的数字。

另一方面，我又完全赞同加藤等人的看法，即宋代的户数比较接近事实。与对人口完全缺乏明确的规定适成对比的是，整个北宋和南宋时期，地方官始终定期登记户数，其最重要的原因是全国性的户的登记和分等是摊派沉重的劳役和部分代役钱的必要

1　加藤前揭书卷 2，页 373—380。

2　同上，页 373—380。这一观点又在页 371—403 中反复说明。

前提。这里我们无需讨论整个宋代的赋税制度和它一再失败的改革，只要说明这一点：赋役负担落在成年男子和户上，这是赋税和劳役的一对目标，两者关系密切，又不完全一致。

还存在两种相对的因素，多少有损于宋代全国总户数的准确性。首先存在着这样的趋势：全国有些地区大批资产有限的小户把它们小块土地的地契交给当地的权势人家，把自己并入一个在后者名下的特大的"户"。同时，在宋代分家和自立小家庭虽很普遍，但地方官府在登记承继分得的祖产和成立分出的家庭时要征收高额费用，这使许多实际上已经分居的家庭保留在名义上的大户中。这些做法都使全国的户数减少。但同时在有些富户豪族中又存在着另一种倾向，即把他们自己分成一批虚构的小户，以便减轻或逃避赋役负担[1]。很难说这两种相反的趋势正好互相抵销，但由于豪族富户与迫于形势寻求地方势家保护的小户相比，数量上微不足道，所以宋代的总户数看来不可能被大大夸大。无论如何，宋代的户数对复原全国人口总数是有用的。

虽然宋代的人口数大大低于实际，但仍与更有用的户数同列在下表内，以资参考。

表 3　宋代官方全国户、口总数（限抽样年份）[2]

年份	户	口	每户口数
大观三年（1109）*	20,882,258	46,734,784	2.24
绍兴三十年（1160）	11,375,733	19,229,008	1.70

1　加藤前揭书卷 2，页 587—400。

2　此表的资料来源为：《宋会要》第 7 册，页 6364—7370；《宋史》卷 85，页 2 下；《文献通考》，页 115—117。

续表

年份	户	口	每户口数
乾道二年（1166）	12,335,405	25,378,684	2.14
乾道九年（1173）	11,849,328	26,720,724	2.26
嘉定十六年（1223）	12,670,901**	28,320,095	2.24

* 年份据《宋会要》，总数据往年的增加数得出。《宋史》中有同样的总数系于大观四年下。

** 《文献通考》中此数为 12,670,801，发现有误。此处数字是各府州数的总和。

大观三年的总数代表北宋时期的最高登记数，是时华北尚未陷于女真。南宋的数字直到绍兴二十九年（1159）才发现，但该年的数字显然有误，故未采用。嘉定十六年的数字是南宋可用数字中之最晚的。

三

在我们试图复原 12 世纪和 13 世纪初华夏世界的总人口时，将使用三种不同的方法，以便就分别估算出的结果互相核对。

第一种方法是，仅仅根据大观三年的全国总户数来复原，这是最简单的方法。加藤十分广泛地引证了宋代官员和学者对每户平均人数的估算，为每户 5 至 10 人不等[1]。由于这一幅度过大，无法运用，我们只能参照中国历史上其他时期的户口数。

现有的知识还不能使我们彻底估价上述每一组数字，这里

1　加藤前揭书卷 2，页 382—383。

只要指出一点就够了；根据笔者的了解，其中元始二年、洪武
二十六年和嘉庆二十五年这几组数字比较可靠。西汉总的赋税制
度、对长幼人口都征口赋、全国性的兵役以及地方官府的作风和
效能使元始二年的人口普查成为宋以前的普查中最好的一次。即
便当时每户平均仅 4.87 人，小于一般户的平均数这一点，也得
到了汉史研究者的肯定，他们证实那时的家庭或多或少是核心型
的，家庭的联系一般是脆弱的[1]。直到天宝十四载（755），唐朝的
户口登记制度还是包括男女老幼全部人口，虽然我们还须做进一
步研究，以估算出那部分因种种原因而逃避了官方统计的人户。
对明清时期户口登记的制度和管理机构了解较多，就笔者所知，
洪武二十六年和嘉庆二十五年的数字相当接近事实[2]。

表 4　中国历史上登记的户口数[3]

年份	户	口	每户口数
西汉元始二年（2）	12,233,062	59,594,978	4.87
东汉永寿三年（157）	10,677,960	56,486,856	5.30
隋大业二年（606）	8,907,536	46,019,956	5.16
唐开元二十年（732）	7,861,236	45,431,265	5.78
开元二十八年（740）	8,412,871	48,443,609	5.76

1　资料来源：《汉书》（王先谦补注本）卷 28 下，页 49 下；《通典》（商务本），页
　　39—41；《旧唐书》（殿本）卷 38，页 8 上；《宋会要》第 7 册，页 6364—6365；
　　《元史》（殿本）卷 58，页 1 上一下；及拙著《中国人口研究》，页 1056。
2　见拙著《中国家庭制度的历史评价》，《人与文明：遗存家庭的探求》（纽约 1965
　　年版），页 17—19。
3　见本书第 1、4 章。

续表

年份	户	口	每户口数
天宝十四载（755）	3,914,709	52,919,309	5.94
宋大观三年（1109）	20,882,258	46,734,784	2.24
元至元二十七年（1290）	13,196,206	58,834,701	4.46
明洪武二十六年（1393）	10,652,789	60,545,812	5.68
清嘉庆二十五年（1820）14 省	49,589,715	264,278,228	5.33

　　从表面看，中国的平均户显得相当小。1949 年前的大部分抽样调查也证明，20 世纪的中国家庭平均由 5 人组成。古今数字的一致性或许能用两大原因来解释：首先是从秦汉以来就没有长子继承权，多少总是均分家产，结果是已婚弟兄都分别成家。几世同堂和同产的事例备受朝廷和士林的推崇，这就足以说明这种情况只是凤毛麟角。一般说来，家庭与其说是血缘的上层建筑，还不如说是共同的消费单位。尽管上层社会以大家庭著称，但它们的数量在中国历史上的任何时期都是微不足道的。其次，由于过去农民人口占全国人口的绝大多数，而他们的家庭规模主要受到他们基本的经济需要和他们所承担的赋税负担的制约。如果我们对宋代人口采取最低、最保守的估计，即每户平均以五口计，那么在女真征服华北之前已在 1 亿上下。

　　第二种办法，我们可以用金的口数和南宋的户数来复原 12 世纪后半期和 13 世纪初的人口数。金帝国的疆域的确要比北宋统治下的华北大得多，但它所征服的原来属于辽帝国的领土大多人烟稀少，仅长城以南的河北、山西北部一片汉人较密。如果将辽帝国的总人口以 400 万计（这是现代学者最精确的估计[1]），从总数中减去，那么到大定二十七年（1187），金帝国其余地区的人口约稍多于 4,000 万，到 12 世纪末时就大大超过 4,000 万。如果我们将南宋的户数定为 1,200 万上下，并取每户平均五口的保守比率，那么在与北宋疆域相当的范围内的总人口将有 1 亿。如果我们对金泰和七年（1207）的人口普查的考证是正确的话，加上南宋最高户数 12,670,901 户所折成的人口，那么在蒙古征服华北前不久的 13 世纪初，整个华夏世界的总人口至少有 11,000 万。与前一种仅仅根据大观三年（1109）的总户数做出的估计相比，这种估计的猜测成分较少，因为金的人口数字可靠得多。

第三种是纯粹为了辩论而采用的办法，让我们完全不用总户数作为直接的依据，而仅仅用金代人口数来复原。不管北宋后期户口总数的绝对数字多不准确，它在反映当时的经济地理和人口地理的某些特征方面还是有用的。从元丰三年（1080）分地区的户口数看，我们发现与南宋大致相当的这一地区无论是户数还是口数都超过了北方，比例大致是 2：1[2]。虽然对南北人口的这一比例人们还有正当的怀疑，但至迟从唐代以来就开始的经济和人口重心南移的长期历史趋势是无可置疑的[3]。除了在淮河、秦岭一线以南作为宋金边界并不时沦为战场的一条狭长地带外，南宋统

1　卡尔·A. 魏特夫格、冯家昇《辽代中国（907—1125 年）社会史》（纽约 1949 年版），页 52—58。

2　钱穆《国史大纲》（重庆 1940 年版）卷 2，页 512—514。

3　同上书，卷 2，第 38—40 章。详细的研究并见张家驹《两宋经济重心的南移》（武汉 1957 年版）。

治下的其他地区享受着持久和平。工业和手工业的发展，广大长江流域和其南方的贸易的增长，东南沿海、特别是泉州这大港对外贸易的繁荣，平原和河谷地区水利灌溉的不断扩大，日益增加的早熟稻品种的传播使较低和水量较充分的丘陵地成为种稻梯田 [1]，这一切及其他方面都足以说明中国南半部所能供养的人口都比金帝国所能供养的多。我们比较能肯定的金的人口在 4,000 万到 5,000 万之间，再加上上述几种因素，证明在 12 世纪末和 13 世纪初期间，整个华夏世界的全部人口超过了 1 亿，应该是没有太大问题的。

1967 年 4 月于芝加哥

（原载《白乐日教授纪念宋史研究》丛书第 1 册，巴黎 1970 年）

---

1 拙著《中国历史上的早熟稻》，《经济史评论》第二集卷 9 第 2 期，1956 年 12 月。

引用书籍、论文目录

一、主要史料

A

《安徽省当涂县土地陈报概略》，财政部，1935—1936年

《安徽通志》，道光七年；光绪三年

《安徽通志稿》，30年代编纂，未成

《安陆县志补正》，同治十一年

《安县志》，民国二十一年

B

《八闽通志》，弘治九年

《巴陵县志》，同治十一年

包世臣：《齐民四书》，见《安吴四种》，道光二十六年

《宝庆府志》，道光二十九年

《宝应县志》，道光二十年

《保宁府志》，道光六年

《博白县志》，道光十二年

C

《察哈尔通志》，民国二十四年

《昌化县志》，道光二年

《长葛县志》，民国二十年

《长乐（湖北）县志》，同治九年

《长沙府志》，乾隆十二年

《常德府志》，嘉庆十八年

《常山县志》，万历十三年；顺治十七年重刊本

《常熟县志》，嘉靖十七年

《常昭合志》，乾隆六十年

《常州府志》，万历四十六年

陈果夫：《苏政回忆》，台北 1951 年

陈宏谋：《培远堂偶存稿》，18 世纪后期

陈夔龙：《黔诗纪略后编》，宣统三年

陈懋仁：《泉南杂志》，丛书集成本

陈牧：《南方老根据地印象记》，汉口 1953 年

《陈州府志》，乾隆十一年；乾隆三十年

《成都县志》，嘉庆二十年

《城步县志》，同治五年

《澄城县志》，乾隆五十一年

《重庆府志》，道光二十三年

《滁州志》，光绪二十三年

褚渊：《木棉谱》，上海掌故丛书本

D

《大明会典》，弘治十五年；万历十五年

《大清法规大全》，光绪二十七年至宣统元年

《大清会典》，康熙二十九年；雍正十年；乾隆二十九年及嘉庆二十三年

《大清会典事例》，嘉庆二十三年

《大清会典则例》，乾隆二十九年

《大清一统志》，嘉庆十七年刊本；商务印书馆重印本

《大同县志》，乾隆四十一年

《大姚县志》，道光二十五年

《代州志》，乾隆四十九年

《丹徒县志》，乾隆四十四年

但湘良：《湖南苗防屯政考》，光绪八年

《当阳县志》，同治六年

《道州志》，光绪三年

《地方自治全书》，上海1929年

《典业须知录》，清稿本，著年不详

丁曰健：《治台必告录》，同治六年

《东华录》，咸丰朝

《东莞县志》，宣统三年

《东阳县志》，道光十二年

董其昌：《神庙留中奏疏会要》，燕京大学出版社1937年

E

《恩平县志》，民国二十三年

F

方观承：《方恪敏公奏议》，咸丰元年

《房县志》，同治五年

《汾州府志》，万历三十七年；乾隆三十六年

冯桂芬：《显志堂稿》，晚清刊本

《凤凰厅志》，乾隆二十三年

《凤台县志》，嘉庆十九年；民国二十五年重刊本

《凤阳府志》，光绪三十四年

《奉天通志》，民国二十三年

《福建通志》，道光九年；民国三十一年

《福州府志》，万历四十一年

《富顺县志》，乾隆四十二年；光绪八年重刊本

G

《甘肃通志》，宣统元年

《赣州府志》，同治十年

《高安县志》，同治十年

《高淳县志》，光绪七年

《高州府志》，道光七年

葛士浚：《皇朝经世文续编》，光绪十四年

龚自珍：《定庵文集》，四部备要本

《巩县志》，嘉靖三十四年；民国二十四年重刊本

《"共匪"重要资料汇编》，台北 1952 年

《姑苏志》，正德元年

《古田县志》，万历三十四年

谷应泰：《明史纪事本末》，商务印书馆

顾炎武：《天下郡国利病书》

　　　　《日知录》，四部备要本

《光化县志》，光绪八年

《光山县志》，民国二十五年

《广德州志》，光绪七年

《广东通志》，道光二十年

《广东经济年鉴》，广东省银行 1941 年

《广平府志》，光绪二十年

《广平县志》，万历三十六年

《广西省农村调查》，行政院 1935 年

《广西省三十一年度粮食增产实施计划纲要》，广西省政府 1942 年

《广信府志》，同治十三年

《广州府志》，光绪五年

《贵县志》，光绪十九年

《贵州省统计资料汇编》，贵州省政府统计局 1942 年

《桂阳州志》，同治五年

H

《海宁县志》，嘉靖三十六年；光绪二十四年重刊本

《海州志》，嘉庆十六年

《汉书》，四部备要本

《汉中府志》，嘉庆十八年；民国十三年重刊本

《杭州府志》，光绪五年至民国八年纂修，民国十二年刊本

何应钦：《八年抗战之经过》，南京 1946 年

《河南府志》，乾隆四十九年

贺长龄：《皇朝经世文编》，同治五年

《鹤峰州志》，道光二年

《黑龙江通志稿》，民国二十一年

《衡州府志》，乾隆三十九年；光绪元年重刊本

洪亮吉：《卷施阁文集》，四部丛刊本

胡传：《台湾纪录两种》，台北 1951 年

　　　《钝夫年谱》，稿本

胡世宁：《胡端敏奏议》，浙江书局本

《湖北省年鉴》，1935 年

《湖北通志》，民国十年；商务印书馆重印本

《湖南民政统计》，湖南省政府民政部 1941 年

《湖南通志》，乾隆二十二年；光绪十一年

《湖南文征》，晚清刊本

《湖州府志》，光绪元年

《户部则例》，乾隆四十一年

《华阳国志》，四部备要本

《华阳县志》，民国二十三年

《华州志》，隆庆六年；康熙二十三年；均系光绪八年重刊本

《淮安府志》，乾隆十三年；光绪十年

《皇朝道咸同光奏议》，光绪二十八年

《皇朝经世文编》，光绪十二年

《皇朝经世文统编》，光绪二十七年

《皇清奏议》，嘉庆十年；民国二十五年重印本

黄本骥：《湖南方物志》，道光二十六年

黄训：《皇明名臣经济录》，嘉靖二十八年

黄佐：《南雍志》，嘉靖二十三年

《徽州府赋役全书》，万历四十八年

《徽州府志》，弘治十五年；道光七年

《惠州府志》，光绪七年

《浑源州志》，顺治十八年

J

《畿辅通志》，雍正十年；商务印书馆重印本

《吉林通志》，光绪十七年

《济南府志》，道光十九年

《济宁州志》，道光二十三年

《济阳县志》，乾隆二十八年

《绩溪县志》，万历九年

《嘉善县志》，天启五年；光绪二十年

《嘉兴府志》，光绪四年

《嘉兴县志》，光绪三十二年

《嘉应州志》，光绪二十四年

《建德（浙江）县志》，民国八年

《江津县志》，光绪元年

《江浦埤乘》，光绪十七年

《江苏省减赋全案》，同治六年

《江苏省江都县土地陈报概略》，财政部 1935 年

《江苏省萧县土地陈报概略》，财政部 1935 年

《江西赋役全书》，万历三十九年

《江西年鉴》，1937 年

《江西省地政概况》，江西省政府 1941 年

《江西通志》，光绪七年

《剿平粤匪方略》，同治十一年

《金坛县志》，光绪十四年

《金堂县志》，嘉庆十六年

《靖安县志》，同治九年

《靖州志》，道光十七年

《九江府志》，同治十二年

《句容县志》，光绪三十年

K

《开平县志》，民国二十二年

《抗战八年来的八路军与新四军》，第八集团军政治部 1945 年

孔尚任：《人瑞录》，昭代丛书本

《会稽县志》，万历三年

L

《莱州府志》，乾隆五年

蓝鼎元：《鹿洲初集》，雍正十年

            《鹿洲奏疏》，雍正十年

《雷州府志》，嘉庆十六年

《黎平府志》，道光二十五年；光绪十八年

《醴陵县志》，同治十年

《醴泉县志》，民国二十四年

李绂：《穆堂初稿》，道光十一年

李彦章：《江南催耕课稻编》，光绪十五年

李兆洛：《养一斋文集》，1936 年重印本

《历城县志》，崇祯十三年；乾隆三十六年

《溧水县志》，光绪九年

《廉州府志》，乾隆二十一年

《连江县志》，嘉庆十年

梁章钜：《退庵随笔》，清代笔记丛刊本

《邻水县志》，道光十五年

林则徐：《林文忠公政书》，光绪五年

《临清州志》，乾隆十四年

《酃县志》，同治十二年

刘瑞图：《总制浙闽文檄》，康熙十一年

刘恂：《岭表录异》，丛书集成本

《浏阳县志》，嘉靖三十年

《龙山县志》，嘉庆二十三年

《龙岩州志》，道光十五年

《六合县续志稿》，民国九年

陆陇其：《三鱼堂文集》，同治七年

罗愿：《新安志》，淳熙二年刊本；光绪十四年重刊本

《洛川县志》，嘉庆十一年；民国三十三年

M

《麻城县志》，光绪三年

马端临：《文献通考》，商务印书馆本

梅曾亮：《柏枧山房文集》，咸丰六年

《蒙城县志》，民国四年

《弥勒县志》，乾隆三年

《沔阳州志》，嘉靖十年；民国十五年重刊本

《闽书》，崇祯二年

《闽县乡土志》，光绪二十九年

《明实录》，江苏国学图书馆影印本

《明史》，四部备要本

N

纳兰性德：《渌水亭杂识》，清代笔记丛刊本

《南昌府志》，同治十二年

《南城县志》，同治十二年

《南康府志》，同治十一年

《内务法令辑览》，北京政府民国七年

《内政年鉴》，1935 年

《宁波府志》，嘉靖三十九年

《宁陕厅志》，道光九年

P

《郫县志》，嘉庆十八年

《平江县志》，同治十三年

《萍乡县志》，乾隆四十九年；同治十一年

《鄱阳县志》，乾隆十四年

《濮院纪闻》，乾隆五十二年抄本

《莆田县志》，乾隆二十三年；光绪五年重刊本

《蒲圻县志》，同治三年

蒲松龄：《醒世姻缘》，广益书局本

　　　　《聊斋全集》，世界书局本

Q

《蕲水县志》，光绪六年

《齐民要术》，四部备要本

《杞县志》，乾隆五十三年

《黔阳县志》，同治十三年

《犍为县志》，民国二十六年

钱大昕：《十驾斋养新录》，四部备要本

《钱塘县志》，万历三十二年；光绪十九年重刊本

《青阳县志》，光绪十七年

《清朝文献通考》，商务印书馆本

《清朝续文献通考》，商务印书馆本

《清河县志》，民国十七年

《清实录》

《庆远府志》，道光八年

《邛州志》，嘉庆二十三年

丘浚：《大学衍义补》，1931 年重印本

《全椒县志》，民国九年

《全州志》，嘉庆四年

R

《人民手册》，大公报，1951 年；1952 年

《荣成县志》，道光二十年

《汝城县志》，光绪三十三年；民国二十一年

《瑞金县志》，万历三十一年；同治十二年

《瑞州府志》，崇祯元年；同治十二年

S

《三台县志》，嘉庆十九年

《山西通志》，光绪十八年

《陕西通志》，嘉靖二十一年；雍正十三年

《陕西通志稿》，民国二十三年

《善化县志》，光绪三年

《上海县志》，万历十六年；嘉庆十九年

《上江两县志》，同治十三年

《上元县志》，万历二十二年

《绍兴府志》，万历十四年

《邵阳县乡土志》，光绪三十三年

《歙县会馆录》，道光十四年

《歙县志》，民国二十六年

《盛京通志》，康熙二十三年；康熙五十年重刊本

盛康：《皇朝经世文续编》，光绪二十三年

《石泉（陕西）县志》，道光二十九年

《石泉（四川）县志》，道光十三年

《石首县志》，同治五年

《石砫厅志》，道光二十三年

《史记》，四部备要本

《史料旬刊》，21 期

《寿州志》，光绪十六年

《舒城县志》，光绪三十三年

舒位：《瓶水斋诗集》，丛书集成本

《顺德县志》，万历十三年

《顺天府志》，万历二十一年

《四川省土地行政概况》，四川省政府地政局 1940 年

《四会县志》，光绪二十二年

《泗虹合志》，光绪十四年

《松江府志》，嘉庆二十四年；光绪八年

《嵩县志》，乾隆三十二年

《宋史》，四部备要本

宋应星：《天工开物》，崇祯十年刊本；1919 年影印本

《苏州府志》，洪武十二年；光绪三年；光绪九年

《宿州志》，光绪十五年

孙承泽：《春明梦余录》，古香斋 1913 年本

T

《太仓县志》，崇祯二年

《太平天国（资料）》，中国史学会编，北京 1952 年

《泰安县志》，嘉靖十四年；民国十八年

檀萃：《滇海虞衡志》，丛书集成本

唐顺之：《荆川先生文集》，四部丛刊本

唐铁梅：《中央老根据地印象记》，汉口 1953 年

陶澍：《陶文毅公全集》，晚清刊本

《同安县志》，民国十八年

《潼川府志》，乾隆五十一年；光绪二十三年

W

汪辉祖：《学治臆说》，道光三年

汪士铎：《汪梅村先生集》，光绪七年

《乙丙日记》，燕京大学出版社 1935 年

汪应蛟：《汪清简公奏疏》，晚明刊本

王凤生：《浙西水利备考》，道光三年；光绪四年重刊本

《越州从政录》，道光三年

《宋州从政录》，道光六年

王庆云：《熙朝纪政》，光绪二十四年

王士俊：《吏治学古编》，序作于雍正元年至二年间，由其子刊行

王世懋：《闽部疏》，丛书集成本

王欣：《清烟录》，嘉庆十年

《威远厅志》，道光十九年

魏源：《古微堂外集》，光绪四年

《温县志》，乾隆十一年

《汶上县志》，万历三十六年

《无锡金匮县志》，光绪九年

吴鼎昌：《黔政五年》，贵州省政府 1943 年

《吴门补乘》，道光九年

《吴县志》，崇祯十五年

《吴兴志》，嘉泰元年；1914 年重印本

《武昌县志》，光绪十一年

《武进县志》，万历三十三年

《武陵县志》，同治二年

《舞阳县志》，道光十四年

X

西虹：《老红区行》，汉口 1953 年

《霞浦县志》，民国十八年

《厦门志》，道光十九年

《仙居县志》，万历三十六年；民国二十四年重刊本

《仙游县志》，乾隆三十五年；同治十二年重刊本

《咸丰县志》，同治六年

《湘潭县志》，嘉靖三十二年

《襄阳府志》，乾隆二十五年

《萧山县志》，乾隆十六年

《孝感县志》，光绪九年

《孝义厅志》，光绪九年

谢肇淛：《滇略》，晚明刊本

　　　　《五杂俎》，1895 年日本刊本

《新登县志》，民国十一年

《新繁县志》，光绪三十三年

《星子县志》，同治十年

《杏花村志》，康熙二十四年

《秀水县志》，康熙二十三年

《盱眙县志》，光绪二十九年

徐栋：《保甲书》，道光二十八年

徐光启：《农政全书》，道光二十三年

徐世昌：《东三省政略》，宣统三年

《徐文定公集》，上海 1933 年

徐锡麟：《熙朝新语》，清代笔记丛刊本

徐有榘：《种薯谱》，1834 年朝鲜刊本

《续文献通考》，商务印书馆本

《洵阳县志》，同治十三年

《浔州府志》，道光六年

Y

《鄢陵文献志》，同治元年

严慰冰：《回到井冈山》，汉口1950年

《兖州府志》，乾隆三十三年

《扬州府志》，康熙二十五年

杨景仁：《筹济编》，光绪五年

杨锡绂：《四知堂文集》，嘉庆十一年

《阳曲县志》，道光二十三年

《耀州志》，乾隆二十七年

叶梦珠：《阅世编》，上海掌故丛书本

《沂州府志》，乾隆二十五年

《宜昌府志》，同治三年

《宜兴县志》，万历十八年；嘉庆四年

《义乌县志》，嘉庆七年

《益阳县志》，同治十三年

《鄞县通志》，30年代末成稿

《应城县志》，光绪八年

《应山县志》，同治十年

《颍上县志》，光绪四年

《雍正朱批谕旨》，清刊本，年代不详

《永平府志》，康熙五十年；光绪六年

《永清县志》，乾隆四十四年；嘉庆十八年重刊本

《永州府志》，洪武二十六年；道光五年

《攸县志》，同治十年

俞正燮：《癸巳类稿》，安徽丛书本

《榆次县志》，同治元年

《余干县志》，道光三年

《余杭县志稿》，光绪三十二年

《玉山县志》，同治十二年

《裕州志》，嘉靖二十五年

《沅陵县志》，同治十年

《沅州府志》，乾隆五十五年

袁枚：《小仓山房诗文集》，四部备要本

《袁州府志》，乾隆二十五年；同治十三年

《原武县志》，万历二十三年

《岳州府志》，乾隆十一年

《越绝书》，四部备要本

《云南省农村调查》，行政院 1935 年

Z

张舜民：《画墁录》，稗海本

张玉书：《张文贞公集》，乾隆三十七年

章潢：《图书编》，天启元年至七年

《漳浦县志》，康熙三十七年

《漳州府志》，光绪三年

《招远县志》，顺治十七年；道光二十六年重刊本

昭梿：《啸亭续录》，光绪六年

赵官：《后湖志》，天启元年重修本

赵翼：《廿二史劄记》，世界书局本

《肇庆府志》，道光十三年

《浙江通志》，雍正十三年；商务印书馆重印本

《赈灾会刊》，豫陕甘赈灾委员会 1928 年

《镇江府志》，康熙二十四年

《资中县续修资州志》，民国十七年

《紫阳县志》，道光二十三年

《中国经济年鉴》，1935 年

《中华人民共和国第一个五年计划的名词解释》，北京 1955 年

《钟祥县志》，同治八年

《周礼》，十三经注疏本

《鳌厔县志》，乾隆二十三年

朱国祯：《涌幢小品》，天启二年

朱云锦：《豫乘识小录》，同治十二年

《竹山县志》，同治六年

《竹溪县志》，同治八年

宗稷辰：《躬耻斋文钞》，咸丰元年

《遵义府志》，道光二十一年

左宗棠：《左文襄公奏稿》，光绪十六年

二、中日文著作

C

陈翰笙：《亩的差异》，商务印书馆 1929 年

陈高佣：《中国历代天灾人祸表》，上海 1939 年

程懋型：《现行保甲制度》，上海 1936 年

D

邓之诚：《骨董琐记全编》，北京 1955 年

《地政月刊》，卷 1—4

丁励:《中共的民兵制度》,香港 1954 年

F

范文澜:《汉奸刽子手曾国藩的一生》,新华书店 1944 年

方显廷:《南开经济研究》,商务印书馆 1936 年

傅角今:《湖南地理志》,长沙 1933 年

傅衣凌:《福建佃农经济史丛考》,福建大学 1944 年

　　　　《明清时代商人及商业资本》,北京 1956 年

G

古贯郊:《三十年来的中共》,香港 1955 年

《国闻周报》,卷 10 第 44 期,1933 年

H

韩启桐:《中国对日战事损失之估计(1937—1943 年)》,商务印书馆 1946 年

韩启桐、南钟万:《黄泛区的损害与善后救济》,商务印书馆 1948 年

何畏:《我国当前的粮食政策》,北京 1955 年

华恕:《我国第一个五年计划中的农业增产问题》,上海 1956 年

J

加藤繁:《支那经济史考证》,东洋文库 1953 年

《江西之米麦问题》,南昌 1933 年

L

郎擎霄:《保甲运动之理论与实际》,上海 1930 年

李家瑞:《北平风俗类征》,商务印书馆 1937 年

李光涛:《张献忠史事》,《中研院历史语言研究所集刊》25 本,1953 年

连横:《台湾通史》,商务印书馆 1947 年

梁方仲:《一条鞭法》,《中国社会经济史集刊》卷 4 第 1 期

　　　　《明代户口田地与田赋统计》,同上卷 3 第 1 期

　　　　《明代国际贸易与银的输出入》,同上卷 6 第 2 期

《释一条鞭法》，同上卷 7 第 1 期

《明代十段锦法》，同上卷 7 第 1 期

《明代黄册考》，《岭南学报》卷 10 第 2 期

《明代一条鞭法年表》，同上卷 12 第 1 期

刘选民：《清代东三省之移民与开垦》，《史学年报》卷 2 第 5 期，1938 年

楼云林：《四川》，上海 1941 年

吕思勉：《秦汉史》，上海 1947 年

《两晋南北朝史》，上海 1948 年

罗尔纲：《太平天国史纲》，商务印书馆 1937 年

《清季兵为将有的起源》，《中国社会经济史集刊》卷 5 第 2 期，1937 年

《湘军新志》，商务印书馆 1939 年

《太平天国革命前的人口压迫问题》，《中国社会经济史集刊》卷 8 第 1 期，1949 年

《忠王李秀成自传原稿笺证》，北京 1951 年

《太平天国史事考》，北京 1955 年

罗香林：《客家研究导论》，广东兴宁 1933 年

罗玉东：《中国厘金史》，商务印书馆 1936 年

M

孟宪章：《中国近代经济史教程》，上海 1951 年

N

《内阁大库现存汉文黄册目录》，故宫博物院 1936 年

P

潘光旦：《近代苏州的人才》，《社会科学》卷 1 第 1 期，1935 年

Q

秦翰才：《左文襄公在西北》，商务印书馆 1946 年

《清内阁旧藏汉文黄册联合目录》，故宫博物院 1947 年

全汉昇：《中国自然经济》，《中央研究院历史语言研究所集刊》10 本

    《唐宋政府岁入与货币经济的关系》，同上 20 本

S

沈乃正：《清末之督抚集权、中央集权与同署办公》，《社会科学》卷 2 第 2 期，

    1937 年

《时事月报》，1930 年 7 月

T

谭其骧：《中国内地移民史湖南篇》，《史学年报》卷 1 第 4 期，1932 年

藤井宏：《新安商人研究（1）》，《东洋学报》1953 年 6 月

W

万国鼎：《中国田赋鸟瞰及其改革前途》，《地政月刊》卷 4 第 2—3 期

王崇武：《明代户口的消长》，《燕京学报》第 2 期，1936 年 12 月

王世达：《民政部户口调查及各家估计》，《社会科学杂志》卷 3 第 3 期，1932 年

    9 月；卷 4 第 1 期，1933 年 3 月

王瑛：《太平天国革命前夕的土地问题》，《中山文化教育馆季刊》卷 3 第 1 期

闻钧天：《中国保甲制度》，商务印书馆 1935 年

吴承禧：《厦门的华侨汇款与金融组织》，《社会科学杂志》卷 8 第 2 期，1937 年

    6 月

吴传钧：《中国粮食地理》，商务印书馆 1948 年

吴晗：《朱元璋传》，上海 1949 年

吴其濬：《植物名实图考》，商务印书馆本

X

西嶋定生：《明代木棉的普及》（明代に於ける木棉の普及に就いて），《史学杂

    志》卷 57 第 4—5 期

小竹文夫：《近世支那经济史研究》，东京 1942 年

谢兴尧：《清初流人开发东北史》，上海 1948 年

《新华半月刊》，1956 年第 2、15 期；1958 年第 3 期

Y

严中平：《中国棉纺织史稿》，北京 1955 年

姚曾荫：《广东省的华侨汇款》，商务印书馆 1943 年

Z

张肖梅：《贵州经济》，商务印书馆 1939 年

　　　《四川经济参考资料》，商务印书馆 1939 年

郑鹤声：《中国近世史》，重庆 1945 年

《中国近代经济史统计资料选辑》，北京 1955 年

《中国人口问题之统计分析》，统计局 1946 年

《中国土地问题之统计分析》，统计局 1941 年

《中华人民共和国分省地图》，大中书店 1953 年

钟歆：《扬子江水利考》，商务印书馆 1936 年

周荫棠：《台湾郡县建置史》，重庆 1943 年

三、西文资料（以英文字母为序）

Annual Report of the Library of Congress（1940）.

　《国会图书馆年度报告》（1940 年）

Ashton, T.S. *The Industrial Revolution, 1760-1830*.Oxford, 1948.

　　T.S. 爱希顿：《1760—1830 年工业革命》，牛津 1948 年

Buck, J. L. *Land Utilization in China*.3 vols.; Chicago, 1937.

　　J. L. 卜凯：《中国的土地利用》，3 卷本，芝加哥 1937 年

Cameron, M. E. *The Reform Movement in China, 1898-1912*. Stanford, 1931.

　　M. E. 凯沫伦：《1898—1912 年中国的改革运动》，斯坦福 1931 年

Carr-Saunders, Sir Alexander.*World Population, Past Growth and Present Trends*.

　　Oxford, 1937.

亚历山大·卡尔桑德斯爵士：《世界人口，过去的增长和当前的趋势》，牛津 1937 年

Chen Ta. *Chinese Migrations, with Special Reference to Labor Conditions.* Washington, D.C., 1923.

陈达：《华人移民及其劳动状况》，华盛顿特区 1923 年

——, *Population in Modern China.* Published as special monograph in the *American Journal of Sociology*, Part II（July 1946）.

《近代中国人口》，《美国社会学学报》1946 年 7 月作专著发表

Cheng, Y. K. *Foreign Trade and Industrial Development of China.* Washington, D. C., 1956.

Y.K. 程（译音）：《中国的外贸和工业发展》，华盛顿特区 1956 年

Chiang, S. T. *The Nien Rebellion.* Seattle, 1954.

S.T. 蒋（译音）：《捻军起义》，西雅图 1954 年

China Handbook, 1950.

《1950 年中国手册》

China International Famine Relief Commission, Annual Reports（*1924-1937*）

《1924—1937 年中国万国赈灾委员会年度公报》

Chinese Maritime Customs. China's Foreign Trade（*1929-1937*）.*The Soya Beans of Manchuria*, Special Series, No.31, 1931.

《中国海关：1929—1937 年中国对外贸易特别报告 31 号：东北的大豆》，1931 年

Chou, S.H. "Financing the Economic Development of Manchuria, 1900-1945." A paper read at the Conference on the Chinese Economy in September 1956, sponsored by the Center for East Asian Studies, Harvard University.

周顺兴（译音）：《1900—1945 年满洲经济发展的资金筹措》，1956 年 9 月在哈佛大学举办的近代中国经济会议上宣读

Chu Co-Ching. "Climatic Pulsations During Historic Time in China," *Geographical Review*, 16: 274—282（1926）

竺可桢:《中国历史时期的气候波动》,《地理评论》卷 16, 页 274—282, 1926 年

Clapham, Sir John H. *The Economic Development of France and Germany, 1814-1914*. Cambridge, England, 1946.

约翰·H. 克莱彭爵士:《1814—1914 年法国和德国的经济发展》, 英国剑桥 1946 年

Davison, James W.*The Island of Formosa, Past and Present*. New York, 1903.

詹姆斯·W. 戴维森:《台湾岛的过去和现在》, 纽约 1903 年

Du Halde, P. J. B. *A Description of the Chinese Empire and Chinese Tartary*. 2 vols.; London, 1738.

P. J. B. 杜赫德:《中华帝国与中国鞑靼概况》, 2 卷本, 伦敦 1738 年

Eckstein, Alexander and Y. C. Yin. "Mainland China's Agricultural Product in 1952." Manuscript, Russian Research Center, Harvard University.

亚历山大·埃克斯坦和 Y.C. 尹（译音）:《1952 年中国大陆的农业品》（稿本）, 哈佛大学俄国研究中心

Grajdanev, A.J. "Manchuria as a Region Colonization," *Pacific Affairs*（March 1946）

A.J. 格兰丹涅夫:《成为拓殖区的满洲》,《太平洋事务》, 1946 年 3 月

Habakuk, H.J. "English Population in the Eighteenth Century," *Economic History Review*（December 1953）.

H.J. 哈巴库克:《18 世纪的英国人口》,《经济史评论》, 1953 年 12 月

Ho, Franklin L. "Population Movement to the Northeastern Frontier of China," *Chinese Social and Political Science Review*, Vol.15, No. 3（October 1931）.

何廉:《中国对东北的人口移动》,《中国社会和政治学评论》卷 15 第 3 期,

1931 年 10 月

Ho Ping-ti. "The Salt Merchants of Yangchou : A Study of Commercial Capitalism in Eighteenth-Century China," *Harvard Journal of Asiatic Studies*（June 1954）.

何炳棣：《扬州盐商：18 世纪中国商业资本主义研究》，《哈佛亚洲研究学报》卷 17 第 1、2 期，1954 年 6 月

——, "The Introduction of American Food Plants into China," *American Anthropologist*（April 1955）.

《美洲粮食作物在中国的传播》，《美国人类学家》，1955 年 4 月

——, "American Food Plants in China," *Plant Science Bulletin*（January 1956）.

《中国的美洲粮食作物》，《作物科学学报》，1956 年 1 月

——, "Early-Ripening Rice in Chinese History." *Economic History Review*（December 1956）.

《中国历史上的早熟稻》，《经济史评论》，1956 年 12 月

Hosie, Sir Alexander. "Droughts in China, A.D. 620 to 1643," *Journal of the North China Branch of the Royal Asiatic Society*, 12: 51-89（1878）.

谢立山：《公元 620—1643 年中国的旱灾》，《皇家亚洲学会华北分会学报》卷 12，页 51—89，1878 年

——, *Manchuria, Its People, Resources and Recent History*. New York, 1904.

《满洲：人民、资源和近代史》，纽约 1904 年

Hsiao Chien. *How the Tillers Win Back Their Land*. Peking, 1951.

萧乾：《农民如何夺回土地》，北京 1951 年

Hsiao, K.C. "Rural Control in Nineteenth Century of China." *Far Eastern Quarterly*（February 1953）

萧公权：《19 世纪中国农村的控制》，《远东季刊》，1953 年 2 月

Hu Shil. *The Chinese Renaissance*. Chicago, 1935.

胡适：《中国的文艺复兴》，芝加哥，1935 年

Huc, Father M. *A Journey throught the Chinese Empire*. 2 vols.; New York, 1855.

古柏察神甫：《穿过中华帝国的旅行》，2 卷本，纽约 1855 年

Hummel, Arthur W., ed. *Eminent Chinese of the Ch'ing Period*.2 vols.; Washington,
D.C.,1943-1944.

阿瑟·W. 休默主编：《清代名人传》，2 卷本，华盛顿特区 1943—1944 年

Jones, F. C. *Manchuria since 1931*.London, 1949.

F.C. 琼斯：《1931 年来的满洲》，伦敦 1949 年

Krotevich, S. "Vsekitayskaya perepis'naseleniya 1953g.," *Vestnik Statistiki*, No.5,
pp.31-50（September October 1955）.

S. 克鲁坦维奇：《1953 年全中国人口普查》，《统计学报》5 期，页 31—50；
1955 年 9—10 月

Liu, F.F. *A Military History of Modern China, 1924-1949*. Prinston, 1956.

F.F. 刘（译音）：《近代中国军事史，1924—1949 年》，普林斯顿 1956 年

Lung, C.F."A Note on Hung Liang-chi: The Chinese Malthus." *T'ien-hsia Monthly*
（October 1953）.

C.F. 冷（译音）：《关于中国的马尔萨斯—— 洪亮吉的札记》，《天下月刊》，
1953 年 10 月

Mac Nair, H.F., ed. *China*. Berkeley, 1946.

H.F. 麦克耐尔主编：《中国》，柏克利 1946 年

——, *The Chinese Abroad*. New York, 1933.

《海外华人》，纽约 1933 年

Mallory, Walter H. *China: Land of Famine*. New York, 1928.

瓦尔特·H. 马勒礼：《中国：饥荒的国家》，纽约 1928 年

Manchoukuo Year Book, 1942.

《1942 年满洲国年鉴》

Morse, H. B. *The Trade and Administration of China*. New York,1920.

　　H.B. 莫尔斯:《中国的行政制度和贸易》,纽约 1920 年

Norman, H. E. *Japan's Emergence as a Modern State*, New York, 1940.

　　H.E. 诺尔曼:《日本作为一个现代国家的崛起》,纽约 1940 年

Parker, E.H. "Note on Some Statistics Regarding China," *Journal of the Royal Statistical Society*（1899）.

　　庄延龄:《释中国的一些统计数》,《皇家统计学会学报》,1899 年

People's China. 1956, No. 10.

　　《人民中国》1956 年第 10 期

Pioneer Settlement Cooperative Studies. New York, 1932.

　　《初期拓殖合作研究》,纽约 1932 年

Purcell, Victor. *The Chinese in South-East Asia*. London, 1951.

　　维克多·帕塞尔:《东南亚的华人》,伦敦 1951 年

Remer, F. C. *Foreign Investments China*. New York, 1933.

　　F.C. 雷默:《外国在华投资》,纽约 1933 年

Ricci, Matthew. *China in the Sixteenth Century: The Journal of Matthew Ricci*. New York, 1953.

　　利玛窦:《十六世纪的中国,利玛窦笔记 1583—1610 年》,纽约 1953 年

Richthofen, Baron Ferdinand. *Reports on the Provinces of Hunan, Hu-peh, Honan, and Shansi*.Shanghai, 1870.

　　冯·李希霍芬男爵:《湖南、湖北、河南和陕西报告书》,上海 1870 年

——, *Letter on the Provinces of Chekiang and Nganhwei*. Shanghai, 1871.

　　《浙江、安徽省书信》,上海 1871 年

——, *Baron Richthofen's Letters, 1870-1872*. 2nd ed.; Shanghai, 1903.

　　《李希霍芬男爵书信 1870—1872 年》,上海 1903 年

Rockhill, W.W. "An Inquiry into the Population of China," *Annual Report of the*

Smithsonian Institution（1905）.

柔克义:《中国人口考》,《斯密森协会年度报告》, 1905 年

Sarton, George. *Introduction to the History of Science*, Vol. 3, Part 2. Baltimore, 1948.

乔治·萨顿:《科学史导言》卷 3 第二部分；巴尔的摩 1948 年

Shabad, Theodore. *China's Changing Map, A Political and Economic Geography of the Chinese People's Republic*. New York, 1956.

西奥多·谢巴德:《改变中的中国地图—— 中华人民共和国政治和经济地理》, 纽约 1956 年

——, "Counting 600 Million Chinese," *Far Eastern Survey*（April 1956）.

《统计 6 亿中国人》,《远东评论》, 1956 年 4 月

Shen, T. H. *Agricultural Resources of China*. Ithaca, 1951.

T.H. 沈（译音）:《中国的农业资源》, 依塞卡 1951 年

Sprenkel, Otto van der. "Population Statistics of Ming China," *Bulletin of the School of Oriental and African Studies*, University of London, Vol. 15, Part 2（1953）.

沃托·范特·斯勃瑞柯:《明代中国人口统计》,《伦敦大学东方非洲研究院学报》卷 15 第二部分, 1953 年

Statistics of China's Foreign Trade during the Past Sixty-Five Years. CP, 1931.

《过去 65 年中国外贸统计》, 商务印书馆 1931 年

Taeuber, Irene B. "Population Policies in Communist China," *Population Index*（October 1956）.

艾琳·B. 图勃:《共产党中国的人口政策》,《人口索引》, 1956 年 10 月

——, "A Note on the Population Statisics of Communist China," *Population Index*（October 1956）.

《关于共产党中国人口统计的说明》,《人口索引》, 1956 年 10 月

Tawney, R.H. *Land and Labour in China*. London, 1937.

R.H. 陶尼：《中国的土地和劳力》，伦敦 1937 年

Trevelyan, G.M. *English Social History*. New York. 1946.

G.M. 特维因：《英国社会史》，纽约 1946 年

Vavilov, N. I. *Selected Writings of N. I. Vavilov; Chronica Botani ca*. Vol.13, No.1-6.

N. I. 伐维洛夫：《伐维洛夫选集》，《植物学编年史》卷 13 第 1—6 期

Wang, Y.C. "The Rise of Land Tax and the Fall of Dynasties in Chinese History," *Pacific Affairs*, 1938, pp. 201-220.

王毓铨：《中国史上地税的增加与王朝的覆灭》，《太平洋事务》，1938 年，页 201—220

Wilcox, W.F. "A Westerner's Effort to Estimate the Population of China and Its Increase since 1650," *Journal of the American Staristical Association*（1930）.

W.F. 威尔考克斯：《一位西方人对中国人口及其 1650 年来的增长的估计》，《美国统计协会学报》，1930 年

——, *International Migrations*. New York, 1931.

《国际人口迁移》，纽约 1931 年

Willams, S.Wells. *The Middle Kingdom*. 2 vols.; New York, 1907.

威尔士·S. 威廉斯：《中央王国》，2 卷本，纽约 1907 年

Wong, K. C.and L.T. Wu. *A History of Chinese Medicine*. Tientsin. 1932.

K.C. 王和 L.T. 伍建德：《中国医学史》，天津 1932 年

Wu, Y. L. *An Economic Survey of Communist China*. New York, 1956.

吴元理：《共产党中国经济调查》，纽约 1956 年

Yang, L. S. "Notes on the Economic History of the Chin Dynasty," *Harvard Journal of Asiatic Studies*（June 1946）.

杨联陞：《晋代经济史札记》，《哈佛亚洲研究学报》，1946 年 6 月

——, "Notes on Dr.Swann's Food and Money in Ancient China," *Harvard Journal of Asiatic Studies*（Decembcr 1950）.

《释斯旺博士〈古代中国的食货〉》,《哈佛亚洲研究学报》, 1950 年 12 月

———, *Money and Credit in China.* Cambridge, Mass., 1952.

《中国的货币与信贷》, 马萨诸塞州坎布里奇 1952 年

译后记

1980 年，当我还在读硕士研究生时，从一篇报道中读到王业键教授在一次学术报告中转述何炳棣先生 *Studies on the Population of China, 1368-1953* 一书的主要论点，感到非常重要。为了看到这本书，不仅我自己在上海图书馆等地寻找，还请先师谭其骧先生写信给北京的熟人在中国科学院图书馆等处检索，结果都劳而无功。因为此书没有中文译本，而英文原版书，特别是人文社会科学方面的，在当时的大陆还少得可怜。

1985 年夏到了美国哈佛大学作访问学者，我要读的第一本书就是此书。读后不禁感慨万千，原来在此书涉及的中国历史人口研究方面，我们至少落后了二十多年。1980 年，我所在大学的学报上发表了一位本科生的文章，指出清代史料中的"丁"不等于"口"，有人撰文称这是一项重要的新发现，但不久就有人撰文指出，萧一山、孙毓棠早有此说。接着争论的焦点转到"丁"与"口"的关系，究竟一个"丁"相当于几个"口"。到我出国时，这场争论还没有结论，以后也不乏这方面的论文发表。但早在 1959 年，何先生就在此书中以令人信服的证据得到这样的结论："丁"在明清时代的绝大多数年代只是一个赋税单位，根本不是人口数据，与"口"或实际人口数量当然没有任何比例关系。这一观点早已为西方汉学界所接受，此书也被公认为经典之作。所以当我在美国一些大学中问那些中国学研究生时，他们几乎都知道"丁"的真正涵义是"fiscal unit"（赋税单位），而不是"population number"（人口数量）。

一个国家的学术研究不可能什么都先进，即使是研究中国古代史，中国学者也不可能处处领先。重要的是及时学习外国的优秀成果，不必要也不应该重复别人已经做过的工作，否则将远远落后于世界水平的成果当成新发现。如果我们在引进和翻译方面多花些工夫，至少能够减少很多无效劳动和低水平的重复，所以当时我就萌发了将此书翻译为中文的念头。1986年春我去芝加哥参加美国亚洲学会的年会，会后多次拜谒何先生，承蒙他在百忙中赐教，并慨允授予我此书的中文翻译权。同年秋何先生来华讲学，在上海陪同他期间，我向他请教了翻译中的一些问题，以后又请他校阅了大部分译稿。1989年，中译本《1368—1953年中国人口研究》由上海古籍出版社作为"海外汉学丛书"的一种出版。

此书只印了1000册，对于这样一本经典著作，如此少的数量自然远远满足不了学术界的需求。书店很快售完，不久出版社的少量存书亦告罄，只能将读者求书的来信转到我这里来。这本书成了我最珍贵的赠书，连我的博士研究生也未必能得到。

海外曾有出版社表示过出版意向，但为便于国内读者，何先生和我都希望能在国内再版。现在承蒙三联书店出版，经何先生建议，书名改为《明初以降人口及其相关问题1368—1953》。

更重要的是，何先生亲自校阅了全书，改正了译文的错误，并作了一些重要的修改。虽然原译文也经何先生校阅，但事先他告诉我，由于不习惯看用横式书写的简体字稿子，所以不可能看得仔细。

将用英文撰写的有关中国古代史的著作译为中文，本来就非易事，何况作为译者，我只能按照字面的含义来揣摩作者的本意，即使词义无误，也未必符合作者的原意。现在由何先生自己校订，无疑为此书提供了一个最可靠的中文文本，其意义自无需赘言。

葛剑雄

2000 年 3 月 3 日

译者再记

拙译何炳棣《明初以降人口及其相关问题 1368—1953》一书由三联书店于 2000 年出版,十多年后已一书难求。此次中华书局根据何先生生前授权出版著作集,使本书又有再版机会,必定会受到学界重视和欢迎。责编李静女士精心编校,又发现多处原版未校改出的舛误,使新版的质量更高。遗憾的是何先生已归道山,未能像对三联版那样亲自校阅。

此书的英语原版出版于 1959 年,半个世纪来,何先生对中国人口史与相关问题的探索孜孜不倦,陆续发表了新的成果,如对宋金时期人口的估计,对南宋以来土地数字的考释和评价等。前者已作为附录收入本书,后者已另出专著。何先生治学精益求精,自然希望用最新的成果中的观点或数据取代旧说。但就如何处理译文时,我与何先生产生了分歧。何先生希望我直接更改原文而不加注释,我认为译者只能忠于原文,除非作者自己修改并作说明。对此何先生颇不以为然,并向何承明先生等表明对我的译文的不满。

例如,对第六章第四节中卜凯对浙江省土地数的估计,何先生曾要我改写,我坚持在三联版中保留原文,另加译注:"作者在本书撰写时曾持卜凯对浙江省总数的估计失之过低的看法，但在最近的研究中，已根据浙江传统耕地面积的膨胀因素相当大的特殊情况对此作了修正。作者指出：这并不是说卜凯和《统计月报》对所有省份耕地面积的估计都一律失之过低。例如浙江的传统土地数字已经证明失之过高，卜凯和《统计月报》虽对一些浙江县份的耕地做了修正，但所估全省耕地仍是 4,120.9 万市亩，即使折成 3,800 万解放后的市亩，也还是不合理地高过 1979 年呈报的耕地面积 2,743.3 万市亩。详见《南宋至今土地数字的考释和评价（下）》（《中国社会科学》1985 年第 3 期）。"书出版后，并未再听到何先生的批评，授权中华书局收入全集出版时也未再提出，显然已为他所接受。因此，新版未作任何实质性的改动。

葛剑雄

2013 年 7 月 16 日

何炳棣教授履历及主要著作目录

履历

1938 年　毕业于清华大学历史系文学士

1939—1945 年　清华大学教员（昆明）

1944 年　考取第六届清华中美庚款奖学金

1946 年 2 月　入学美国哥伦比亚大学

1952 年　哥伦比亚大学博士（英国及西欧史）

1948—1963 年　任教于加拿大英属哥伦比亚大学（正教授
　　　　1960—1963）

1963—1965 年　任芝加哥大学中国历史及制度教授

1965—1987 年　任芝加哥大学历史系汤逊讲座教授

1987—1990 年　任鄂宛（Irvine）加州大学杰出讲座教授

1966 年　当选台湾"中研院"院士

1975—1976 年　任美国亚洲学会（The Association for Asian
　　　　Studies）会长

1979 年　当选美国艺文及科学院（American Academy of Arts and
　　　　Sciences）院士

1997 年　中国社会科学院荣誉高级研究员

1975 年　香港中文大学荣誉法学博士

1978 年　美国 Lawrence 大学荣誉人文科学博士

1988 年　美国 Denison 大学荣誉人文科学博士

近年重要学术讲座

香港中文大学"邵逸夫爵士杰出访问学人讲座"，2000—2001 年

"中研院"历史语言研究所"傅斯年纪念讲座"，2000 年 12 月

"中研院"近代史研究所"首届萧公权纪念讲座"，2001 年 11 月
22 日

香港中央图书馆主办"当代杰出学人文史科技公开演讲"，主讲
"历史"之部，2002 年 4 月

主要著作目录

Studies on the Population of Chian, 1368-1953, Harvard University
Press, 1959; Second Printing, 1967.

意大利文译本：*La Cina: Lo syiluppo demografico, 1368-1953*,
Unione Tipografico-Editrice Torinese, 1972.

中文译本：《中国人口研究，1368—1953》，上海：上海古籍
出版社，1988。

《明初以降人口及其相关问题，1368—1953》，北京：三
联书店，2000；北京：中华书局，2017。

［此书是 20 世纪人文社科方面唯一一部引起《伦敦泰晤士报》

主要社评 Leading editorial 的华人著作。]

The Ladder of Success in Imperial China: Aspects of Social Mobility, 1368-1911, Columbia University, 1962; Second Printing, 1967;Third Printing, Da Capo Press, New York, 1976.

意大利文译本：*La Cina: II sistema sociale, 1368-1911*, Unione Tipografico-Editrice Torinese, 1974.

日文译本：《科挙と近世中国社会——立身出世の阶梯》，东京：平凡社，1993。

中文书名简称为《明清社会史论》，台北：联经出版事业公司，2015。

[此书近年被美国学术联合会选为历史方面最佳 750 部著作之一。]

《中国会馆史论》，台北：学生书局，1966；北京：中华书局，2017。

China in Crisis, Vol.1: China's Heritage and the Communist Political System, in two books. The University of Chicago Press,1968; Second Printing, 1970 (senior editor and contributor).

《黄土与中国农业的起源》，香港：香港中文大学出版社，1969；北京：中华书局，2017。

The Cradle of the East: An Inquiry into the Indigenous Origins of

Techniques and Ideas of Neolithic and Early Historic China, 5000-1000 B.C. (《东方的摇篮：史前及有史初期中国技术及理念土生起源的研讨，公元前 5000—1000 年》), The Chinese University of Hong Kong Press and The University of Chicago Press, 1975.

《中国历代土地数字考实》，台北：联经出版事业公司，1995；北京：中华书局，2017。

《有关〈孙子〉、〈老子〉的三篇考证》，《"中研院"近代史研究所演讲集》（2），2002。

《读史阅世六十年》，香港：商务印书馆，2004；台北：允晨文化实业公司，2004 年；桂林：广西师范大学出版社，2005 年，第 1—3 版；北京：中华书局，2012 年。

《何炳棣思想制度史论》，台北：联经出版事业公司，2013；北京：中华书局，2017。

Articles

《英国与门户开放政策的起源》，燕京大学《史学年报》，1938。

《张荫桓事迹》，《清华学报》第十三卷，1940 年 3 月。

"Weng T'ung-ho and the 'One Hundred Days of Reform' ", *Far Eastern Quarterly*, Vol.X, No.2, February 1951.

"The Salt Merchants of Yang-chou: A Study of Commercial Capitalism in Eighteenth-Century China", *Harvard Journal of Asiatic Studies*, Vol.LVII, No.2, Part 1, April 1955.

"American Food Plants in China", *Plant Science Bulletin (Botanical Society of America)*, Vol.II, No.1, January 1956.

"Early-Ripening Rice in Chinese History", *Economic History Review*, 2nd Series, Vol.IX, December 1956.

"Two Major Poems by Mao Tse-tung: Translation with Commentary", *Queens Quarterly*, Vol.LXV, No.2, Summer 1958.

"Ten Classical Chinese Poems", Delta (Montreal) 1958.

"Aspects of Social Mobility in China, 1368-1911", *Comparative Studies in Society and History*, Vol.I, No 4, June 1959.

"The Examination System and Social Mobility in China, 1368-1911", *Proceedings of the 1959 Annual Spring Meeting of the American Ethnological Society.*

"The Comparative Study of Social Mobility"(with Vernon K. Dibble), *Comparative Studies in Society and History*, Vol.III, No.3, April 1961.

"Some Problems of Shang Culture and Institutions: A Review Article", *Pacific Affairs*, Vol. XXXIV, No. 3, Fall 1961.

"Records of China's Grand Historian, Some Problems of Translation: A Review Article", *Pacific Affairs*, Vol XXXVI, No.2, Summer 1963.

"The Social Composition of Bureaucracy in Ming-Ch'ing China",

Proceedings of the XXVth International Congress of Orientalists, Vol. V, Moscow, 1963.

《北魏洛阳城郭规划》，清华学报《庆祝李济先生七十岁论文集》上册，台北，1965。

"Lo-Yang, A.D. 495-534: A Study of Physical and Socio-Economic Planning of a Metropolitan Area", *Harvard Journal of Asiatic Studies*. Vol.XXVI, 1965-1966.

"An Historian's View of the Chinese Family System", in *Man and Civilization: The Family's Search for Survival* (a symposium sponsored by the Medical School of the University of California at Berkeley-San Francisco), New York, 1965.

"The Geographic Distribution of Hui-kuan [Landsmannschaften] in Upper and Central Yangtze Provinces—With Special Reference to Interregional Migrations", *Tsing Hua Journal of Chinese Series*, New Series, Vol.V. No.2, December 1966.

"The Significance of the Ch'ing Period in Chinese History", *Journal of Asian Studies*, Vol. XXVI, No.2, February 1967.

"The Loess and the Origin of Chinese Agriculture", *American Historical Review*, Vol.XXVI, No.1, October 1969.

"An Estimate of the Total Population of Sung-Chin China", *Etudes Song in Memoriam Etienne Balazs*, Leiden, 1970.

《西周年代平议》，《香港中文大学中国文化研究所学报》，第 1 卷，1973。

"The Chinese Civilization: A Search for the Roots of Its Longevity" (the

AAS Presidential Address), *Journal of Asian Studies*, Vol. XXXV, No.4, August 1976.

"The Indigenous Origins of Chinese Agriculture", in Charles A. Reed, ed., *Origins of Agriculture*, Mouton: The Hague and Paris,1977.

《美洲作物的引进、传播及其对中国粮食生产的影响》,《大公报在港复刊卅周年纪念文集》下卷,香港,1978。

"The Paleoenvironment of North China—A Review Article", *Journal of Asian Studies*, Vol.XLIV, No.4, August 1984.

《南宋至今土地数字考实》,《中国社会科学》,1985 年 3 月及 5 月号。

《"克己复礼"真诠:当代新儒家杜维明治学方法的初步检讨》,《二十一世纪》,第六期,1990 年 2 月。

《原礼》,《二十一世纪》,第十期,1990 年 6 月。

《从爱的起源和性质初测〈红楼梦〉在世界文学史上应有的地位》,《中国文化》,第十期,1994 年 8 月。

《"天"与"天命"探原:古代史料甄别运用方法示例》,《中国哲学史》,1995 年第 1 期。

《商周奴隶社会说纠谬:兼论"亚细亚生产方式"说》,《人文及社会科学集刊》("中研院"),第 7 卷第 2 期,1995 年 9 月。

《华夏人本主义文化:渊源、特征及意义》,《二十一世纪》,1996 年 2 月及 4 月号。

"In Defense of Sinicizadon: A Rebuttal of Evelyn Rawski's

Reenvisioning the Qing", *Journal of Asian Studies*, February 1998.

《廿一世纪中国人文传统对世界可能做出的贡献》,《廿一世纪的中国与世界》, 商务印书馆百年馆庆纪念演讲集, 1998年7月。

《儒家宗法模式的宇宙本体论》,《哲学研究》, 1998年第12期。

《我国现存最古的私家著述:〈孙子兵法〉》,《历史研究》, 1999年第5期。重刊于(上海)《学术集林》卷十七, 2000。

《司马谈、迁与老子年代》, 香港中文大学"邵逸夫爵士杰出访问学人讲座", 2000—2001。同时刊于《燕京学报》新九期, 2000年11月。

《中国思想史上一项基本性的翻案:〈老子〉辩证思维源于〈孙子兵法〉的论证》, "首届萧公权纪念讲座", 2001年11月22日,"中研院"近代史研究所。

与刘雨合撰《"夏商周断代工程"基本思路质疑:古本〈竹书纪年〉史料价值的再认识》,《中华文史论丛》, 2002年第2辑。扩充本刊于《燕京学报》新十六期, 2004年5月。

传略见于(OTHER BIOGRAPHICAL DATA):

◎ *Who's Who in America*, 1968-

◎ *The Blue Book: Leaders of the English World* (St. James Press, London), 1971-

◎ *Who's Who in the World*, 1971-

◎ *Men of Achievement* (Cambridge, England), 1974